THIRD EDITION

Voilà!

Orders: Please contact Bookpoint Ltd, 130 Milton Park, Abingdon, Oxon OX14 4SB. Telephone: (44) 01235 827720, Fax: (44) 01235 400454. Lines are open from 9 am to 5 pm, Monday to Saturday, with a 24-hour message answering service.

British Library Cataloguing in Publication Data
A catalogue record for this title is available from the British Library

ISBN: 9781473601185

First Edition published 1996
Third Edition published 2014
Impression number 10 9 8 7 6 5
Year 2019

Hachette UK's policy is to use papers that are natural, renewable and recyclable products and made from wood grown in sustainable forests. The logging and manufacturing processes are expected to conform to the environmental regulations of the country of origin.

Cover photo © beboy / Shutterstock
Typeset by Fakenham Prepress Solutions, Fakenham, Norfolk NR21 8NN
Printed and bound by CPI Group (UK) Ltd, Croydon CR0 4YY for Hachette UK, 338 Euston Road, London NW1 3BH.

THIRD EDITION

Voilà!

A FRENCH COURSE FOR ADULT BEGINNERS

Jacqueline Gonthier
and Crispin Geoghegan

INTRODUCTION

Voilà! is a practical and fun course for adults starting French, or reviving their basic language skills, whether for leisure, business and/or as part of a course of study. It covers the skills, structures and topics required for NVQ level 1 or equivalent and is designed for use in class or for self-study. This coursebook is supported by an audio pack containing recorded material to help develop listening and speaking skills. A booklet containing the answers to the exercises in the coursebook as well as full transcripts of the recorded material is available online.

Learning French with *Voilà!* on your own or in class

The coursebook is divided into four sections, each with a specific theme: **Premiers Contacts** (*First Contacts*), **En ville** (*In Town*), **Voyages et rendez-vous** (*Travelling and Meeting People*) and **En visite** (*Visits*). Each section is made up of three thematic units (**unités**), which, through four or five two-or-three-page lessons, teach and practise specific communication aims, listed at the beginning of each unit. Full details of the study programme are given overleaf.

Each unit is made up of roughly twenty activities (**activités**) which develop and practise listening, speaking, reading and writing skills. New language points are usually introduced by means of a dialogue, which you can listen to on the recording and/or read in the coursebook. Grammar boxes, indicated by a G and vocabulary boxes, indicated by a V provide immediate help on new points.

Once you are confident about the new points, you should work through the practice exercises which follow, which give plenty of varied opportunities to use the new language. There are many different types of exercises, including:

listening comprehensions, where you listen to a recording, the text of which is not printed in the coursebook, and either answer questions or fill in a grid

information gap activities, where you work in pairs, each individual within a pair having information which the other has to discover by asking the right questions. The information for the second student, Student B, can be found on pages 238–45.

role play activities, where pairs and/or groups of students work together to practise the language used in various contexts

activities on authentic materials, where you work either individually or in groups to extract information from authentic French materials such as menus and brochures.

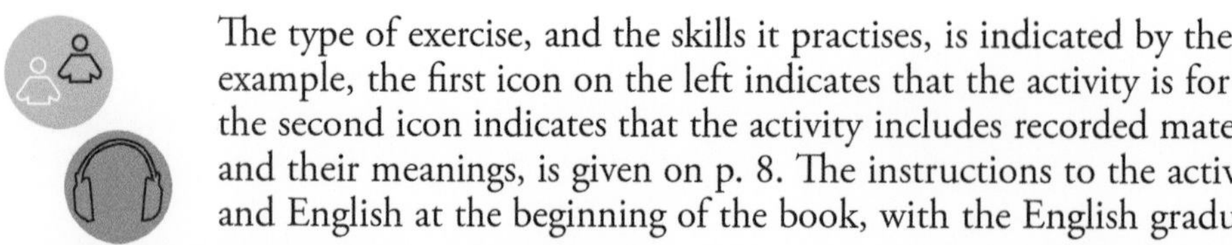

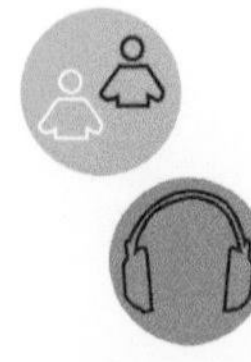

The type of exercise, and the skills it practises, is indicated by the icons in the margin, for example, the first icon on the left indicates that the activity is for you working in pairs, the second icon indicates that the activity includes recorded material. A full list of icons, and their meanings, is given on p. 8. The instructions to the activities are given in French and English at the beginning of the book, with the English gradually being phased out as

you get used to the French instructions. A list of the most frequent instructions, with their meanings, is given on p. 8. Answers to all the activities and exercises in *Voilà!* are given in the Support Book, available online, which also contains transcripts of the recordings.

If you have trouble with the grammar points introduced, the G box refers to a fuller explanation at the end of the unit. These more detailed grammar notes include practice exercises to help reinforce the grammar points. Also at the end of each unit is a list of the key words encountered in that unit, grouped thematically. You should try to learn these so that you can steadily build up vocabulary as you work through the book. A longer glossary of useful vocabulary at the end of the book will help you with new words you might meet, especially in the authentic materials throughout the course.

Voilà! gives you lots of opportunities to monitor your progress as you go. You are given the opportunity to check that you have learned the main language points of each unit at the end. There are also **Faisons le Point!** sections every three units to help you practise, and, if necessary, revise any points you are finding difficult.

To give you a real taste of French life and French people as well as their language, you will encounter info FRANCE items throughout the book, both in English, and, as you get more confident, in French. Sometimes very short, sometimes up to two pages in length, these sections give you background information on aspects of France, the French people and their way of life and practical information if you are planning a visit. Those which are particularly relevant to business situations can be distinguished by a grey background info FRANCE.

The authors

Jacqueline Gonthier and Crispin Geoghegan are former lecturers at Bournemouth University. Jacqueline, a native French speaker, is author and co-author of a range of language learning materials and has taught French, Italian and International Awareness. Crispin has taught both general and business French at all levels in Britain and France and has written over a dozen books. Jacqueline and Crispin are former Fellows of the Institute of Linguists.

STUDY PROGRAMME

Key to icons

 listening activity

 dialogue

 reading activity

 writing activity

 pair work activity

 group work activity

Acknowledgements

The authors and publishers would like to acknowledge the many people who helped with the materials used in this book, and the following for use of copyright material and images.

Thinkstockphotos.co.uk pages 9 (centre), 16 (bottom right), 147 (left), 152, 188 (bottom), 204. Shutterstock.com pages 9 (left), 11 (bottom right), 25 (TV), 27 (left), 222. Forbes Images pages 11 (centre left), 63 (centre right), 84, 132 (right). Phase4Studios/Shutterstock.com page 12 (right). Monkey Business Images/Shutterstock.com pages 9 (right), 16 (top), 19 (bottom right), 34 (top), 222. StockLite/Shutterstock.com pages 17 (left), 119. PRILL/Shutterstock.com page 25 (centre right). Alexey Pushkin/Shutterstock.com page 25 (laptop). Rashevskyi Viacheslav/Shuttertock.com page 25 (smartphone). Barry Jones pages 34, 226. SNCF pages 122, 125. Giancarlo Liguori/Shutterstock.com page 143 (right). Philip Lange/Shutterstock.com page 146 (top right). Ekaterina Pokrovsky/Shutterstock.com page 148 (bottom). Rido/Shutterstock.com page 153 (right). France Télécom page 189. Camera Press page 207. Ioannis Nousis/Shutterstock.com page 211 (left). Perig/Shutterstock.com page 211 (centre). Renault pages 230, 231. Other photography by Crispin Geoghegan.

Every effort has been made to trace and acknowledge ownership of copyright. The publishers will be glad to make suitable arrangements with any copyright holders it has not been possible to trace.

Activity instructions

These expressions are used frequently in the instructions to the activities in *Voilà!* You will soon get to know them all as you work through the book, but we have listed them all here so you can quickly refer back if you need to.

à la page …	*on page …*
les bonnes réponses	*the correct answers*
Choisissez …	*Choose …*
Cochez …	*Tick …*
Complétez …	*Complete …*
la conversation	*the conversation*
Demandez …	*Ask …*
les dialogues	*the dialogues*
Discutez …	*Discuss …*
Écoutez …	*Listen …*
en anglais	*in English*
l'enregistrement	*the recording*
Étudiez …	*Study …*
les légendes	*the captions*
Lisez …	*Read …*
la note sur …	*the note on …*
Posez des questions	*Ask questions*
puis	*then*
Regardez …	*Look at …*
Répétez …	*Repeat …*
Répondez …	*Reply …*
le tableau	*the table*
Tournez à la page …	*Turn to page …*
Travaillez …	*Work …*
Trouvez …	*Find …*
le vocabulaire	*the vocabulary*
votre partenaire	*your partner*

- Formal and informal greetings
- How are you?
- Showing someone round town
- Introducing family and friends
- Leaving, saying goodbye

UNITÉ UN
Bonjour! Salut!

A Bonjour, monsieur! Bonjour, madame!

Activité 1

Lisez le vocabulaire. Écoutez l'enregistrement et lisez les dialogues 1, 2, et 3.

Read the vocabulary. Listen to the recording and read dialogues 1, 2 and 3.

1.2

V Formal greetings

Bonjour, monsieur / Bonjour, madame / Bonjour, mademoiselle • Good morning, Good afternoon

Bonsoir, monsieur/madame • Good evening

oui • yes

07:30

- Bonjour, monsieur.
- Ah! Bonjour, Madame LeGoff.

13:50

- Madame Gonthier?
- Oui. Mademoiselle Brown?
- Oui! Bonjour, Madame Gonthier.
- Bonjour, Mademoiselle Brown.

18:00

- Bonsoir, monsieur.
- Bonsoir, monsieur.

Activité 2

À vous!

Your turn! Listen to the recording, then exchange formal greetings with the person next to you.

1.3

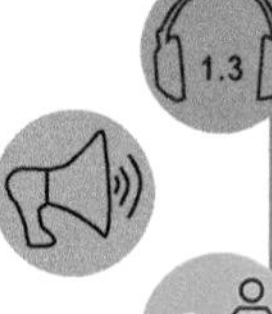

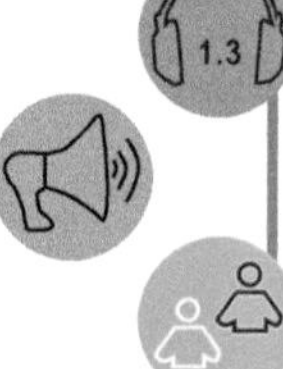

Bonjour, mademoiselle
Bonjour, monsieur

Bonjour, madame
Bonjour, monsieur
Bonsoir, monsieur
Bonsoir, madame

B Bonsoir! Salut!

Activité 3

Lisez le vocabulaire. Écoutez l'enregistrement et lisez les dialogues.

Read the vocabulary. Listen to the recording and read the dialogues.

- Bonsoir, monsieur.
  Bonsoir, madame.
- Bonsoir.
- Le menu, monsieur.

- Salut, Jean!
- Salut, Marie!
- Salut, Paul!

- Bonsoir!

bonjour

...et bonnes vacances

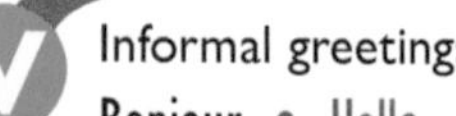

Informal greetings

Bonjour • Hello

Salut! • Hi!

Bonsoir • Good evening

Salut! is more relaxed than **Bonjour** and is also used on leaving: *'bye!*

Compare these greetings with the ones on the previous page.

le menu • the menu

info FRANCE

BONJOUR, BONSOIR

In general the French are more formal than the English when first meeting or when dealing with customers. When you meet people for the first time, or people who are older, or more senior than you in a professional sense, add **monsieur**, **madame** or **mademoiselle** after **Bonjour**. The surname is not usually added. **Madame** is more frequent than **mademoiselle** which is used only for very young women or a woman who prefers to be known as an unmarried person. There is no equivalent for *Ms* in French. **Bonsoir** is used instead of **bonjour** after about 6 p.m., and when leaving as well as greeting someone. **Bonjour** and **bonsoir** (without **monsieur**, etc.) are used informally, where we would say *Hello*.

Activité 4

Respond to these greetings.

info FRANCE

SHAKING HANDS AND KISSING

Shaking hands is more usual in France. You shake hands when you are introduced, of course, but also when you meet the person again, socially or professionally. You will often see colleagues shaking hands when greeting each other in the morning at work – the rule being that the older person or the person in a more senior position takes the initiative.

Kissing is also more widespread than in the Anglo-Saxon world, although it will largely depend on the individuals and the social class you come into contact with. The safest attitude is to respond when invited but not to take the initiative. The kiss on both cheeks is called **la bise**.

C Je m'appelle …

Activité 5

Lisez le vocabulaire. Écoutez et lisez les dialogues 1 et 2.

Read the vocabulary. Listen to and read dialogues 1 and 2.

1

- Bonjour, je m'appelle Madeleine Juré. Et vous êtes … ?
- Je suis Jacques Doucet.

2

- Bonjour, je m'appelle Béatrice Boulanger. Et vous êtes … ?
- Enchanté, madame. Je m'appelle Christian Delecroix.
- Enchantée, monsieur.

Activité 6

Now *you* are meeting someone. Listen to the recording and reply to each person in French.

- Je suis Bertrand Cellier.
- *(Say: Pleased to meet you.)*

- Je m'appelle Louise Tétu.
- *(Tell her you are pleased to meet her.)*

- Bonjour, je suis Christophe Degrave. Et vous êtes … ?
- *(Say who you are, and say you are pleased to meet him.)*

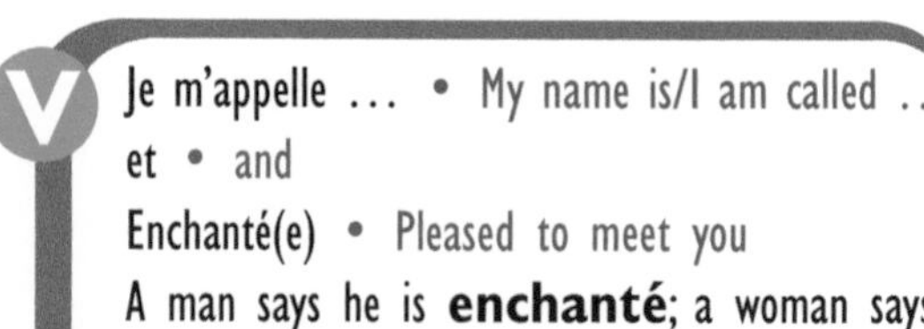

V

Je m'appelle … • My name is/I am called …

et • and

Enchanté(e) • Pleased to meet you

A man says he is **enchanté**; a woman says she is **enchantée**.

see … page 21

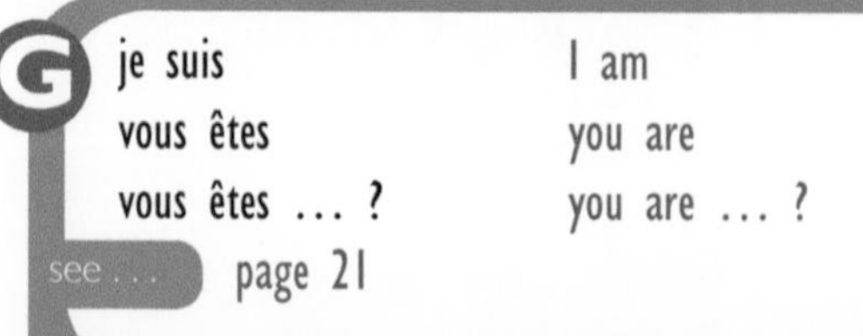

G

je suis	I am
vous êtes	you are
vous êtes … ?	you are … ?

see … page 21

À vous!

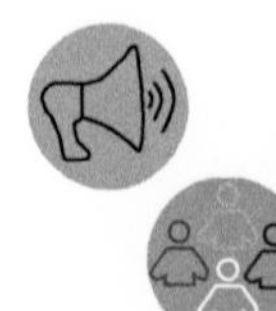

Your turn! Meet your group, introduce yourself to everybody formally. Use dialogue 2 as a model. **Enchanté! Enchantée!**

D Bienvenue à Azay

Activité 7

The people of Azay-l'Église are welcoming the delegation from their twin town.

Écoutez le dialogue 1. Puis complétez les dialogues 2 et 3.

Listen to dialogue 1. Then complete dialogues 2 and 3.

1.7

V

- **heureux/heureuse** • happy, pleased
- **Heureux de faire votre connaissance** • Pleased to meet you (man speaking)
- **Heureuse de faire votre connaissance** • Pleased to meet you (woman speaking)
- **le maire** • mayor
- **monsieur le Maire** • Mr Mayor
- **Bienvenue à Azay** • Welcome to Azay

1

- Bonjour, madame! Je suis Jean Darant, Maire d'Azay-l'Église.
- Ah! Je suis Catherine Heathcote. Enchantée, Monsieur le Maire.
- Heureux de faire votre connaissance! Bienvenue à Azay-l'Église, madame.

2

- Bonjour! Je _________ Andrew. Et vous _________ ?
- Je _________________ Françoise. _________________ .

3

- Bonjour, monsieur. _________________ Véronique.
- Je suis Nigel. _________________
- Je suis Thérèse. _________________ de faire _________ . _________________ .

Introduce yourself to the people beside you using **Je m'appelle** or **Je suis**. Ask their name: **Et vous êtes** … ? Say you are pleased to meet them, using **Heureux** … or **Heureuse de faire votre connaissance.**

Activité 8

Complétez la conversation.

- Je _________ Antoine Blondin. Et _________ êtes?
- Je m'appelle Monique Laborde. _________________ .
- Je suis _________________ de faire votre connaissance.

choisissez
m'appelle
heureux
enchantée
suis
vous

E Voici ...

Activité 9

Imagine you're being shown around Azay-l'Église. Read about a typical French town and study the extra words in the boxes on the opposite page. Listen to the recording. Then go through the pictures with a partner, saying what they show. Use **Voici** (*Here is* ...) and **le**, **la**, **l'** or **les**. E.g. **Voici la place**. Try out the other expressions: ... **et là, c'est l'église.**

A TYPICAL FRENCH TOWN

A typical French town has often developed around a central tree-lined square (**la place**) and the church (**l'église**) which will often be on the side of the square. The parish or town hall (**la Mairie** in villages or **l'Hôtel de Ville** in towns) is usually close to the square. All small towns have at least one **café** and a post office (**le bureau de poste**). There will probably also be a police station (**la gendarmerie**, or **le commissariat** in larger towns). A petrol station (**la station d'essence** or **la station-service**) is not so common even though many small towns still have a small garage (**le garage**).

Among the typical shops will be a general self-service store (**la supérette**) and a baker's (**la boulangerie**). Nowadays, small baker's bake their own bread less and less, but they still sell a good range of their own pastries (**la pâtisserie**). There will also be a butcher's (**la boucherie**), a shop selling cooked cold meats, salads, etc. (**la boucherie-charcuterie**), which may be combined with the butcher's, and the chemist's (**la pharmacie**). The chemist's will have staff qualified to advise you on medicines for minor problems like tummy upsets, stings, bites or sunburn.

Larger towns will probably have a railway station (**la gare**, or **la gare ferroviaire**), and a bus station (**la gare routière**) where the town bus (**le bus**) and a longer distance coach (**le car**) will stop. Many towns are trying to attract companies to their area by setting up small business parks or industrial zones (**le parc d'activités** or **la zone industrielle**).

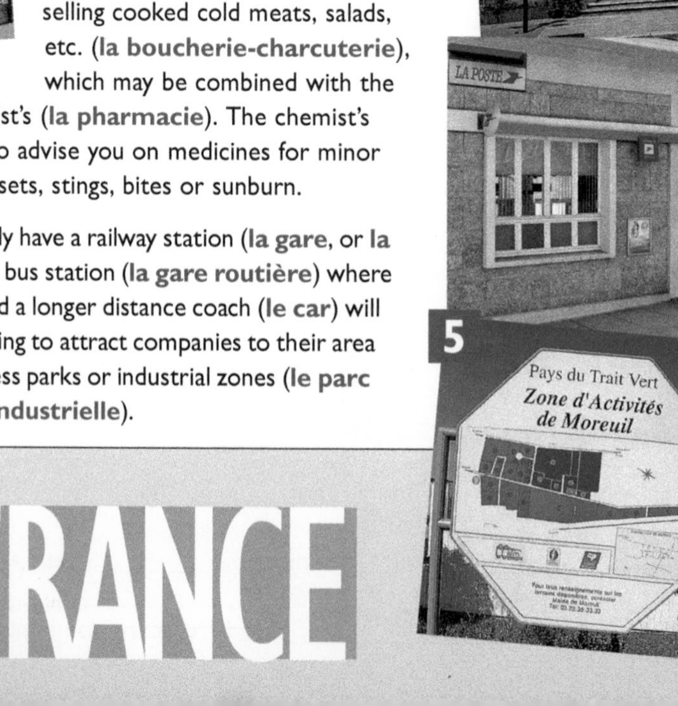

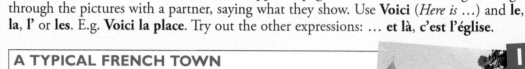

Voici les magasins …

In French, nouns are either masculine or feminine.

le the (before a masculine noun):
le café the café
la the (before a feminine noun):
la gare the station
l' the (before a masculine or a feminine noun starting with a vowel (a, e, i, o, u) and some words starting with h): l'hôtel (m.), l'église (f.)
les the (before a plural noun of either gender):
les magasins (m.) the shops
les églises (f.) the churches

see … page 21

Voici … • Here is …/Here are …
Voilà … • There is …/There are …
Là, c'est … • (Over) There is …
Ça, c'est … • That's …
l'hôtel (m.) • the hotel
l'Office du Tourisme (m.) • the tourist information office
bien • well, good
avec • with
la Mairie • the town hall
la poste / le bureau de poste • the post office
le café • the café, the coffee
le magasin • the shop
les magasins • the shops
la boulangerie-pâtisserie • the bread and cake shop
la supérette / le supermarché • the supermarket
la boucherie-charcuterie • the butcher's and delicatessen
la maison de la presse • the newsagent's
la quincaillerie • the hardware shop

Activité 10

À vous!

Take your partner (a French friend) on a quick tour of your town.

EXPRESSIONS UTILES
Voici …
Voilà …
Là, c'est …
Ça, c'est …

F Ça va?

Activité 11

Étudiez le vocabulaire et la note sur **ne … pas**. Écoutez les dialogues et répétez.

*Study the vocabulary and the note on **ne … pas**. Listen to the dialogues, and repeat them.*

1.9

2

- Bonjour! Ça va?
- Oui, ça va. Et toi?
- Pas trop mal, merci.

1

- Bonjour, monsieur.
- Bonjour, madame.
- Comment allez-vous?
- Très bien, merci. Et vous?
- Bien, merci.

3

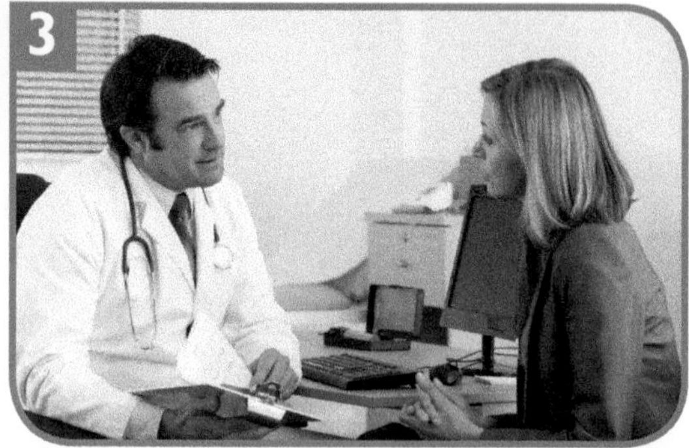

- Madame Toutais?
- Oui, Bonjour, docteur.
- Bonjour, madame. Comment allez-vous?
- Oh, ça ne va pas bien, docteur.

V

Comment allez-vous? • How are you?
(Très) bien • (Very) well
Et toi? • And you? (informal)
Et vous? • And you? (formal)
Ça va? • How are you? (informal)
Ça va • OK, fine (informal)
Pas trop mal • Not too bad
merci • thank you
non • no
docteur • doctor
aujourd'hui • today

G

Negatives

ne + verb + **pas** =	not
ça va	I am all right
ça ne va pas	I am not all right

see … pages 21–2

Activité 12

'Ça va?' Complétez ici et à la page 17.

1

Ça ne va pas aujourd'hui?

2

Comment allez-vous?

choisissez
Oui, ça va très bien!
Ça ne va pas bien.
Pas trop mal. Et toi?
Très bien, merci.

G Je ne suis pas …

Activité 13

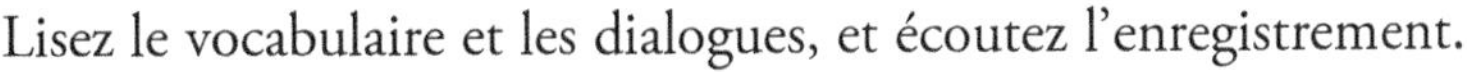
Lisez le vocabulaire et les dialogues, et écoutez l'enregistrement.

- Vous êtes Monsieur Grandet?
- Non, je ne suis pas Monsieur Grandet. Je suis Jean-Jacques Toubon.
- Pardon, monsieur.

- Vous êtes Monsieur Grandet?
- Oui, ah … Madame Hart? Comment allez-vous?
- Ça va bien, merci. Et vous?
- Très bien, merci.

- Vous êtes Christophe Delecroix?
- Non, madame, je ne suis pas Christophe Delecroix. Je suis Fabien Donnet.
- Oh! pardon, monsieur.

Activité 14

À vous!

Vous êtes … ?

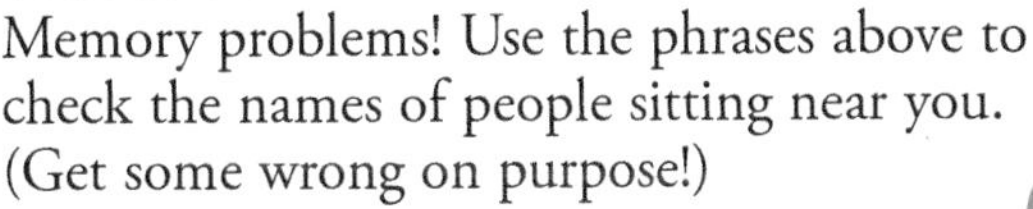
Memory problems! Use the phrases above to check the names of people sitting near you. (Get some wrong on purpose!)

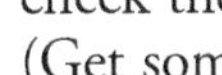

EXEMPLE:

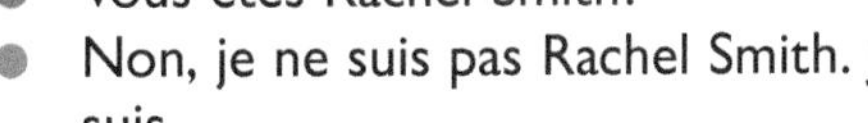

- Vous êtes Rachel Smith?
- Non, je ne suis pas Rachel Smith. Je suis …

V

Je ne suis pas … • I am not …, I'm not …

Pardon! • Sorry! Excuse me!

It is more polite to say, **Pardon, monsieur/madame.**

H La famille, les collègues

Activité 15

Lisez le vocabulaire et le dialogue. Écoutez l'enregistrement et répétez le dialogue.

Jean Bonjour, Jacques! Voici Louise, ma femme.
Jacques Enchanté!
Louise Enchantée.
Jean Et voici mes enfants: mon fils Vincent, ma fille Mélanie.
Enfants Bonjour!

Voici ma maison et mon jardin, et voici ma femme et mes enfants.

V

- la famille • the family
- la femme • the wife
- les enfants (m. pl.) • the children
- le fils • the son
- la fille • the daughter
- la maison • the house
- le jardin • the garden
- l'ami (m.) • the (male) friend
- l'amie (f.) • the (female) friend

Activité 16

Regardez la photo, puis écoutez l'enregistrement et répondez.

Look at the photo, then listen to the recording and respond.

Et voici …

The word for *my* depends on the noun following it:

mon + a masculine noun: mon fils, *my son*
ma + a feminine noun: ma fille, *my daughter*
mes + a plural noun: mes enfants, *my children*

see … page 22

Activité 17

Regardez les photos 1 et 2 et étudiez le vocabulaire. Complétez les légendes 3 à 5.

Look at photos 1 and 2 and study the vocabulary. Complete captions 3 to 5.

EXEMPLE:

- *It's my father, Pierre.* C'est mon père, Pierre.

my father, Pierre

1 C'est mon père, Pierre, et mon chien.

my wife, Jacqueline

my mother, Sylvie

2 C'est ma mère, Sylvie, et ma femme Jacqueline.

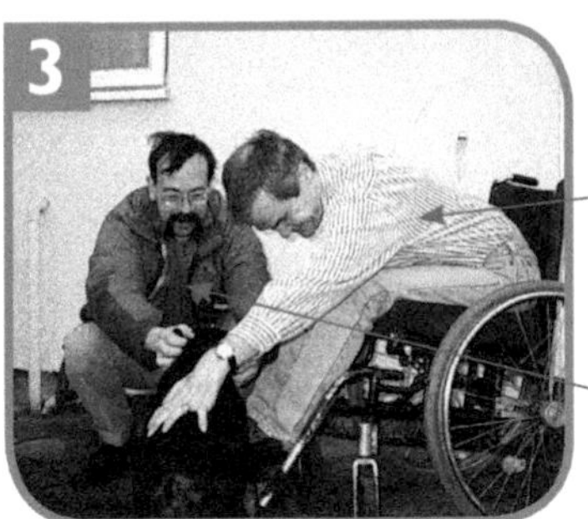

Charles, my friend

my husband, Michel

3 ______________________

my brother, Alex, and my sister, Anita

4 ______________________

my cat, Tomy

5 ______________________

V

- le mari • the husband
- le frère • the brother
- la sœur • the sister
- le père • the father
- la mère • the mother
- le collègue • the (male) colleague
- la collègue • the (female) colleague
- le chat • the cat
- le chien • the dog

I Au revoir!

Activité 18

Étudiez le vocabulaire. Lisez les dialogues 1 à 4 et écoutez l'enregistrement.

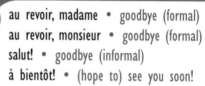

V
au revoir, madame • goodbye (formal)
au revoir, monsieur • goodbye (formal)
salut! • goodbye (informal)
à bientôt! • (hope to) see you soon!
bon voyage! • have a good trip!
à demain! • see you tomorrow! (informal)

- Au revoir, monsieur.
- Au revoir, madame.

- Bonsoir, madame. À bientôt.
- Bonsoir, madame.

- Au revoir, Gilles. Au revoir, Sylvie. Bon voyage!
- Au revoir, Michel, Anne. À bientôt!

- Salut!
- Salut! À demain!

Activité 19

À vous!

Au revoir, monsieur/madame. Salut!
Écoutez l'enregistrement et répondez.

Don't forget to say **Au revoir**, or **Bonsoir**, and **À bientôt** to your group at the end of the class.

G
Au revoir follows the same rules as **Bonsoir** and **Bonjour** (page 10): add **monsieur**, **madame**, **mademoiselle** in formal situations, use **Au revoir** on its own in relaxed situations, and **Salut!** only with friends.

Grammaire

Genders and plurals of nouns: *le, la, l', les*

Café, **gare** and **hôtel** are nouns. A noun is a word for a living being, a thing or an idea. In English, nouns do not have a gender. In French, nouns are either masculine or feminine. In the case of **le café**, **café** is masculine; in the case of **la gare**, **gare** is feminine.

Remembering the gender of a noun is largely a matter of usage. Make a note of the article, **le**, **la** or **l'**, when you come across a new noun. Do not worry too much about getting your genders wrong as you begin learning. In everyday French, a wrong choice of gender rarely makes it difficult for you to be understood.

When a noun begins with an unpronounced **h** or a vowel (**a**, **e**, **i**, **o**, **u**) the **le** or **la** often becomes **l'**. When this happens (e.g. **l'hôtel**, **l'église**), the gender of the noun is not obvious, and has been printed in brackets for you in the vocabulary lists.

In most cases when a noun becomes plural in French it gains an **s**. In the plural, **le**, **la** and **l'** all become **les**:

les café**s**, **les** gare**s**, **les** hôtel**s**, **les** église**s**.

Adjectives: *enchanté, enchantée, heureux, heureuse*

These are adjectives, 'describing words'. In English, *happy*, *fast* and *red* are all adjectives. English adjectives always keep the same spelling whether they describe one thing or many things.

In French, adjectives agree with the noun they describe. When **enchanté** relates to a man, it has the masculine singular form. **Enchantée** relates to a woman and has the feminine singular form. Many feminine adjectives are formed by adding an **e** to the masculine form. But when the masculine form ends in **-eux** (e.g. heur**eux**), the feminine form ends in **-euse** (heur**euse**).

The plural forms of these adjectives are **enchantés**, **enchantées**, **heureux** and **heureuses**.

Je suis … Vous êtes … ?

These are two parts of the verb **être**, *to be*.

je suis *I am* **vous êtes** *you are*

Use **Vous êtes … ?** as a polite way of prompting someone to give you their name. In more formal situations, e.g. for administrative purposes, you can use the direct question **Comment vous appelez-vous?** or more simply **Votre nom?** (*Your name?*)

You will learn more about **être** in the next unit.

The negative of a verb: *ne … pas*

In English, the negative of a verb is made by adding *not*: I am → I am not, I'm not. In French, the negative is in two parts, **ne** and **pas**. These are placed on either side of the verb to make the meaning negative.

Affirmative	je suis
Negative	je **ne** suis **pas**

Possessive adjectives: *mon, ma, mes*

In French, adjectives agree with the noun they describe, i.e. according to its gender (whether it is masculine or feminine), and whether it is singular or plural.

The word for *my* is **mon, ma** or **mes**, depending on the gender and number of the noun:

le mari (m.)	**mon** mari	*my husband*
la femme (f.)	**ma** femme	*my wife*
les enfants (m. pl.)	**mes** enfants	*my children*
les sœurs (f. pl.)	**mes** sœurs	*my sisters*

Note: **Mon** is always used if the noun is singular and begins with **h** or a vowel: **mon hôtel** (m.), **mon amie** (f.).

EN PRATIQUE

1 Add the correct article (**le, la** or **l'**) to the following nouns. Check the gender in the glossary if necessary.

a) __________ place
b) __________ hôtel
c) __________ Office du Tourisme
d) __________ Mairie
e) __________ magasin
f) __________ poste

2 Turn these nouns and their articles into plurals:

a) la boulangerie __________
b) la boucherie __________
c) le café __________
d) l'hôtel __________

3 Add **mon**, **ma** or **mes** to the following nouns. Check the gender of the nouns in the glossary if necessary.

a) __________ hôtel
b) __________ sœur
c) __________ amis
d) __________ magasin
e) __________ ami
f) __________ maison
g) __________ amies
h) __________ jardin
i) __________ fils
j) __________ collègues
k) __________ femme
l) __________ mari
m) __________ amie
n) __________ filles
o) __________ chien

YOU HAVE
COMPLETED
UNIT 1.
CAN YOU...

1 Greet someone formally or informally? See pages 9–10.
2 Say what your name is and ask someone else for their name? See pages 12–13 and the note on page 21.
3 Name the main shops and the other features in a small French town? See pages 14–15 and the note on page 21.
4 Introduce colleagues, friends and members of your family? See pages 18–19 and the note on page 22.
5 Say goodbye? See page 20.

VOCABULAIRE

GREETINGS

Bonjour	*Good morning, Good afternoon*
Bonsoir	*Good evening*
Enchanté(e)	*Pleased to meet you*
je m'appelle …	*my name is …*
je suis …	*I am …*
vous êtes …?	*you are …?*
Comment allez-vous?	*How are you?*
ça va	*OK, fine, I am all right*
Salut!	*Hi!, 'Bye!*
Au revoir!	*Goodbye!*
À bientôt!	*See you soon!*
À demain!	*See you tomorrow!*
Bon voyage!	*Have a good trip!*

IN TOWN

le café	*the café*
l'hôtel (m.)	*the hotel*
la boucherie	*the butcher's*
la charcuterie	*(roughly) the delicatessen*
la boulangerie	*the baker's*
la gare	*the train station*
la gare routière	*the bus station*
le magasin	*the shop*
la supérette / le supermarché	*the supermarket*
la gendarmerie / le commissariat	*the police station*
la Mairie	*the town hall*
l'Office du Tourisme (m.)	*the tourist information office*
la poste	*the post office*
le parc d'activités	*the business park*
la zone industrielle	*the industrial estate*

MEMBERS OF THE FAMILY

la famille	*the family*
la femme	*the wife*
la mère	*the mother*
la fille	*the daughter*
la grand-mère	*the grandmother*
le mari	*the husband*
le père	*the father*
le fils	*the son*
le grand-père	*the grandfather*
les enfants (m. pl.)	*the children*
le chat	*the cat*
le chien	*the dog*

PEOPLE YOU MEET

l'ami (m.)	*the friend (male)*
l'amie (f.)	*the friend (female)*
le collègue	*the colleague (male)*
la collègue	*the colleague (female)*

OTHER WORDS AND PHRASES

aujourd'hui	*today*
bien	*good, well*
ça, c'est …	*that's …*
deux	*two*
et	*and*
et toi	*and you (informal)*
heureux (m.), heureuse (f.)	*happy, pleased*
là, c'est …	*(over) there is … (e.g. a place)*
merci	*thank you*
mon, ma, mes	*my*
non	*no*
oui	*yes*
pardon	*sorry, excuse me*
pas trop mal	*not too bad*
voici	*here is, are*
voilà	*there is, are*
vous	*you (formal)*

- Talking about where you come from
- Numbers 1–60
- Age
- Jobs and professions
- Informal questions

UNITÉ DEUX
Sans frontières

A Vous êtes anglais?

Activité 1

Étudiez le vocabulaire. Écoutez et lisez le dialogue.

1.15

- Une bière?
- Non, merci.
- Un coca?
- Euh … oui. Merci.
- Vous êtes anglaises?
- Non, nous sommes américaines. Et vous, vous êtes français?
- Oui, je suis français, mais mon ami est italien.

V

sans • without
une bière • a beer
un coca • a Coca-Cola
anglaises (f. pl.) • English
Nous sommes américaines (f. pl.) • We are American
français (m.) • French
italien (m.) • Italian
mais • but
il est • he is
elle est • she is

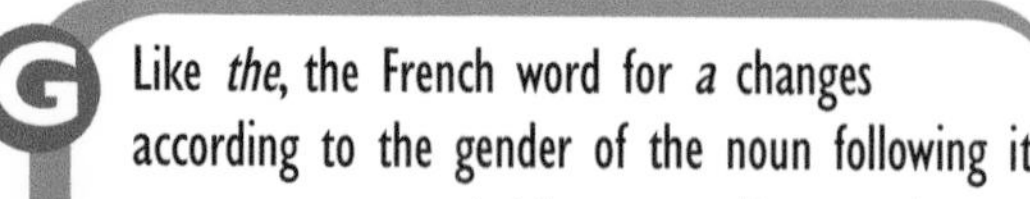

G

Like *the*, the French word for *a* changes according to the gender of the noun following it:

un	a (with a masculine noun):
un coca	a Coca-Cola
une	a (with a feminine noun):
une bière	a beer

see … pages 36–7

V

Some adjectives of nationality

Il est …	**Elle est …**	
allemand	allemande	German
américain	américaine	American
anglais	anglaise	English
canadien	canadienne	Canadian
écossais	écossaise	Scottish
espagnol	espagnole	Spanish
français	française	French
gallois	galloise	Welsh
irlandais	irlandaise	Irish
italien	italienne	Italian
japonais	japonaise	Japanese
portugais	portugaise	Portuguese
suisse	suisse	Swiss

see … pages 36–7

Activité 2

Étudiez les cartes, et la liste des nationalités. Demandez à votre partenaire la nationalité des six personnes.

Study the maps and the list of nationalities. Ask your partner the nationalities of the six people.

EXEMPLE:

- Antonia est espagnole?
- Non, elle est italienne.

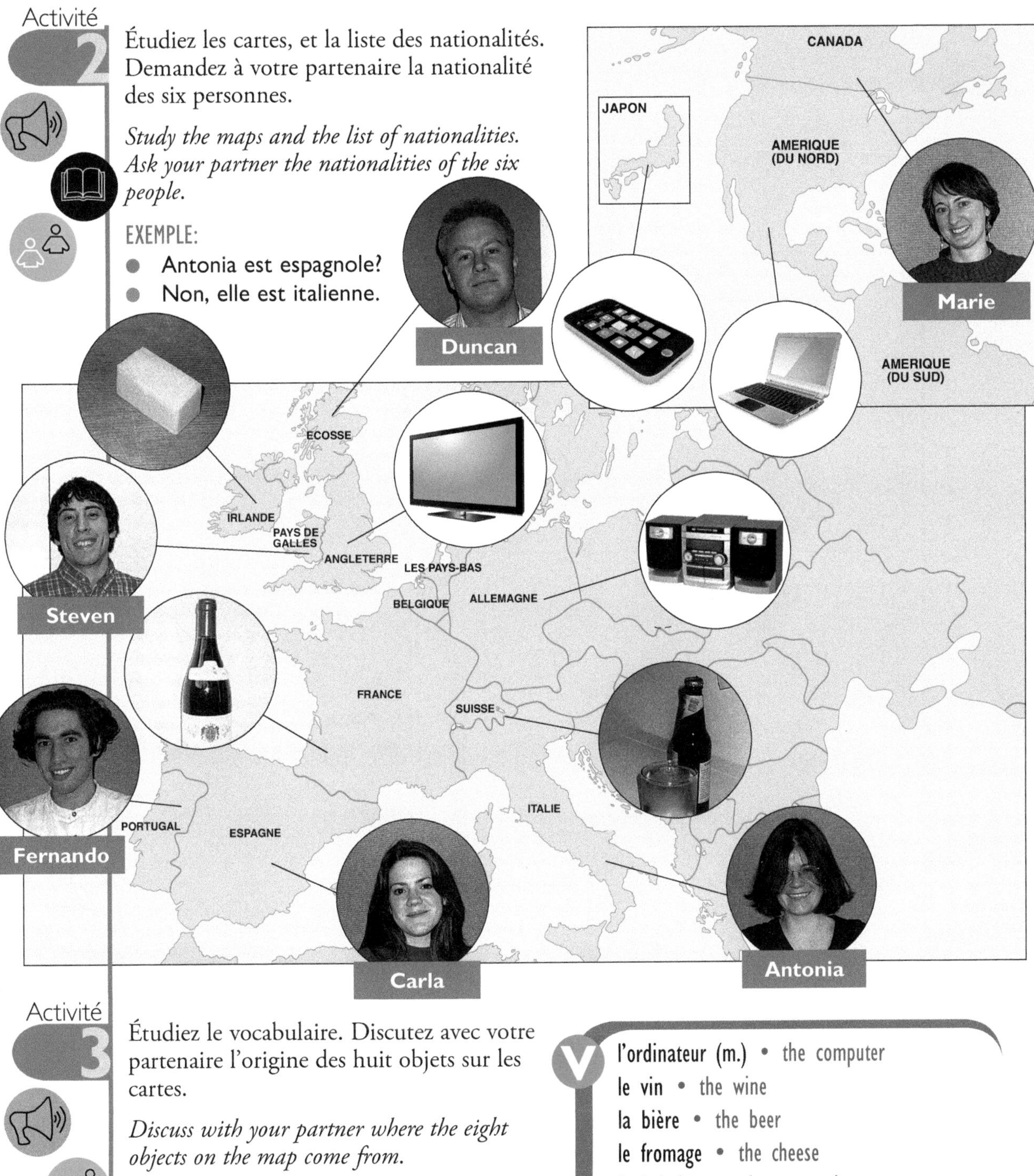

Activité 3

Étudiez le vocabulaire. Discutez avec votre partenaire l'origine des huit objets sur les cartes.

Discuss with your partner where the eight objects on the map come from.

EXEMPLE:

L'ordinateur est américain mais le baladeur est japonais.

V

- l'ordinateur (m.) • the computer
- le vin • the wine
- la bière • the beer
- le fromage • the cheese
- le baladeur • the personal stereo
- le téléviseur • the television set
- la hi-fi • the hi-fi
- la voiture • the car

Et vous?

Vous êtes … anglais(e), écossais(e) … ?

B Je viens de …

Activité 4

Écoutez le dialogue et complétez le tableau.

- Bonjour mademoiselle, vous êtes anglaise?
- Bonjour. Oui, je m'appelle Sandra et je suis anglaise. Je viens de Manchester.
- Et vous, mademoiselle, vous êtes …
- Je suis Carole et je suis française. Je viens de Marseille.
- Et vous, Maria, vous êtes italienne?
- Oui, je suis italienne, j'habite Bari.

Name	Nationality	Town of origin
Sandra		
		Bari
	French	

G Saying where you come from

de	of, from
je suis de	I am from
vous êtes de	you are from
je viens de	I come from
j'habite	I live in
j'habite Bari	I live in Bari

Remember:

je ne suis pas français — I am not French

Activité 5

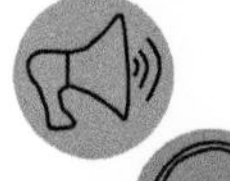

Dans le train. Écoutez l'enregistrement, et répondez.

Where do the other people in the carriage come from?

EXPRESSIONS UTILES

Je m'appelle …

Vous êtes américain?

Non, je suis …

Je viens de …

Nous sommes de …

J'habite …

C Je suis célibataire

Activité 6

1.18

Listen to Jean, Marc and Marie talking about themselves. Are they single? Separated?

Cochez les bonnes réponses dans le tableau.

Tick the correct answers in the table.

V
la situation de famille • marital status
marié(e) • married
célibataire • single
divorcé(e) • divorced
veuf (m.), veuve (f.) • widowed
pacsé(e) • in civil partnership
cohabitant(e) • living with partner
séparé(e) • separated

	marié(e)/pacsé(e)	cohabitant(e)	célibataire	divorcé(e)	veuf/veuve	séparé(e)
Jean						
Marc						
Marie						

Activité 7

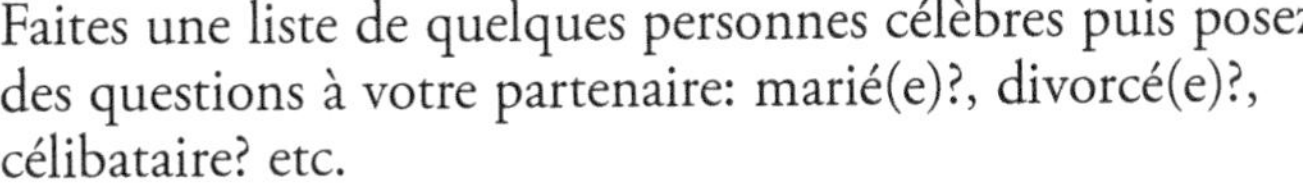

Faites une liste de quelques personnes célèbres puis posez des questions à votre partenaire: marié(e)?, divorcé(e)?, célibataire? etc.

Make a list of a few celebrities then ask your partner: married?, divorced?, single? etc.

EXEMPLE

- Le président de la République?
- Le président est marié.

D J'ai … Vous avez …

Activité 8

Étudiez la note sur **avoir**, et les nombres de 1 à 20. Puis écoutez et lisez les trois conversations.

*Study the notes on **avoir**, and the numbers 1 to 20. Then listen to, and read, the three conversations.*

1.19

G

avoir	to have
j'ai …	I have …, I've got …
vous avez …	you have …
Vous avez … ?	Do you have … ? Have you got … ?
J'ai **des** frères	I have (some) brothers
J'ai deux frères	I have two brothers
Je **n'**ai **pas de** frères	I have no brothers, I don't have any brothers

see … page 38

1

- Vous avez *Le Monde*, madame?
- Non, mais j'ai *Le Figaro*.

2

- Vous avez des enfants?
- Oui, j'ai trois filles et un fils.

3

- Vous avez des frères ou des sœurs?
- Je n'ai pas de frères mais j'ai deux sœurs.

Et vous!

Posez des questions à votre partenaire sur sa famille.

Ask your partner some questions about his/her family.

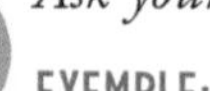

EXEMPLE:

- Vous avez des sœurs?
- Oui, j'ai deux sœurs.

1	un	11	onze
2	deux	12	douze
3	trois	13	treize
4	quatre	14	quatorze
5	cinq	15	quinze
6	six	16	seize
7	sept	17	dix-sept
8	huit	18	dix-huit
9	neuf	19	dix-neuf
10	dix	20	vingt

E Je n'ai pas de …

Activité 9

Travaillez avec un/une partenaire. Partenaire B, tournez à la page 238.

Work with a partner. Partner B, turn to page 238. Partner A, you are considering a house swap for your next holiday. Does your partner have a house which will suit you and will you have one that will suit your partner?

EXEMPLE:

B Vous avez un téléviseur?
A Oui, j'ai un téléviseur et un lecteur de DVD.
B Vous avez un chat?
A Non, je n'ai pas de chat.

Partenaire A, voici votre salon. Étudiez le vocabulaire et relisez la note sur **avoir**. Répondez aux questions de votre partenaire et posez des questions sur le salon de votre partenaire.

Here is your living room. Study the vocabulary and re-read the note on ***avoir****. Answer your partner's questions and ask questions about your partner's living room.*

V

- le salon • living room
- un lecteur de DVD • a DVD player
- un téléphone • a telephone
- un répondeur automatique • an answering machine
- un bureau • a desk (also: an office)

F Sa femme a 25 ans

Activité 10

Étudiez le vocabulaire, la note sur l'âge, et les nombres 21 à 60. Lisez les paragraphes 1 à 5 et complétez le tableau en anglais.

Study the vocabulary, the note on age, and the numbers 21 to 60. Read paragraphs 1 to 5 and complete the table in English.

LE JOURNAL SANS FRONTIÈRES

1 Le concurrent allemand

Helmut Theiss est allemand. Il vient de Dortmund. Il a vingt-six ans. Il est marié à une Française; ils ont deux enfants de six et trois ans.

2 Le concurrent anglais

Michael Mason vient du Dorset, en Angleterre. Il a trente ans et il est professeur d'anglais à l'Université de Bournemouth. Sa femme a vingt-cinq ans; ils n'ont pas d'enfants.

3 La concurrente espagnole

Julia Tenorio est espagnole. Elle habite un petit village près de Madrid. Elle a vingt et un ans, et elle est célibataire. Elle est étudiante.

4 Le concurrent français

Arnauld Dupré est de Lyon. Il a trente-trois ans. Il est séparé de sa femme, Christine, championne internationale de ski. Ils ont trois filles de neuf, sept et cinq ans.

5 La concurrente canadienne

Andrée Pascal, vient de Montréal. Elle a quarante-cinq ans, divorcée, avec un fils de vingt-deux ans.

V

le concurrent / la concurrente • the competitor
Il/Elle vient de … • He/She comes from …
un professeur • a teacher, a lecturer
une étudiante • a student (female)
petit(e) • small
sa femme • his wife
Elle habite … • She lives in …
près de … • near …
Ils ont … • They have …
Elles ont … • They (all female) have …

21	vingt et un	29	vingt-neuf
22	vingt-deux	30	trente
23	vingt-trois	31	trente et un
24	vingt-quatre	32	trente-deux
25	vingt-cinq	40	quarante
26	vingt-six	50	cinquante
27	vingt-sept	60	soixante
28	vingt-huit		

G

Using **avoir** to give age

un an	a year
j'ai trente ans	I am thirty (years old)
il a sept ans	he is seven (years old)
elle a vingt-deux ans	she is twenty-two
ils ont deux et six ans	they are two and six years old

see … page 38

	1	2	3	4	5
Prénom					
Âge					
Nationalité					
Enfants					
Âge(s) des enfants					
Situation de famille					

Activité 11

Étudiez le vocabulaire. Écoutez le dialogue et cochez les bonnes réponses.

Tick the correct answers.

V

Eh bien • So, Well
belge • Belgian
la Belgique • Belgium
Ah bon! • Really!
Tiens! • Well! Fancy that!
Nous avons • We have

Jacques is	English	☐	French	☐	Belgian	☐
Yves is	English	☐	French	☐	Belgian	☐
Jacques' wife is	English	☐	French	☐	Belgian	☐
Yves' wife is	English	☐	French	☐	Belgian	☐
Jacques has	2 children	☐	1 child	☐	3 children	☐
Yves has	2 children	☐	1 child	☐	3 children	☐
Jacques has a	boy aged 7	☐	girl aged 6	☐	2 girls aged 4 and 6	☐
Yves has a	boy aged 7	☐	girl aged 6	☐	2 girls aged 4 and 6	☐

Activité 12

Et vous?

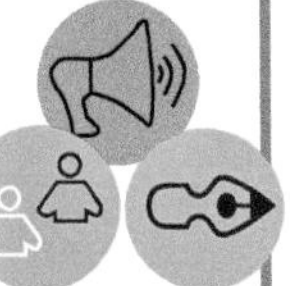

Avec votre partenaire, faites des notes en français sur vous deux. Présentez-vous à votre groupe.

With your partner, make some notes in French about the two of you. Introduce yourselves to your group.

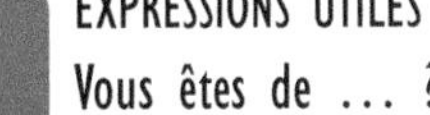

EXPRESSIONS UTILES

Vous êtes de ... ?
Vous êtes marié(e)/célibataire/divorcé(e)?
Vous avez ... ?
Il/Elle habite
Il/Elle a ... ans
Il/Elle est ...
Il/Elle n'a pas de ...
Je viens de ...
J'ai ... ans

Activité 13

Choisissez le bon verbe pour compléter les phrases.

Choose the right verb to complete the sentences.

1 Nous (exemple → c)	a) avez des enfants?
2 Vous	b) sont en Angleterre
3 Je	c) sommes mariés
4 Mes enfants	d) avons deux chiens
5 Ma femme	e) est heureux
6 Nous	f) suis célibataire
7 Il	g) êtes M. Leblanc?
8 Vous	h) ai 40 ans
9 J'	i) est italienne

G Elle est infirmière

Activité 14

You have contacted a French agency to arrange a holiday exchange of children. They have sent photos of families they have on file but mixed up the data. Which details go with which photos? Your children are a boy of fourteen and a girl of sixteen, and they love dogs. Which family would you choose?

Pourquoi? *Why?* **Parce que** ... *Because* ...

EXEMPLE:

M. et Mme Goujon, parce que Sandrine a seize ans.

M. et Mme Benamou, parce qu'ils ont un chien.

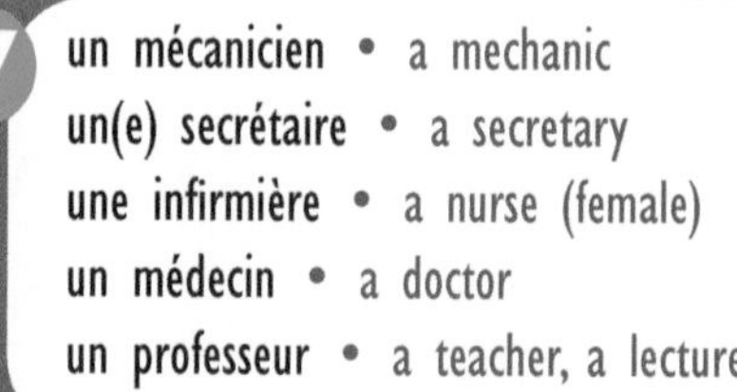

V

un mécanicien • a mechanic
un(e) secrétaire • a secretary
une infirmière • a nurse (female)
un médecin • a doctor
un professeur • a teacher, a lecturer

Mme Vandeck est de Bruxelles. Elle a deux fils, Simon et Bruno. Ils ont quinze et dix-sept ans. Elle est infirmière, divorcée.

M. et Mme Benamou sont de Genève. Ils ont deux filles de huit et dix ans. M. Rosset est mécanicien et sa femme est secrétaire. Ils ont un chien, Charlot.

M. et Mme Goujon sont de Rouen. Ils sont médecins. Mme Goujon est italienne. Ils ont une fille, Sandrine. Elle a seize ans.

M. Seyrac est de Toulon. Il est professeur. Il a quatre enfants de dix à dix-neuf ans. Il est séparé de sa femme.

info FRANCE

LE TRAVAIL EN FRANCE

In 1800, 75% of the working population worked in agriculture. In 2012, farmers (**les agriculteurs**) made up 2.9% of the working population while the industrial sector accounted for 14% and services (**le secteur tertiaire**) employed 76%. The sharp rise in the latter category is due to more job opportunities in information and communication technologies, tourism, health and social services.

Eighty-six per cent of salaried workers have permanent jobs (**contrats à durée indéterminé** or **CDI**) and around 10% have short-term contracts (**contrats à durée déterminée** or **CDD**). There are fewer and fewer manual workers (**les cols bleus**) and more and more employees in the administrative and service sectors (**les cols blancs**). However, there is still a large number of traditional craftsmen (**les artisans**).

In 2001, 48.3% of women were in employment. Today, eight out of ten women aged between 25 and 49 work. Part-time work (**le travail à temps partiel**) has increased regularly since the 1980s, and 30% of French women and nearly 7% of French men have opted for a lighter workload.

In general, women still receive a lower salary than men. In 2008, a woman in the private sector earned 80% of a man's salary, and the gap tended to be wider at executive level. In the political arena, parity still has not been achieved despite the introduction of quotas for candidates. In 2007, 42% of candidates for Parliament were female but only 19% were elected as MPs (**députés**).

French companies which have more than 50 full-time employees are obliged to spend a small percentage of their payroll on training (**la formation**) and companies also make an obligatory contribution to the funding of vocational training (**la taxe d'apprentissage**). Obligatory funding encourages training and means that work placements, work experience and professional training courses (all known as **les stages**), are very popular in France.

The French state is the biggest employer in France. Over 2.5 million employees are classed as civil servants (**les fonctionnaires**). This figure includes most teachers (**les professeurs**) as well as lecturers in further and higher education.

In 2000, a new law (**la Loi Aubry**) introduced the 35-hour working week. New government-funded employment centres (**les Pôles Emplois**) were created in 2009 to help those who are looking for a job (**un emploi**).

Unemployment (**le chômage**) in France is relatively high, especially among the young and immigrants. It was at its lowest for many years in 2008 with 7.4% of the working population unemployed, but with the recession this figure rose to nearly 10% in 2012.

G

Les emplois	Jobs

The word **un** or **une** is left out when describing a person's job or profession:

Elle est infirmière	She is a nurse
Il est professeur	He is a teacher

see ... page 37

Activité 15

Étudiez le vocabulaire et la note sur les emplois. Écoutez l'enregistrement et répétez.

Bonjour, je m'appelle Roger Plessier.
Bienvenue à Falquet. Voici l'équipe.
Monsieur Leblanc. Il est technicien.
Madame Dufour. Elle est secrétaire.
Madame Plantu. Elle est comptable.
Et je suis directeur de marketing.

V

un(e) technicien(ne) • a technician
un(e) comptable • an accountant
un directeur • a director, a manager
un(e) représentant(e) • a sales representative
un ingénieur • an engineer
un(e) employé(e) de bureau • an office worker
un(e) retraité(e) • a retired person
un chômeur • an unemployed man
une chômeuse • an unemployed woman
une femme au foyer • a housewife
un homme au foyer • a househusband

Activité 16

Regardez les photos et complétez les phrases.

Voici Jacques. Il est ...

Voici Fleur. Elle est ...

Voici Philippe. Il est ...

Voici Françoise. Elle est ...

Voici Marie. Elle est ...

Voici Anne. Elle est ...

Voici Simon. Il est ...

Et vous?

Vous êtes ... ?

Activité 17

You've been asked to recruit an international sales representative to work with the office in Le Havre. Which candidate fits the requirements best? (Try to work out the meaning of the words you don't know.)

Lisez les lettres et choisissez un candidat.

MOZART SA
ARE SEEKING

an international sales representative for their office in Le Havre

- 3 years' experience minimum
- Bilingual French/English + another language useful (preferably German)
- Marketing experience

1

Je suis représentante dans une grande entreprise de Lille depuis deux ans. J'ai vingt-huit ans et je suis célibataire. Je parle anglais et espagnol. Je n'ai pas d'expérience de marketing, mais je suis responsable des exportations de nos produits …

2

Je suis représentant international en produits pharmaceutiques. J'ai cinquante ans, et je suis divorcé. Je suis basé dans la région parisienne. Je suis bilingue français/allemand …

3

J'ai trente ans. Je suis représentante depuis cinq ans dans une petite entreprise située à dix km du Havre et spécialisée dans le marketing et l'exportation des produits de luxe. Je parle anglais et allemand et j'ai des notions d'italien. Je suis mariée et j'ai deux enfants de huit et six ans …

H Tu es … Tu as …

Activité 18

Étudiez le vocabulaire et la note sur **tu**. Écoutez les dialogues.

1.22

- Tu as un frère?
- Non, j'ai une sœur, Aurélie.
- Elle est gentille?
- Aurélie? Non!

G

tu	you

Tu is used when speaking to someone you know well or a child.

tu es	you are
tu es … ?	are you … ?
tu as	you have
tu as … ?	do you have … ?

see … Page 37

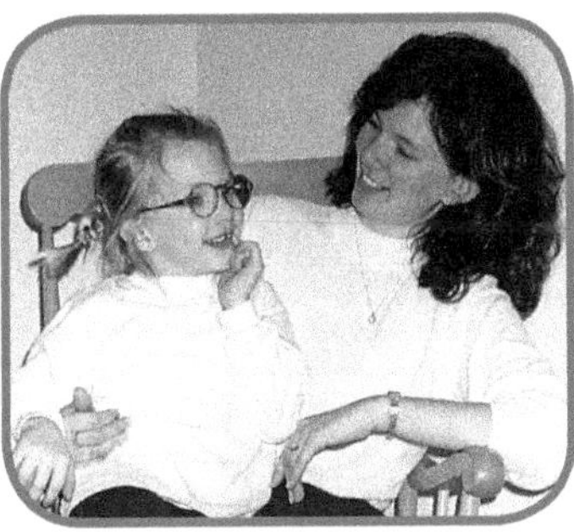

- Salut! Tu es française?
- Oui, et toi?
- Je suis belge. Je suis étudiante à l'université de Bruxelles.

V

gentil(le) • nice, kind
là-bas • over there
l'université (f.) • the university

Grammaire

un, une, des, de

The French for *a* or *an* has two forms: **un** when followed by a masculine noun and **une** when followed by a feminine noun:

un frère	*a brother*
une voiture	*a car*

With a plural noun, **un** and **une** both change to **des**:

un ordinateur	*a computer*	des ordinateurs	*(some) computers*
une voiture	*a car*	des voitures	*(some) cars*

In questions, **des** means *any*:

Vous avez des enfants? *Do you have any children?*

After a negative, **de** is used instead of **des**:

Je n'ai pas de sœurs. *I don't have any sisters/I have no sisters.*

Before a noun starting with an unpronounced **h** or a vowel, **de** becomes **d'**:

Nous n'avons pas d'enfants. *We don't have any children/We have no children.*

Nationality

Adjectives of nationality do not start with a capital letter: e.g. **je suis française**, **il est anglais**. When describing a feminine noun, an adjective becomes feminine too. The feminine of an adjective usually ends in **e**: **écossais** (m.), **écossaise** (f.). If an adjective ends in **e** in the masculine, the feminine form is the same: **suisse** (m.) **suisse** (f.).

Some feminine endings are irregular:

grec (m.)	grecque (f.)	*Greek*
italien (m.)	italienne (f.)	*Italian*

Adjectives (like nouns) usually add **s** to make the plural:

un vin italien	des vin**s** italien**s**	*some Italian wines*

But if the adjective already ends in **s** (e.g. anglais, portugais, irlandais) it does not change in the plural:

un vin portugais	des vin**s** portugai**s**	*some Portuguese wines*

Note that feminism has not changed the rules of French grammar! When you hear or read **nous sommes françaises**, you know that all the members of the group are female. When you hear **nous sommes français**, the group could be all male, or mixed; if there is only one man the adjective will be in the masculine!

Some names of countries are masculine, others feminine:

masculine		***feminine***	
le Canada	*Canada*	l'Afrique (f.)	*Africa*
les États-Unis (les USA) (m. pl.)	*USA*	l'Allemagne (f.)	*Germany*
		l'Angleterre (f.)	*England*
le Japon	*Japan*	la Belgique	*Belgium*
le Pays de Galles	*Wales*	la Chine	*China*
le Portugal	*Portugal*	l'Écosse (f.)	*Scotland*
le Royaume-Uni	*UK*	l'Espagne (f.)	*Spain*
		la France	*France*
		la Grande-Bretagne	*Great Britain*
		la Grèce	*Greece*
		l'Irlande (f.)	*Ireland*
		l'Italie (f.)	*Italy*
		la Suisse	*Switzerland*

Les emplois

Many job titles have both masculine and feminine versions:

un vendeur / une vendeuse	*a shop assistant*	un infirmier / une infirmière	*a nurse*

while others don't change:

un(e) comptable *an accountant*

and a few have no separate feminine version:

un médecin	*a doctor (male or female)*	il/elle est médecin
un ingénieur	*an engineer (male or female)*	il/elle est ingénieur
un professeur	*a teacher (male or female)*	il/elle est professeur

(However, the abbreviations 'le prof' and 'la prof' are commonly used for **le professeur**.)

You: *vous or tu*?

When you meet French people, use the polite form **vous** if you don't know them, or not very well. You can switch to **tu** if invited. You can say **tu** to children even if you don't know them. If you are young (a teenager or student), people of the same age will address you as **tu** quite naturally.

Tu is always followed by a verb:

Tu as une voiture — *You have a car*
Tu es français? — *Are you French?*

Toi is used on its own, in direct questions or exclamations:

et toi? — *and you?*

Avoir and *être*

Here are all the forms of the verb **avoir**, *to have*, and **être**, *to be*, in the present tense:

avoir *to have*			
Singular		**Plural**	
j'ai	*I have*	nous avons	*we have*
tu as	*you have (familiar)*	vous avez	*you have (plural or polite singular)*
il a elle a	*he has* *she has*	ils ont elles ont	*they have*

être *to be*			
Singular		**Plural**	
je suis	*I am*	nous sommes	*we are*
tu es	*you are (familiar)*	vous êtes	*you are (plural or polite singular)*
il est elle est	*he is* *she is*	ils sont elles sont	*they are*

EN PRATIQUE

1 Un or **une**? Check the genders in the glossary at the end of the book if you need to.

a) ________ magasin
b) ________ ami
c) ________ maison
d) ________ femme
e) ________ boulangerie
f) ________ chat
g) ________ fille
h) ________ père
i) ________ boucherie
j) ________ jardin
k) ________ médecin
l) ________ famille

2 Fill in the correct form of the adjective. E.g. américai**n**, américai**ne**, américai**ns**, américai**nes**.

a) Mary est anglai___ , mais Hugh est écossai___ .
b) Nous, Carla et Maria, nous sommes italien___ et vous, vous êtes espagnol___?
c) Elle est grec___ .
d) Fiona, vous êtes irlandai___ ?
e) Jean et Marie sont françai___ .

3 Fill in **il est** or **elle est**.

Exemple: Le magnétoscope est japonais. Il est japonais.

a) Paul est gallois. ________ ________ gallois.
b) Mon médecin est écossais. ________ ________ écossais.
c) Ma collègue est heureuse. ________ ________ heureuse.
d) Ma voiture est française. ________ ________ française.
e) Le directeur est veuf. ________ ________ veuf.
f) La bière est belge. ________ ________ belge.
g) Le baladeur est japonais. ________ ________ japonais.

4 How would you say these in French?

a) He is a teacher.
b) She is a doctor.
c) We are housewives.
d) I am a sales representative.
e) He is an accountant.
f) She is retired.

5 Complete these sentences, with the correct form of **avoir** or **être**.

a) Ma fille ________ huit ans.
b) Je ne ________ pas seule.
c) Nous ________ irlandais.
d) Tu ________ étudiante, Sophie?
e) Fleur et Vincent ________ étudiants.
f) Vous ________ un chien?
g) Il ________ soixante ans.
h) Elle ________ professeur.

YOU HAVE
COMPLETED
UNIT 2.
CAN YOU...

1 Say your nationality and where you come from?
See pages 24–6 and the note on pages 36–7.
2 Talk about your age, your marital status and family?
See pages 27–31.
3 Say what job you do?
See pages 32–5 and the note on page 37.

VOCABULAIRE

JOBS AND PROFESSIONS

l'emploi (m.)	*the job*
le chômage	*the unemployment*
le travail	*the work*
le/la dentiste	*the dentist*
le directeur	*the director/manager*
l'employé(e) de bureau	*the office worker*
la femme au foyer	*the housewife*
l'homme au foyer	*the househusband*
l'infirmier (-ière)	*the nurse*
l'ingénieur (m.)	*the engineer*
le médecin	*the doctor*
le professeur	*the teacher, lecturer*
le chômeur, la chômeuse	*the unemployed person*
un(e) étudiant(e)	*a student*

AGE AND MARITAL STATUS

j'ai trente ans	*I am thirty (years old)*
célibataire	*single*
divorcé(e)	*divorced*
marié(e)	*married*
séparé(e)	*separated*
veuf, veuve	*widowed*
retraité(e)	*retired*
pacsé(e)	*in civil partnership*
cohabitant(e)	*living with partner*

EVERYDAY THINGS

la bière	*the beer*
le bureau	*the office, the desk*
le fromage	*the cheese*
l'ordinateur (m.)	*the computer*
le lecteur de DVD	*the DVD player*
le salon	*the living room*
le téléviseur	*the television*
la voiture	*the car*

OTHER WORDS AND PHRASES

je viens de ...	*I come from ...*
j'habite ...	*I live in ...*
un homme	*a man*
une femme	*a woman*
alors	*well then*
depuis	*for, since*
de, des	*some, any*
là-bas	*over there*
mais	*but*
parce que ...	*because ...*
pourquoi?	*why?*
près de ...	*near ...*
sans	*without*

- Describing local facilities and things to do
- Talking about the weather, months of the year and seasons
- Numbers 61–100
- Telephone numbers

UNITÉ TROIS
En vacances

A Il y a cinq cinémas …

Activité

Two business people have met at a conference.

Étudiez le vocabulaire et la note sur **il y a**. Écoutez le dialogue.

1.23

- Marne-la-Vallée, c'est une grande ville maintenant? Vous avez beaucoup d'attractions?
- Ah oui! C'est formidable. Nous avons cinq cinémas en ville, il y a un centre de loisirs, trois golfs, une piscine, deux tennis … Et il y a aussi Disneyland Paris, bien sûr! Et vous?
- Eh bien, à Redport nous avons six cinémas, deux piscines, sept tennis, un centre de loisirs … oh, et il y a aussi la mer. Nous avons quatre plages.

Marne-la-Vallée

Le parc d'attractions Disneyland et …

1 (centre de loisirs) 5 (cinéma) 1 (piscine)
2 (tennis) 3 (golf) 8 (restaurant)
1 (forêt) 6 (musée)

V

Légende des attractions	Key to entertainments
le cinéma	the cinema
le centre de loisirs	the leisure centre
le golf	the golf course
la piscine	the swimming pool
le tennis	the tennis court
la plage	the beach
le parc	the park
le musée	the museum
l'aérodrome	the aerodrome, airfield
le restaurant	the restaurant
la forêt	the forest

G

Il y a	There is/There are
Il y a une plage	There is a beach
Il y a une plage?	Is there a beach?
Il y a des musées	There are some museums
Il y a des musées?	Are there any museums?
Il **n'**y a **pas de** cinéma(s)	There isn't a cinema/ There aren't any cinemas

see … page 52

V

grand(e) • large, big
en vacances • on holiday
maintenant • now
formidable • great, wonderful
en ville • in town
beaucoup de • a lot of, many
les attractions (f. pl.) • entertainments, things to do
bien sûr • of course
la mer • the sea
l'étoile (f.) • the star

Activité 2

Relisez le dialogue et complétez la fiche en anglais.

Read the dialogue again and complete the form in English.

Redport

___		___________
___		___________
___		___________
4		museums
___		beaches
1		airfield
3		5 star restaurants

Activité 3

Étudiez le vocabulaire. Avec votre partenaire, comparez les deux hôtels.

EXEMPLE:

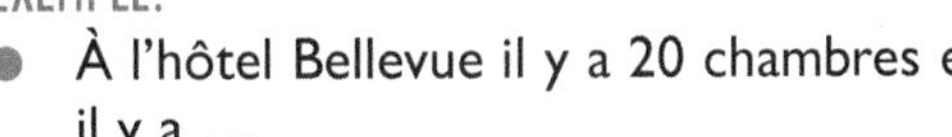

- À l'hôtel Bellevue il y a 20 chambres et il y a …
- À l'hôtel Olympique il y a beaucoup de chambres mais il n'y pas de …

International Hôtel
★★★★

Grand hôtel

Rue de la Grenadière,
Sainte-Estelle
Tél. +33 (0) 4 32 43 21 30

55 chambres avec télévision
piscine
3 bars
restaurant
parking privé
plage privée

Hôtel Le Chamonix
★★

Propriétaire: G. Delay

10, Place de la Gaule,
Sainte-Estelle
Tél. +33 (0) 4 32 43 56 17
www.chamonixhotels.com

20 chambres
10 chambres avec télévision
bar
parking
1 tennis

V

- **la chambre** • the bedroom
- **la télévision** • the television
- **le bar** • the bar
- **le parking** • the car park
- **le propriétaire** • the owner
- **privé(e)** • private

Activité 4

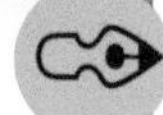

Étudiez la publicité pour Saint Léonard de Noblat. Complétez les phrases avec **il y a**, **il n'y a pas** et **un**, **une**, **de** ou **des**.

À Saint Léonard …

1 ______________ __________ parc.

2 ______________ __________ tennis.

3 ______________ __________ musées.

4 ______________ __________ plage.

Légende

 le château • the castle, chateau

 le camping • the campsite

 le gîte • the self-catering cottage or flat

les circuits (m. pl.) de randonnée • hiking

 le monument historique • the historical monument

SAINT LEONARD DE NOBLAT
Cité Médiévale
Collégiale classée Monument Historique
Site inscrit du Pont de Noblat
Halte de Saint-Jacques itinéraire culturel européen
Musée Gay-Lussac - Musée Historail du Chemin de Fer
Visites guidées

Station verte de Vacances
Camping *** et Parc de Loisirs de Beaufort
Pêche en rivière, canoë. Base de randonnées
Piscine chauffée. Tennis

Renseignements : 87400 ST-LEONARD-DE-NOBLAT
O.T.S.I. ☎ 05 55 56 25 06 - MAIRIE ☎ 05 55 56 00 13 - Fax 05 55 56 98 01
www.ville-saint-leonard.fr

Activité 5

Travaillez avec un(e) partenaire. Partenaire B, tournez à la page 239.

Work with a partner. Partner B, turn to page 239.

Partenaire A

Lisez votre publicité sur Peyrat-le-Château. Cochez les attractions sur votre liste (page 43).

Read your advertisement on Peyrat-le-Château. Tick the features on your list (page 43).

Posez des questions sur les attractions à Rochechouart.

Ask questions about the attractions at Rochechouart.

EXEMPLE:

- À Rochechouart, il y a des tennis?
- Non, il n'y a pas de tennis ☐, ou Oui, il y a des tennis ☑

PEYRAT-LE-CHATEAU
"PORTE DE VASSIVIERE"

- 2 plages surveillées
- 3 terrains de tennis
- Tous sports nautiques
- Pêche
- Circuits de randonnée
- Centre distractif
- Halte-Garderie
- Tous services et tous commerces
- **6 hôtels-restaurants**
- **4 terrains de camping**
- **Gîtes - Meublés**
- **Village de 20 gîtes**

L'OFFICE DE TOURISME
Vous accueille toute l'année
Tél. 05.55.69.48.75
otsi.peyrat-le-chateau.pagespro-orange.fr

Accédez aux sites internet des deux villes. Continuez votre dialogue sur les attractions.
Visit the websites of the two towns. Continue your dialogue about the things you can do and see there.

En vacances!
Écrivez un e-mail à un(e) ami(e) français(e).

On holiday!
Write an e-mail to a French friend.

Envoyer | Enregistrer | Supprimer

A:

Sujet:

Salut!

C'est formidable ici! Il y a …

B Avez-vous une piscine?

Activité 7

Étudiez la note sur **Des questions**.

Comparez deux villes. Utilisez **Avez-vous?**

EXEMPLE:

- À Newham, avez-vous un centre de loisirs?
- Oui, nous avons un centre de loisirs, et il y a aussi une piscine. Mais il n'y a pas de parc.

G

Des questions

Two ways of forming a question:

Vous avez un bar?

Avez-vous un bar?

page 52

EXPRESSIONS UTILES

beaucoup de

aussi = *also, too*

il n'y a pas de

mais

et

Activité 8

After an overnight drive you've decided to stop for breakfast and book in at a bed and breakfast (**une chambre d'hôte**) and explore the area. The owner is giving you coffee and croissants while his wife writes down your details in the reservations book. Listen to the questions and reply with your details.

- Bonjour, monsieur, madame. Je suis Paul Richard, le propriétaire. Ma femme Régine est là-bas. Vous êtes … ?
- *(Introduce yourself and your partner.)*

- Vous êtes américains?
- *(Say yes or no, and where you come from.)*

- Ah bon! Et c'est votre fille?
- *(Say, yes, this is Emma.)*

- Oui, elle s'appelle Emma. Avez-vous un fils?
- *(Say, yes, you have one son, Peter. He is not here.)*

- Oui, ils ont un fils, mais il n'est pas là.
- *(Ask whether they have a leisure centre in town.)*

- Oui, nous avons un centre de loisirs avec une piscine et un golf.
- *(Ask if there are any restaurants.)*

- Oui, nous avons deux restaurants avec bar.
- *(You want to know if there is a cinema.)*

- Ah non, nous n'avons pas de cinéma ici, mais il y a deux cinémas à Meung …

C Il fait beau!

Activité 9

Étudiez le vocabulaire, écoutez et lisez le dialogue.

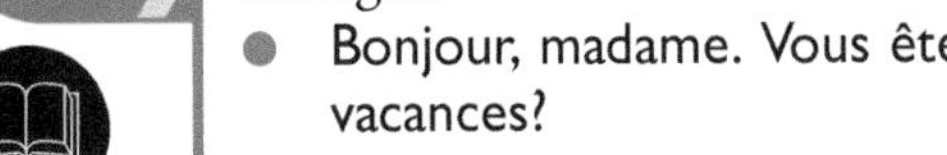

- Bonjour, madame. Vous êtes en vacances?
- Ah non, je suis en déplacement pour affaires. Il fait beau aujourd'hui!
- Oui, très beau, il fait toujours beau ici en été.
- Et en hiver?
- Oh, en hiver il fait froid. Mais il ne pleut pas beaucoup. Vous êtes anglaise, madame? Il pleut beaucoup en Angleterre?
- Ah, il pleut en hiver, mais aussi en été!

1.25

V

Il fait beau • It is fine, sunny
en déplacement pour affaires • on a business trip
ici • here
toujours • (here) always
en été • in summer
en hiver • in winter
Il fait froid • It's cold
Il pleut • It rains/It is raining
la pluie • the rain
beaucoup • a lot
aussi • too, as well
Il fait (très) chaud • It is (very) hot
la température • the temperature
la (température) moyenne • the average (temperature)
moyen(ne) • average

Activité 10

Étudiez la note sur **Le temps**. Puis étudiez les diagrammes et écrivez une phrase sur le temps pour chaque ville.

Study the note on the weather. Then study the diagrams and write a sentence about the weather for each town.

EXEMPLES:
À Marseille il fait très chaud en été.
Il ne pleut pas beaucoup à Nice en hiver.

G

Le temps	The weather
Quel temps fait-il?	What's the weather like?
Il fait + beau/chaud/froid	It's fine/hot/cold
Il fait du vent/du soleil	It's windy/sunny
Il y a des nuages/des éclaircies	It's cloudy/There are sunny periods
Il (+ verb): il pleut/il neige	It's raining/It's snowing

ne … pas
Il ne fait pas beau
Il ne fait pas **de** vent
Il n'y a pas **de** nuages
Il ne pleut pas

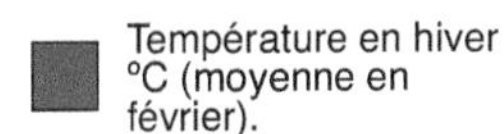

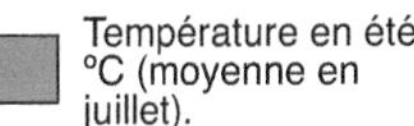

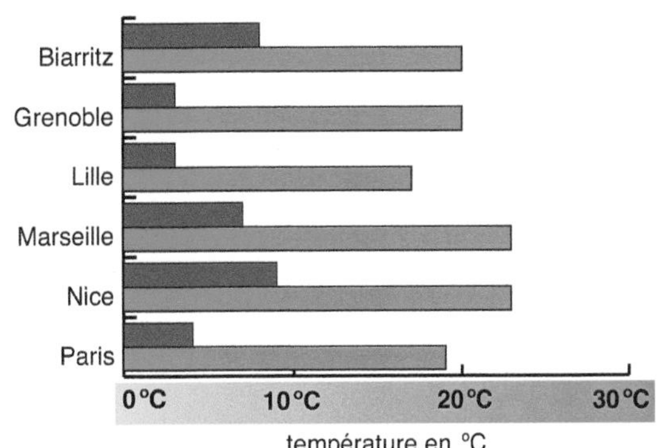

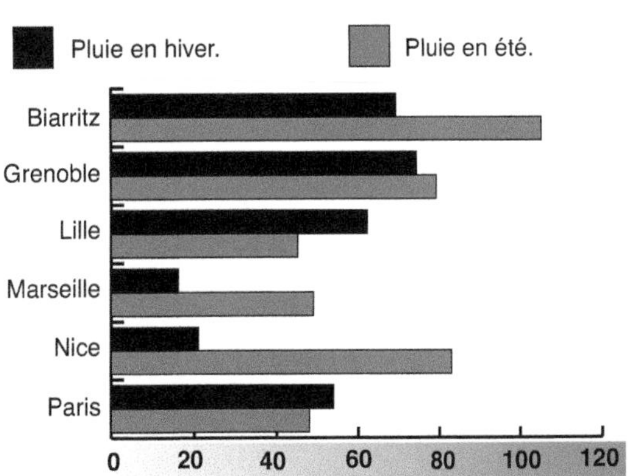

D Quelle est la température?

Activité 11

Étudiez la note sur **La température.** Écoutez la météo (*the weather forecast*) et cochez les bonnes réponses.

Paris	Londres	Bordeaux	Rome
chaud ☐	chaud ☐	chaud ☐	chaud ☐
froid ☐	froid ☐	froid ☐	froid ☐
pluie ☐	pluie ☐	pluie ☐	pluie ☐
soleil ☐	soleil ☐	soleil ☐	soleil ☐
neige ☐	neige ☐	neige ☐	neige ☐
vent ☐	vent ☐	vent ☐	vent ☐
température	température	température	température
15° ☐ 16° ☐	10° ☐ 12° ☐	21° ☐ 22° ☐	25° ☐ 26° ☐

G La température

Quelle est la température?	What is the temperature?
Il fait dix degrés	It's ten degrees
La température est de 25°	The temperature is 25°

à, en

towns:		*countries (f.):*	
à Londres	in London	en Angleterre	in England
à Paris	in Paris	en France	in France
à Rome	in Rome	en Italie	in Italy

months and seasons:

en janvier	in January
en juillet	in July
en été	in summer
en hiver	in winter

see ... page 52

V

janvier • January
février • February
mars • March
avril • April
mai • May
juin • June
juillet • July
août • August
septembre • September
octobre • October
novembre • November
décembre • December

Activité 12

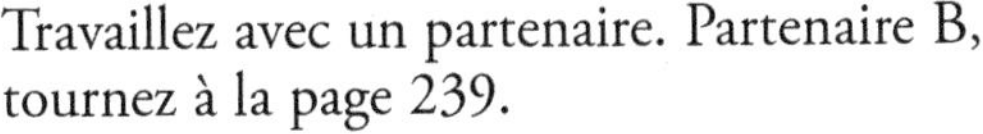

Travaillez avec un partenaire. Partenaire B, tournez à la page 239.

Partenaire A

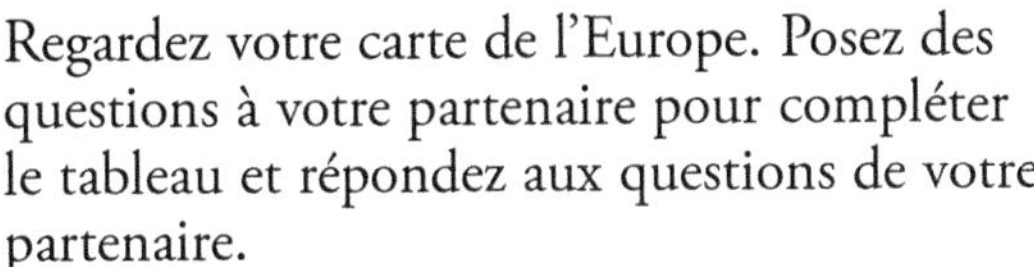

Regardez votre carte de l'Europe. Posez des questions à votre partenaire pour compléter le tableau et répondez aux questions de votre partenaire.

Look at your map of Europe. Ask your partner questions to fill the gaps in the table and reply to your partner's questions.

EXEMPLE:

Quel temps fait-il à Rome en hiver?
Quelle est la température à Paris en été?

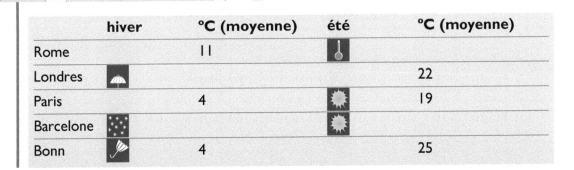

	hiver	°C (moyenne)	été	°C (moyenne)
Rome		11		
Londres				22
Paris		4		19
Barcelone				
Bonn		4		25

info FRANCE

QUELQUES RECORDS EN FRANCE

- La température la plus basse: en janvier 1985 à Mouthe (dans le département du Doubs), −41°C.
- La température la plus élevée: +44°C à Toulouse en août 1923.
- Les vents les plus forts: au Mont Ventoux en 1967 avec 320 km/h.
- Avec 3144 heures de soleil en 1961, Toulon bat le record d'insolation annuelle en France.
- En août 2003, records de température maximale dans 70 des 180 stations météo françaises avec des températures supérieures à 40°C. **La canicule** (*heat wave*) a pour conséquence plus de 11 000 décés dans les deux premières semaines de ce mois.
- Avec une température moyenne supérieure de 4°C à la normale, avril 2011 est le deuxième mois d'avril le plus chaud depuis 1900.

Visitez le site web de météo France: http://france.meteofrance.com

Activité

À vous! Quel temps fait-il ici aujourd'hui?

What is the local weather like today?

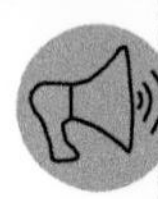

EXPRESSIONS UTILES

Aujourd'hui
Il pleut/Il ne pleut pas
Il fait beau/froid
Il fait du vent/du soleil
Il neige
Il ne fait pas chaud

Activité 14

Travaillez avec un(e) partenaire. Trouvez la température en degrés Fahrenheit ou Celsius.

EXEMPLE:

- Il fait froid à Biarritz en hiver?
- Il fait huit degrés Celsius.
- Alors, en Fahrenheit c'est ? degrés.

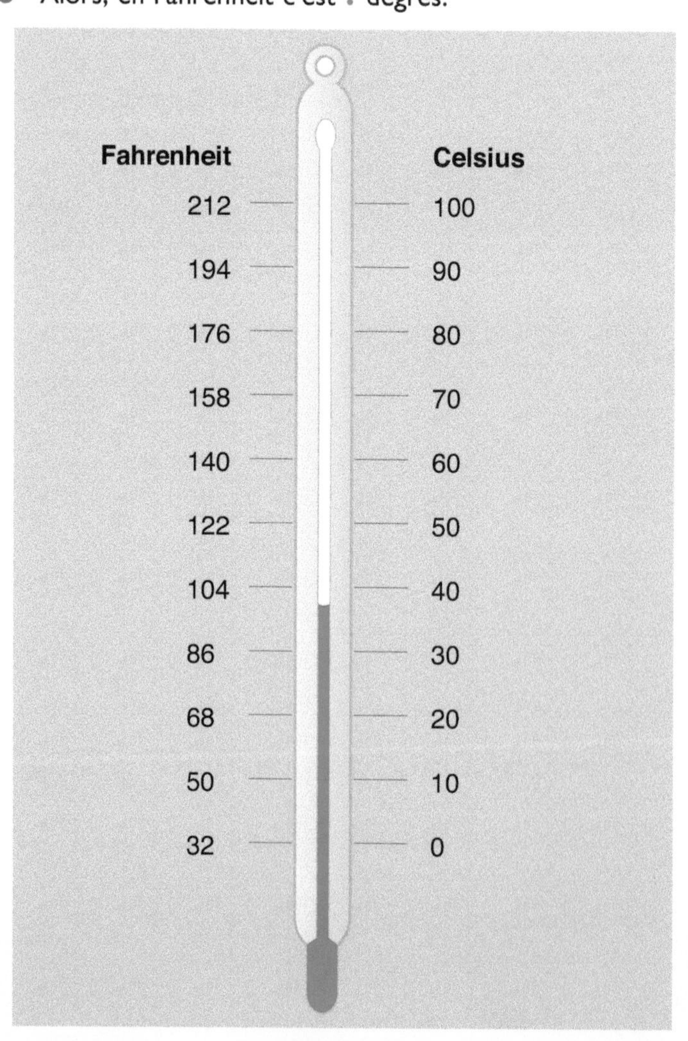

EXPRESSIONS UTILES

Quelle est la température … ?
Il ne fait pas chaud
Il fait chaud en été

61	soixante et un
62	soixante-deux
63	soixante-trois
70	soixante-dix
71	soixante et onze
72	soixante-douze
73	soixante-treize
74	soixante-quatorze
75	soixante-quinze
76	soixante-seize
77	soixante-dix-sept
78	soixante-dix-huit
79	soixante-dix-neuf
80	quatre-vingts
81	quatre-vingt-un
82	quatre-vingt-deux
83	quatre-vingt-trois
84	quatre-vingt-quatre
85	quatre-vingt-cinq
86	quatre-vingt-six
87	quatre-vingt-sept
88	quatre-vingt-huit
89	quatre-vingt-neuf
90	quatre-vingt-dix
91	quatre-vingt-onze
92	quatre-vingt-douze
93	quatre-vingt-treize
94	quatre-vingt-quatorze
95	quatre-vingt-quinze
96	quatre-vingt-seize
97	quatre-vingt-dix-sept
98	quatre-vingt-dix-huit
99	quatre-vingt-dix-neuf
100	cent

E C'est quel numéro?

Activité 15

Étudiez les numéros 61 à 100 et écoutez le dialogue.

1.27

- Christophe, tu as le numéro de Jean-Claude?
- Oui, c'est le 05 33 08 73 14.
- Et le numéro de Marielle?
- Euh, oui, c'est le 05 33 29 82 93. C'est le numéro de son portable.
- Merci. Oh, et tu as le numéro du restaurant *Chez Marcel*?
- Oui, bien sûr. C'est le 05 33 67 88 75.

info FRANCE

TELEPHONING IN FRANCE

When quoting a phone number (**un numéro de téléphone**), use **C'est le ...** . French speakers give the number in sets of double figures: **C'est le zéro deux, soixante et un, quarante-neuf, quatre-vingt-douze, zéro trois.** (02 61 49 92 03). You can give the individual numbers if you prefer: **C'est le zéro, deux, six, un, quatre, neuf ...** . Don't be afraid to ask someone to repeat the number for you: **Vous pouvez répéter, s'il vous plaît?**

Activité 16

Écoutez l'enregistrement du répondeur automatique et trouvez les numéros de téléphone.

1.28

EXEMPLE:
Je suis Jeanne. Mon numéro de téléphone est le 01 27 40 87 01.

02 44 22 43 78

05 36 21 65 90

04 22 62 85 31

03 22 62 85 31

02 44 88 33 62

03 77 45 53 11

04 38 62 12 03

01 33 40 87 01

info FRANCE

GAMBLING IN FRANCE

France has had state-controlled gambling in some form for over four hundred years. Today, La Française des Jeux, created in 1976, organises the Loto and the scratch cards (**jeux de grattage**) such as Le Millionnaire, Astro and 500 000 carats. An on-line gambling internet site was set up in 2001.

Thirty-one million people try their luck at least once a year and a third of them gamble once a week. With an average sum of 109 € gambled per person per year, the French are far behind Spain (256 €) or even the UK (138 €).

26% of the income generated by gambling goes to the state. The PMU (**Pari mutuel urbain**) controls betting on horses through some 7,000 approved agencies including cafés. All agencies display the PMU logo indicating that you can place a bet there. There are also 164 casinos in France: those in Deauville, Cannes and Biarritz are justly famous.

With the introduction in 1987 of slot machines (**les machines à sous**) the casinos have attracted a new, younger and less wealthy clientele and have boosted their turnover.

According to some experts, the French online gambling market is underdeveloped due to high taxes introduced by new laws in 2009. The tax regime, heavy on both players and operators, has had a detrimental impact on product offerings.

There are 35 licensed online operators in France, most of whom started out in 2010, and about 2.6 million active player accounts for sports, horse-racing, pool betting and online poker.

Les cartes à gratter

Travaillez en groupes. Voici des billets de loterie. Écoutez l'enregistrement.

Vous gagnez le gros lot? Vous avez six numéros?...

Will your ticket win the jackpot?

Jouez et Gagnez — Super Loterie — Cochez 6 numéros sur la grille

1	2	3	4	5	6	7
8	9	10	11	12	13	14
15	**16**	17	**18**	19	20	21
22	23	24	25	26	27	28
29	30	31	32	33	**34**	35
36	37	**38**	39	**40**	41	42
43	44	45	46	47	48	49

Jouez ... Maxi Loterie — Cochez 6 numéros

1	2	3	4	5	6	7
8	9	10	11	12	13	14
15	16	**17**	18	**19**	20	21
22	23	**24**	25	26	27	28
29	**30**	31	32	33	34	35
36	37	**38**	39	40	41	42
43	44	**45**	46	47	48	49

Super Loterie — Cochez 6 numéros et gagnez le gros lot

1	2	3	4	**5**	6	7
8	9	10	11	12	13	**14**
15	16	17	**18**	19	20	21
22	**23**	24	25	26	27	28
29	30	31	32	33	34	**35**
36	37	38	39	40	41	42
43	44	**45**	46	47	48	49

La Loterie — 6 numéros cochés? vous avez gagné! — jouez ... et gagnez

1	2	3	4	5	6	7
8	9	10	11	12	13	14
15	16	17	18	**19**	20	**21**
22	23	24	25	26	27	28
29	30	31	32	33	34	35
36	37	**38**	39	40	41	42
43	44	**45**	46	47	48	49

Grammaire

Il y a

Il y a does not have a plural and means *there is* or *there are*. Notice that in the negative the **ne** drops its **e** before **y** as it would before a vowel or unpronounced **h: il *n'*y a pas.** In the negative **Il y a une plage** becomes **Il *n'*y a pas *de* plage.**

Negative sentences

Un, **une** and **des** all change to **de** in a negative sentence:

– **Il y a *une* piscine?** → **Non, il n'y a pas *de* piscine.**
– **Vous avez *des* piscines?** → **Non, nous n'avons pas *de* piscine(s).**

De becomes **d'** before a vowel or unpronounced **h**:

Il y a des églises? Non, il n'y a pas *d'*églises.

Questions: *Quel temps fait-il?*

In French, you can turn a statement into a question simply by raising the intonation:
– **Vous avez un bar**. *You have a bar.*
– **Vous avez un bar?** *Do you have a bar?*
It is also possible to form a question by inverting the word order:
– **Avez-vous un bar?** *Do you have a bar?*
Note the presence of the hyphen between **avez** and **vous.**

This way of forming questions is only possible when the subject is a personal pronoun (**tu**, **il**, **elle**, **nous**, **vous**, **ils**, **elles**):
– **Sont-ils français?** *Are they French?*
– **Êtes-vous Monsieur Leblanc?** *Are you Mr Leblanc?*

If two vowels would come together, a **t** is added to ease pronunciation:
– **A-t-elle une piscine?** *Does she have a swimming pool?*
– **Y a-t-il une plage?** *Is there a beach?*
Note the hyphens.

Some prepositions: *à, en, dans*

En and **dans** both usually mean *in*:

dans le jardin *in the garden*
but:
en juillet *in July* **en ville** *in town* **en France** *in France*

In some set expressions the French use en where we would say *on*:
en vacances *on holiday*

À usually means *at* or *to*, but when you want to say *in* + the name of a town or city, use **à:**
à Edimbourg *in, at* or *to Edinburgh*

EN PRATIQUE

1 Reply in the negative.
e.g. **Il y a un golf à Peyrat? Non, il n'y a pas de golf à Peyrat.**
a) Il y a un cinéma en ville?
b) Il y a un bar ici?
c) Il y a une plage?
d) Il y a des tennis là-bas?
e) Vous avez une piscine? (*Use* **Je** ...)
f) Avez-vous un site web? (*Use* **Nous** ...)

2 Add the correct word: **en**, **dans**, or **à**.
a) Je suis __________ Londres.
b) Il y a un tennis __________ le parc.
c) Avez-vous des cinémas __________ ville?
d) J'ai une piscine __________ le jardin.
e) Il y a un aérodrome __________ Dijon?
f) Nous avons des forêts __________ Allemagne.

3 Write a sentence to describe the weather in each month.
e.g. November: **Il fait du vent en novembre.**
a) July
b) March
c) January
d) April
e) May
f) October

4 Turn the following into questions using inversions.
e.g. Il est en vacances? → **Est-il en vacances?**
a) Ils ont des enfants?
b) Il y a une plage?
c) Il fait beau à Dijon?
d) Elles sont Italiennes?
e) Vous avez le courrier électronique?

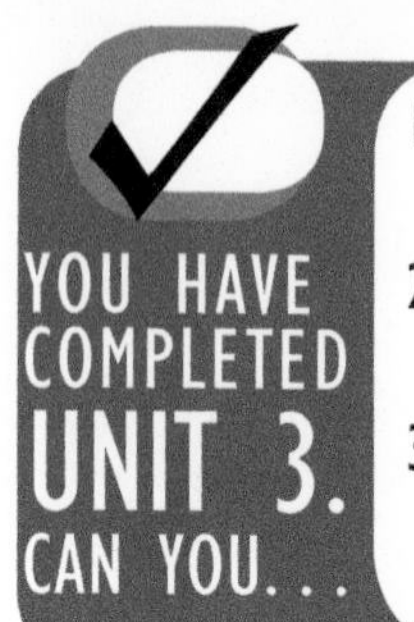

YOU HAVE COMPLETED UNIT 3. CAN YOU...

1 Describe the facilities of your town or village?
See pages 40–44 and the note on page 52.

2 Comment about the weather today and in general?
See pages 45–8 and the note on page 52.

3 Take down a phone number and give your own?
See page 49.

VOCABULAIRE

FACILITIES

il y a — *there is, there are*
il n'y a pas de ... — *there is/are no ...*
il n'y a pas de restaurant — *there is no restaurant*
le camping — *the camp site*
le centre commercial — *the shopping centre*
le centre de loisirs — *the leisure centre*
le château — *the castle*
le cinéma — *the cinema*
le courrier électronique — *e-mail*
l'étoile (f.) — *the star*
un hôtel trois étoiles — *a three-star hotel*
la forêt — *the forest*
le golf — *the golf course*
la mer — *the sea*
le monument historique — *the historic monument*
le musée — *the museum*
le parc — *the park*
la piscine — *the swimming pool*
la plage — *the beach*
les prestations — *the services, the facilities*
les randonnées — *the walks, rambles*
le restaurant — *the restaurant*
le site web — *the website*
le tennis — *the tennis court*
touristiques — (here) *tourist*

ACCOMMODATION

la chambre — *the (bed) room*
la chambre d'hôte — *bed and breakfast*
le gîte — *the self-catering cottage or flat*
le parking — *the car park*
le propriétaire — *the owner*
le tarif — *the rate, the price*
la télé, la télévision — *the television*
privé(e) — *private*

THE WEATHER

le temps — *the weather*
chaud(e) — *hot*
froid(e) — *cold*
il fait froid/chaud — *it's cold/warm*
il fait 10° — *it is 10°*
il fait beau — *the weather is nice*
il fait très beau — *the weather is very nice*
la neige — *the snow*
il neige — *it snows, it is snowing*
la pluie — *the rain*
il pleut — *it rains, it is raining*
le vent — *the wind*
il fait du vent — *it is windy*
la température — *the temperature*
la température est de 25° — *the temperature is 25°*

THE SEASONS

l'été (m.) — *the summer*
en été — *in summer*
l'hiver (m.) — *the winter*
en hiver — *in winter*

OTHER USEFUL WORDS AND PHRASES

à — *at, to*
à Redport — *at, to Redport*
aussi — *also, too, as well*
beaucoup — *a lot*
beaucoup de — *a lot of*
bien sûr — *of course*
c'est — *it is*
c'est formidable — *it's great!*
C'est ... ? — *Is it ... ?*
C'est un(e) ... ? — *Is it a ... ?*
grand(e) — *big, large*
petit(e) — *small*
C'est grand? — *Is it big?*
la carte — *the map*
cent — *a hundred*
Cher ..., Chère ... — *Dear ...*
dans — *in*
en ville — *in town*
la fiche — (here) *the form*
ici — *here*
maintenant — *now*
moyen(ne) — *average*
le numéro de téléphone — *the telephone number*

FAISONS LE POINT!

Faisons le point translates roughly as *Let's see where we have got to*. Check that you can do the following in French. You met all the vocabulary and grammar in the preceding three chapters. Check the answers with your tutor or in the Support Book.

1 Can you do the following? Say your answers out loud. Tick

a. Introduce yourself. ○
b. Give your nationality. ○
c. Say where you come from. ○
d. Give your age. ○
e. Say whether you are married/single/separated/divorced. ○
f. Say if you've got a husband/wife and whether (and how many) children you have. ○
g. Say your telephone number. ○
h. Say what your job is. ○
i. Give a brief written or spoken description of your town. ○

2 **le**, **la**, **mon** ou **ma**? Cochez les bonnes réponses.

a.	la ○ / le ○	café	d.	l' ○ / les ○	enfants	g.	un ○ / une ○	maison
b.	ma ○ / mon ○	femme	e.	mes ○ / mon ○	filles	h.	une ○ / deux ○	chambres
c.	mon ○ / ma ○	mari	f.	mon ○ / ma ○	fils	i.	votre ○ / mes ○	amis

3 Match the persons (**nous**, **ils**, **je**…) with the phrases.

a. Nous	1 ne sont pas heureuses
b. Ils	2 avons un jardin
c. Je	3 êtes veuves?
d. J'	4 ont une maison à Nice
e. Elles	5 es étudiant?
f. Vous	6 est écossaise
g. Il	7 est espagnol
h. Tu	8 ai 24 ans
i. Elle	9 suis en vacances

4 Put these words into the correct order to make sentences.

a. ne / en / sommes / vacances / nous / pas

b. allemande / mais / bière / le / français / vin / est / est / la

c. fille / 12 / ma / ans / a

d. Manchester / il pleut / à / beaucoup

e. a / y / deux / il / cinémas / mais / pas / piscine / de / n' / il / a / y

5 Imagine you are corresponding with someone in your twin town in France. Can you translate this letter?

> Je m'appelle Claude, et j'ai trente-cinq ans. Je suis française. Je viens de Toulouse, mais mon mari, Keith, est écossais. Je suis secrétaire et il est représentant. Nous avons deux enfants. Ils ont sept et dix ans.
>
> Voici ma maison. Mon jardin est très grand mais il n'y a pas de piscine; ici il pleut beaucoup en hiver mais aussi en été, et il fait toujours froid!

6 Write a paragraph describing what your town can/cannot offer to a visitor.

cinéma
piscine
restaurant
tennis
centre de loisirs
musée
golf
camping
monuments historiques

Il y a ...
Il n'y a pas de ...
Nous avons ...
Nous n'avons pas de ...
mais ...
aussi ...

- Polite requests
- Choosing and paying in shops
- Food and clothes
- Likes, dislikes and preferences
- Colours and styles

UNITÉ QUATRE
Aux magasins

A Je voudrais six timbres à 80 centimes

Activité 1

1.30

Étudiez le vocabulaire et la note sur **à** et **de**. Écoutez et lisez le dialogue. Répondez:

1 How many stamps does the customer buy?
2 How much was the packet of biscuits?
3 Where can you buy phonecards?

- Quatre cartes?
- Oui, et je voudrais six timbres pour l'Angleterre, s'il vous plaît.
- Alors, six timbres à quatre-vingts centimes … voilà. C'est tout?
- Euh, non, je voudrais aussi un paquet de biscuits.
- À un euro ou à un euro cinquante?
- À un euro. Merci … et … vous avez des recharges pour portable?
- Ah non, pas ici, sur la place là-bas.

V

Je voudrais • I would like …
la carte (postale) • the (post)card
le timbre / le timbre-poste • the postage stamp
s'il vous plaît • please
Alors … • (here) So …
voilà • (here) there you are
un paquet de … • a packet of …
le biscuit • the biscuit
la recharge • the phonecard
pas ici • not here
sur • on
sur la place • on the square

G

quatre timbres **à** 80 centimes	four 80-centime stamps; four stamps **at** 80 centimes
un paquet **de** biscuits	a packet **of** biscuits

info FRANCE

LES BARS-TABAC EN FRANCE

The **bar-tabac** is easily identified by the orange double-cone symbol familiarly called **la carotte** (*the carrot*). The special counter (usually nearest the entrance to the **bar-tabac**) provides some of the services of a small post office. You can buy postage stamps and phonecards, but you can also buy cigarettes, postcards, sweets (**des bonbons**), and drinks (**des boissons**), including alcohol. In 2007, after the coming into force of the smoking ban in public places, the **bars-tabacs** experienced a decline in their income, despite efforts to diversify their activities.

Activité **2**

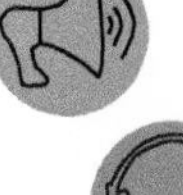

1.31

Il manque quelque chose! (*Something is missing!*) Étudiez le vocabulaire. Écoutez, vérifiez et cochez la liste.

You've done the shopping for a friend. What did you forget?

- la margarine ☐
- une bouteille de vin ☐
- les pâtes ☐
- une bouteille de lait ☐
- une boîte de petits pois ☐
- deux bouteilles de bière ☐
- deux paquets de thé ☐
- un paquet de biscuits ☐
- un paquet de café 'Nectar' ☐
- une bouteille de coca ☐
- un paquet de céréales Choco Pops ☐

V

- **la bouteille** • the bottle
- **la boîte** • the tin, the box
- **le lait** • the milk
- **le thé** • the tea
- **le café** • the coffee
- **les petits pois (m. pl.)** • the peas (green)
- **les pâtes (f. pl.)** • pasta
- **la margarine** • the margarine
- **les céréales (f. pl.)** • the cereal

Activité **3**

Votre amie est française. Écoutez l'enregistrement et écrivez sa liste.

Listen to the recording and write out your friend's shopping list.

EXPRESSIONS UTILES

Je voudrais …
un paquet de …
une boîte de …
une bouteille de …

B Un kilo de pêches, c'est combien?

Activité 4

Regardez les fruits et les légumes et répétez.

Before going to the market, practise the names of the fruit and vegetables you might want to buy.

Au marché ...

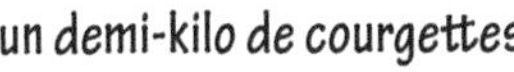

V

un kilo(gramme) • a kilogramme (about 2 lb)
un demi-kilo • half a kilogramme (about 1 lb)
une livre • a pound (1 lb)
une tomate • a tomato
une pomme de terre • a potato
une courgette • a courgette
un haricot vert • a green bean
un chou-fleur • a cauliflower
un avocat • an avocado
un abricot • an apricot
un melon • a melon
une pêche • a peach
une pomme • an apple

Activité 5

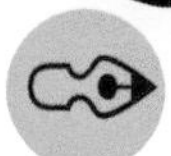

Étudiez le vocabulaire à la page 59, et la note sur **Combien**. Écoutez et lisez le dialogue, et cochez la liste.

Tick the correct answers.

- Et madame?
- Je voudrais un melon, un gros melon.
- Oui, madame, j'ai un beau melon ici, regardez!
- Il est bien mûr? C'est pour aujourd'hui.
- Oui, voilà … Avec ceci?
- C'est combien, les pêches?
- Quatre euros ou quatre euros vingt le kilo.
- Alors, un kilo à quatre euros vingt.
- C'est tout, madame?
- Oui, c'est tout.
- Alors, un gros melon, trois euros soixante-dix, et un kilo de pêches à quatre euros vingt … ça sept euros quatre-vingt-dix en tout.
- Pardon, combien?
- Sept euros quatre-vingt-dix, madame.

How many does she buy?	*How much does she pay?*
des melons	
☐ pas de melons	☐
☐ trois	☐ 4,20 €
☐ 1 kilo	☐ 4 €
☐ 1 gros	☐ 3,70 €
☐ 1 petit	☐ 3,50 €
des tomates	
☐ pas de tomates	☐
☐ trois	☐ 4,20 €
☐ 1 kilo	☐ 4 €
☐ des grosses	☐ 3,70 €
☐ des petites	☐ 3,50 €
des pêches	
☐ pas de pêches	☐
☐ trois	☐ 4,20 €
☐ 1 kilo	☐ 4 €
☐ des grosses	☐ 3,70 €
☐ des petites	☐ 3,50 €

V

gros(se) • large (used for fruit and vegetables)
beau (m.), belle (f.) • beautiful
mûr(e) • ripe
bien mûr(e) • good and ripe
Avec ceci? • Anything else?
Ça fait • That's … /That makes …
en tout • in all
pas de melons • no melons

Activité 6

Écoutez le dialogue et écrivez les prix. Ça fait combien?

1 kg de tomates (bien mûres)	________ €
1 kg de pommes	________ €
1 kg de pêches	________ €
1 gros chou-fleur	________ €
3 kg de pommes de terre	________ €
Total	________ €

G

Combien?	How much? How many?
C'est combien?	How much is it / are they?
C'est combien, les poires?	How much are the pears?

You will also hear **Elles sont à combien?** or **Elles font combien?**

Activité 7

Regardez et complétez: **petit/petite**, **gros/grosse** ou **grand/grande**?

1 une ____________ bouteille
2 une ____________ bouteille
3 une ____________ courgette
4 une ____________ courgette
5 deux ____________ pommes de terre
6 un ____________ chou-fleur
7 une ____________ boîte de haricots vert
8 un ____________ paquet de céréales
9 trois ____________ tomates
10 un ____________ paquet de biscuits

Activité 8

Travaillez avec un(e) partenaire.
Partenaire B, tournez à la page 240.

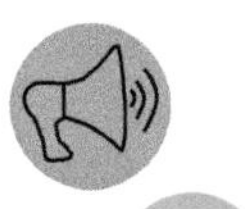
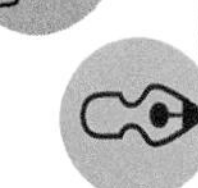

Partenaire A

Vous êtes le vendeur/la vendeuse (*the seller*). Répondez aux questions de votre partenaire, le/la client(e).

EXEMPLE:

B Vous avez des tomates?
A Oui, monsieur/madame.
B Je voudrais un kilo de tomates, s'il vous plaît. C'est combien?
A Ça fait trois euros dix.

Now it's your turn to do the shopping. Prepare a short list, then ask your partner whether they have what you want and how much it will cost.

G Remember how adjectives agree with the noun they describe:

un gros melon (m.)
une gros**se** pomme (f.)

see ... page 72

EXPRESSIONS UTILES
Avec ceci?
C'est tout?
Ça fait ...
Voilà
... euros le kilo
... en tout

EXPRESSIONS UTILES
Vous avez ... ?
Je voudrais ...
C'est combien?

C Vous avez de la monnaie, s'il vous plaît?

Activité 9

Étudiez le vocabulaire et la note sur **du**, **de la**, etc. Écoutez et lisez le dialogue. Cochez la phrase correcte.

À la caisse d'une supérette ...

1.36

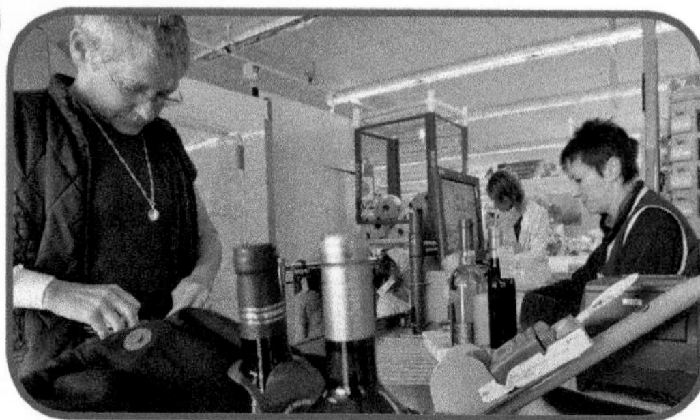

- Pardon, vous avez des journaux anglais?
- Ah non, madame, pas ici. Il y a des journaux anglais au bar-tabac, sur la place.
- Et de l'eau? Vous avez des bouteilles d'eau gazeuse?
- Ah non, nous avons seulement de l'eau non-gazeuse, là-bas.
- Eh bien, c'est tout, merci.
- Alors, trois euros quinze.
- Voilà, vingt euros.
- Vous n'avez pas de monnaie?
- Non, j'ai seulement un billet de vingt euros. Excusez-moi.
- Alors, trois euros quinze, vingt, trente, cinquante, quatre euros, cinq, dix et dix, qui font vingt euros. Merci!
- Merci, madame. Oh oui, euh, vous avez de la monnaie pour cinq euros, s'il vous plaît? Je voudrais deux pièces de deux euros et une pièce d'un euro.
- Bien sûr, madame. Voilà ... au revoir, madame.

G

du, de la, de l', des — some, any

Vous avez **du** Coca-Cola? (m.)

Vous avez **de la** monnaie? (f.)

Vous avez **de** l'eau? (before vowel)

Vous avez **des** journaux? (pl.)

After a negative:

Vous **n'**avez **pas de** monnaie?

see ... page 72

V

la caisse • the cash desk, the checkout
le journal • the newspaper
les journaux • the newspapers
l'eau (f.) • the water
seulement • only
la monnaie • the change
avoir de la monnaie • to have change
le billet • (here) the (bank)note
qui font cent • (coll.) which makes a hundred
une pièce de deux euros • (here) a two-euro coin
Pardon • Excuse me, Sorry
Excusez-moi • (here) I'm sorry
faites l'appoint • 'tender exact money', no change given

1

a) ☐ Il y a des journaux anglais à la supérette.

b) ☐ Les journaux anglais sont au bar-tabac sur la place.

2

a) ☐ Il y a des bouteilles d'eau gazeuse et d'eau non-gazeuse.

b) ☐ Il y a seulement des bouteilles d'eau non-gazeuse.

3

a) ☐ La cliente a de la monnaie.

b) ☐ La cliente a seulement un gros billet.

Activité 10

Faites l'appoint!

Pardon, monsieur/madame, vous avez de la monnaie, s'il vous plaît?

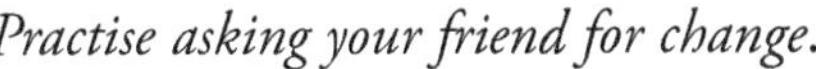

Practise asking your friend for change.

EXEMPLE:

Je voudrais deux pièces de cinquante centimes pour une pièce d'un euro, s'il vous plaît.

Les billets et les pièces de la monnaie européenne

Les billets: 5 €, 10 €, 20 €, 50 €, 100 €, 200 €, et 500 €

Les pièces: 1 cent/1 centime d'euro, 2 cents, 5, 10, 20, 50 cents, un euro, deux euros.

Les pièces ont une face européenne commune à tous les pays et une face nationale pour chaque pays.

info FRANCE

LES MAGASINS EN FRANCE

Les petites épiceries disparaissent des villages; les Français préfèrent maintenant faire leurs achats dans les grandes surfaces: les supermarchés et les hypermarchés.
Les **supérettes** (des supermarchés de petite surface à prédominance alimentaire) remplacent de plus en plus les épiceries traditionnelles.

Publicité HyperSup

POUR LES VACANCES

★ les barbecues réussis

★ avec le lot de 12 bouteilles de Vin du Pays de Bourgogne

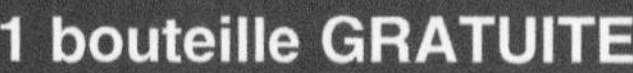

OFFRES SPÉCIALES D'ÉTÉ

Votre barbecue:

90€ seulement, accessoires compris

Pour les brochettes:

★ **du steak de première qualité**

★ **3 paquets de mini-saucisses pur porc**

PLUS un paquet GRATUIT

RÉDUCTIONS!!

OFFRES PROMOTIONNELLES

★ **Jeux vidéo pour les enfants**

60€ TTC seulement au lieu de **65€**

★ **Calculatrices solaires**

23€ TTC seulement au lieu de **40€**

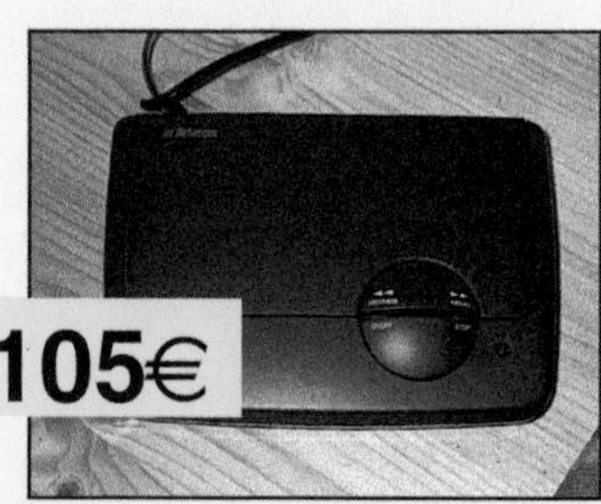

★ **Répondeur téléphonique**

105€ TTC seulement au lieu de **125€**

Étudiez le vocabulaire. Lisez les publicités et trouvez le français pour:

1 free
2 special offer
3 a cool box
4 prices slashed
5 included
6 solar-powered calculator

EXPRESSIONS UTILES
gratuit(e)
prix écrasés
une calculatrice solaire
une glacière
offre promotionnelle
compris(e)

OFFRE SPÉCIALE D'ÉTÉ

JUSQU'AU 1ER SEPTEMBRE

Nous sommes là pour des offres spéciales à des prix IMBATTABLES!

Pour tout achat de **quatre chaises de camping** vous avez EN CADEAU une glacière.

en CADEAU

Vous êtes en vacances, vous invitez des amis? Pourquoi ne pas faire un barbecue?

Le barbecue HyperSup est à

90€ SEULEMENT, accessoires compris.

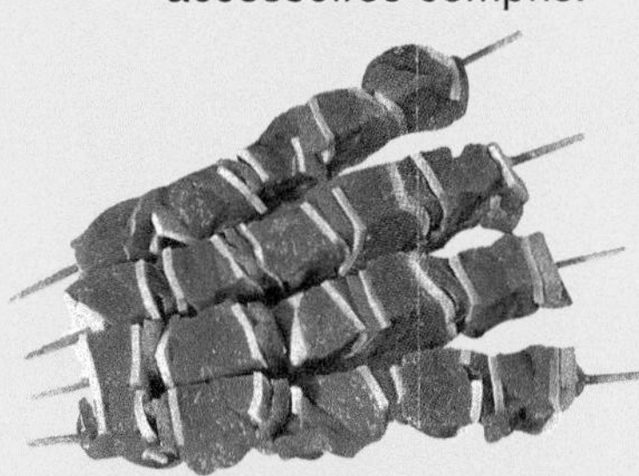

OFFREZ À VOS AMIS DES BROCHETTES DÉLICIEUSES!

EN PROMOTION

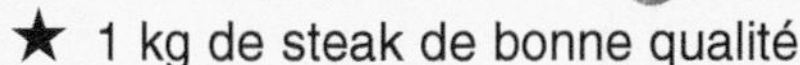

★ 1 kg de steak de bonne qualité
★ 1 sachet d'herbes de Provence
★ 3 poivrons
★ 6 tomates bien mûres

TOTAL? 25€ SEULEMENT!

Demandez la recette gratuite au comptoir boucherie de HyperSup

TOUS LES INGRÉDIENTS DANS NOTRE MAGASIN!

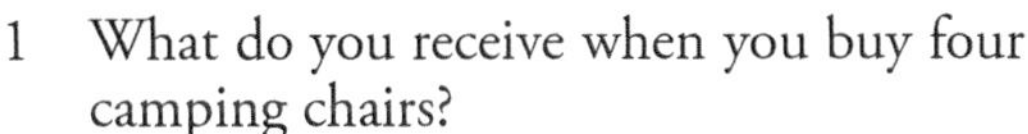

Étudiez les publicités et répondez en anglais.

1 What do you receive when you buy four camping chairs?
2 What is included in the price of the barbecue?
3 How many packets of sausages will you get for 12 €?
4 How much is the answerphone now?
5 What is included in HyperSup's special offer for kebabs?
6 Where will you find the recipe?

V

la publicité • the advertisement, advertising
le prix • the price
écrasé(e) • (literally) crushed
la brochette, la saucisse • the kebab, the sausage
le jeu • the game
TTC: Toutes taxes comprises • VAT inclusive
au lieu de • instead of
le poivron (vert) • the (green) pepper
la recette • the recipe
l'achat (m.) • the purchase
la chaise • the chair
le pique-nique • the picnic
jusqu'au • (here) until
en cadeau • as a gift

D J'adore … Je déteste …

Activité 13

Étudiez le vocabulaire et lisez l'entrevue exclusive. Complétez les phrases.

Sylvie aime, Sylvie n'aime pas …

'Je déteste …
Je n'aime pas …
J'aime …
J'adore …'

Combien de nouveaux verbes dans l'entrevue?

How many new verbs in the interview?

Entrevue avec le top model *Sylvie*

Vous avez une vie très active, vous êtes une femme pressée, vous trouvez le temps de faire les courses?
Bien sûr, j'adore les marchés. J'achète des fruits et des légumes frais. J'aime les fleurs.

Alors, vous préférez le marché aux grands magasins?
Ah oui, je n'aime pas les grands magasins anonymes; je déteste l'ambiance. Ce que j'aime surtout sur le marché, c'est le service personnalisé …

Activité 14

Vous aimez … ? Choisissez.

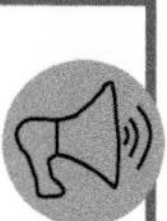

l'hiver
les vacances
les supermarchés
le thé
les fromages français
le vin italien
l'été
le marché

EXPRESSIONS UTILES
j'aime
je n'aime pas
j'adore
je déteste
je préfère

À vous!

Continuez avec un(e) partenaire.

EXEMPLE:

- Vous aimez les magasins?
- Oui, j'aime les magasins, mais je préfère le marché.

V

l'entrevue (f.) • the interview
exclusif (-ive) • exclusive
le top model • the supermodel
un grand magasin • a department store
faire les courses • to go shopping
trouver • to find
adorer • to adore, to like a lot
acheter • to buy
chercher • to look for
préférer • to prefer
aimer • to love, to like
détester • to detest
surtout • above all, especially

G

Regular verbs which end in **-er**

vous trouv**ez**	you find
j'ador**e**	I love
je n'aim**e** pas	I don't like

see … pages 73–4

When generalising, use the article **le, la, l'** or **les**:
Je n'aime pas les grands magasins. I don't like department stores.

Activité 15

Étudiez le vocabulaire et la note sur les adjectifs. Écoutez et lisez le dialogue.

1.37

Jacques Tiens! Alain vend sa voiture. Elle n'est pas mal, n'est-ce pas?

Christian Pas mal, mais elle n'est pas bon marché.

Jacques Non, elle est très chère, et elle n'est pas très puissante. Moi, je préfère les voitures compactes et rapides.

Christian Mon frère aussi. Mais ma femme et moi, nous aimons les grandes voitures confortables.

G

Les adjectifs

Like **grand(e)** and **petit(e)**, the adjectives **beau/belle** and **nouveau/nouvelle** come before the noun they describe:

un beau melon	a fine melon
une nouvelle voiture	a new car
préférer	**to prefer**
je préfère	I prefer
il/elle préfère	he/she prefers

see … page 74

V

- à vendre • for sale
- il vend • he is selling, he sells
- nouveau (m.), nouvelle (f.) • new
- pas mal • not bad
- n'est-ce pas? • (here) is it?
- bon marché • cheap
- cher (m.), chère (f.) • dear, expensive
- puissant(e) • powerful
- compact(e) • compact
- rapide • fast, rapid
- confortable • comfortable

Activité 16

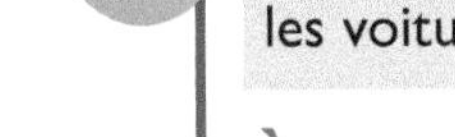

Relisez le dialogue. Cochez les bonnes réponses.

	Oui	Non
Christian préfère:	☐	☐
les voitures rapides	☐	☐
les voitures confortables	☐	☐
les grandes voitures	☐	☐
les voitures compactes	☐	☐

	Oui	Non
Jacques préfère:	☐	☐
les voitures rapides	☐	☐
les voitures confortables	☐	☐
les grandes voitures	☐	☐
les voitures compactes	☐	☐

Activité 17

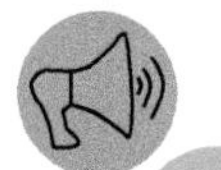

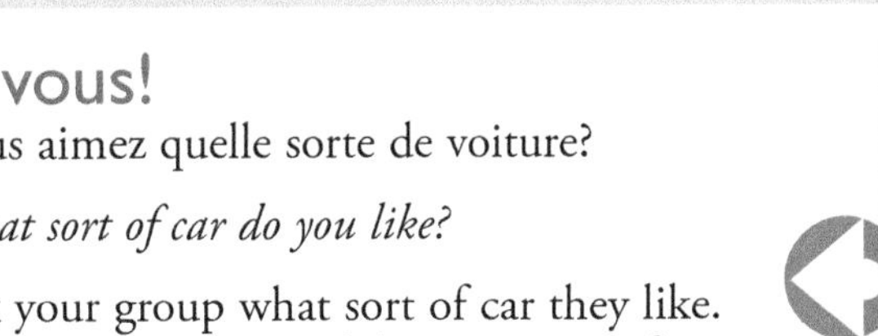

À vous!

Vous aimez quelle sorte de voiture?

What sort of car do you like?

Ask your group what sort of car they like. Write a description of the car you prefer:
Je préfère …

EXPRESSIONS UTILES

J'aime

Je n'aime pas du tout …

un peu …

beaucoup …

passionnément …

… à la folie

E Un cadeau pour Christophe et Éliane

Activité 18

Étudiez le vocabulaire et écoutez le dialogue.

1.38

Étienne Tu donnes un cadeau ce soir, une boîte de chocolats?
Christine Oui, des chocolats, ou peut-être des fleurs, je ne sais pas …
Étienne Christophe et Éliane adorent les chocolats blancs.
Vendeuse Vous désirez?
Christine Vous vendez des boîtes de chocolats blancs?
Vendeuse Oui, alors, j'ai la boîte à vingt-cinq euros ici, et la grande boîte là-bas à quarante euros, des chocolats blancs extra-fins …
Christine Euh, la grande boîte, s'il vous plaît, mais j'ai seulement un billet de deux cents euros.
Vendeuse Ce n'est pas grave, j'ai de la monnaie. Un paquet-cadeau, madame?
Christine Oui, s'il vous plaît.

jaune
vert(e)
blanc(he)
rose
bleu(e)
rouge

V

- donner • to give
- le cadeau • the present, gift
- le soir • the evening
- ce soir • this evening
- peut-être • perhaps
- je ne sais pas • I don't know
- la vendeuse • the saleswoman, sales assistant
- Vous vendez … ? • Do you sell … ?
- extra-fin(e) • extra-fine, top quality
- trop cher/ère • too expensive
- Ce n'est pas grave • That's all right
- le paquet-cadeau • the gift-wrapped present

V

- rose • pink
- jaune • yellow
- rouge • red
- vert(e) • green
- noir(e) • black
- blanc (m.), blanche (f.) • white
- les plantes vertes • (literally 'green plants') houseplants (evergreen)

G

Numbers over 100

deux cents euros — two hundred euros

see … page 73

-er verbs

tu donnes — you give, you are giving
ils aiment — they like

see … pages 73–4

Activité 19

Et vous! Trouvez les cadeaux préférés dans votre groupe.

EXPRESSIONS UTILES

J'adore les …

Je préfère …

J'aime surtout …

Je déteste …

Activité 20

Vous portez quels vêtements aujourd'hui?

What clothes are you wearing today?

EXEMPLES:

- Je porte une chemise blanche et un pantalon vert.

- Je porte une jupe rouge et un pull beige.

info FRANCE

LES FRANÇAIS ET LES CADEAUX

What should you give your host or hostess? It is polite not to arrive empty-handed when you have been invited to dinner or to stay. Cut flowers or a house plant are always welcome (but may be quite expensive). Don't give chrysanthemums unless you expect the flowers to be put on a relative's grave! Chrysanthemums are associated with death.

Do not take a bottle of wine as a gift: you risk offending your host. The French tend to drink less wine these days, but spend more time choosing good, expensive vintages and are proud of their selection. On the other hand, the gift of an expensive bottle of liqueur whisky, a liqueur or a box of hand-made chocolates is generally appreciated.

Les vêtements

F Vous cherchez quelque chose?

Activité 21

Étudiez le vocabulaire et la note sur **ce**, **cette**, **ces**. Écoutez et lisez le dialogue. Répondez aux questions.

1.39

1. What is France's size?
2. What does France like about the jumpers?
3. What does the shop assistant suggest?
4. Which jumper does France choose?
5. How can France pay?

Vendeuse	Vous cherchez quelque chose, madame?
France	Oui, je voudrais un pull.
Vendeuse	Votre taille, madame?
France	Je fais du 44.
Vendeuse	Alors, vous avez ce pull-ci à 55 €, ou bien ce pull-là à 64 € ... ou vous préférez peut-être ce pull noir à 66 €?
France	Euh ... j'aime beaucoup le style de ces pulls.
Vendeuse	Il y a une cabine là-bas pour essayer, madame.
France	Merci.
Vendeuse	Vous cherchez quelque chose, monsieur?
Michel	Non, j'attends ma femme.
(Plus tard ...)	
Vendeuse	Ce pull, madame? Alors, 66 €.
France	Vous acceptez les cartes de crédit?
Vendeuse	Oui, bien sûr, carte de crédit ou chèque, ça va.

V

Vous cherchez ... ? • Are you looking for ... ?
quelque chose • something
un pull • a jumper
la taille • the size (also: the waist)
Je fais du 44 • I'm size 44, I take size 44
ou bien ... • or else ...
le style • the style
la cabine • (here) changing cubicle in a clothes shop
essayer • to try
Vous acceptez ... ? • Do you accept ... ?
la carte de crédit • the credit card
le chèque • the cheque
un bermuda • a pair of bermuda shorts
à motif • patterned

G

ce, cette, ces

ce pull (m.)	this/that jumper
cette taille (f.)	this/that size
ces pulls	these/those jumpers
cette taille-**ci**	this size
cette taille-**là**	that size

see ... pages 74–5

G

Some parts of regular **-re** verbs

attendre	to wait for
j'attends	I am waiting for
vendre	to sell
il vend	he sells, he is selling
vous vend**ez**	you sell
Vous vend**ez** ... ?	Do you sell ... ?

see ... page 74

Activité 22

Michel is trying on shorts. He's very conservative.

Écoutez et complétez le dialogue.

1.40

Michel Non, ______________ le style de ______ shorts.
France Tu __________ un bermuda?__________________ ?
Michel _____________________ ! Non MERCI!
France _______________________ kaki?
Michel Ah oui, __________ . Mais ____________________
___________________________ .
France Oui, _________ . Mais, nous sommes en vacances!

Activité 23

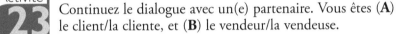

À vous!

Continuez le dialogue avec un(e) partenaire. Vous êtes (**A**) le client/la cliente, et (**B**) le vendeur/la vendeuse.

EXEMPLE:

- Il y a des baskets noirs.
- Oui, mais je préfère les baskets blancs.

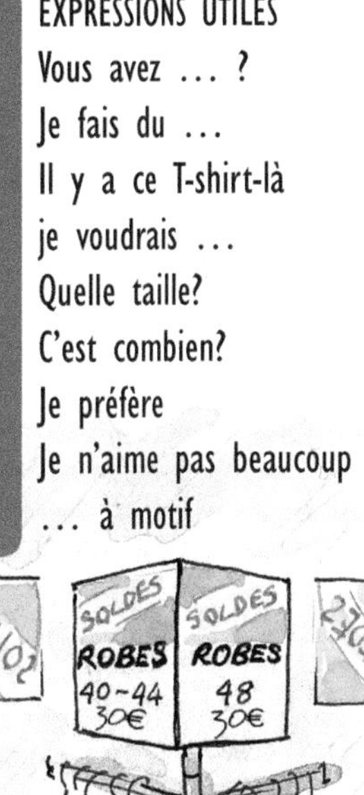

EXPRESSIONS UTILES

Vous avez … ?
Je fais du …
Il y a ce T-shirt-là
je voudrais …
Quelle taille?
C'est combien?
Je préfère
Je n'aime pas beaucoup
… à motif

Voici le magasin …

Grammaire

Adjectives: *un gros melon, des chocolats blancs*

In French the word or phrase which adds further description to the noun usually comes AFTER the noun: **une voiture *confortable*, des chocolats *blancs*.** However, a few common adjectives come BEFORE the noun and several of these appear in this unit:

un **gros** melon	une **grosse** courgette
un **grand** magasin	une **grande** boîte
un **petit** paquet	une **petite** boîte
un **beau** melon	une **belle** voiture
un **nouveau** magasin	une **nouvelle** voiture

Most adjectives add an **s** for the plural: e.g. **grands, grandes.** Like **anglais** in Unit 2, **gros** already ends in **s** so doesn't change: **des gros melons** (but **des grosses courgettes**).

Adjectives ending in **eau** add an **x** in the plural: **des beaux melons, des nouveau*x* magasins**, (but **des belles courgettes, des nouvelles voitures**).

The adjectives **gros** and **grand** can both be translated as *big* or *large* when shopping for food. **Gros** is often used to describe the product itself (**un gros melon**) and **grand** will refer to the packaging (**une grande boîte**). (When describing people, **gros** means *fat* and **grand** means *tall.*)

Adjectives of colour (**noir, blanc, rouge, jaune, vert, bleu**, etc.) usually come AFTER the noun they describe and, like all adjectives, agree with the gender and number of that noun. Note that **blanc** becomes **blanche** in the feminine: **une chemise blanche.**

When **trop** is followed by an adjective it means *too*. **Trop** never changes:

Le melon est trop gros.	*The melon is too big.*
Les pêches sont trop mûres.	*The peaches are too ripe.*

The standard question **C'est trop?** means *Is it too much?*

De, du, de la, de l', des

De is used after a quantity: **un kilo *de* pêches, une livre *de* haricots.** Remember that before a vowel or unpronounced **h**, it becomes **d'**: **une bouteille *d'*eau, parking d'hôtel.**

One meaning of **de** is *some* or *any* and **de** combines with **le, la, l'** or **les** as follows:

de +	le	→	**du** lait	*some/any milk*
	la	→	**de la** monnaie	*some/any change*
	le/la + vowel	→	**de l'**argent (m.)	*some/any money*
	les	→	**des** pêches (f.)	*some/any peaches*

J'ai **de la** bière. *I have some beer.* Vous avez **de la** bière? *Do you have any beer?*

Notice that these forms are used in both statements and questions.

In the negative, **du, de la, de l'** and **des** all become **de**:
Nous avons **du** vin français, mais nous n'avons pas **de** vin italien.

Numbers over 100

100	cent	999	neuf cent quatre-vingt-dix-neuf
101	cent un	1000	mille
102	cent deux	1001	mille un
	(etc.)	2000	deux mille
155	cent cinquante-cinq	1 000 000	un million
200	deux cents	2 000 000	deux millions
201	deux cent un		

Notes:

1) **Cent** takes an **s** in the plural, unless it is followed by another figure:

cent euros	*a hundred euros*
cinq cents euros	*five hundred euros*
but	
cinq cent vingt euros	*five hundred and twenty euros*

2) When it means *thousand*, **mille** never takes an **s**:

mille une voitures	*a thousand and one cars*
cinq mille voitures	*five thousand cars*
dix mille deux cents voitures	*ten thousand and two hundred cars*

3) Million is a noun and takes an **s** in the plural. It is followed by **de**:

un million **de** maisons	*a million houses*
trois millions **de** cartes	*three million cards*

Regular verbs ending in *-er*

So far we have seen the verbs **avoir** and **être**. These are both irregular verbs and each form has to be memorised: **j'ai** = *I have*, **je suis** = *I am*, and so on.

Most other verbs are regular and follow a fixed pattern. One of these fixed patterns is for verbs ending in **-er**; there are several regular **-er** verbs in this unit:

aimer	*to like, to love*	détester	*to hate, to detest*
adorer	*to love, to adore*	trouver	*to find*
chercher	*to look for*		

This form of the verb is the infinitive, the form you will find in dictionaries. When verbs are used with *I*, *you*, *we*, etc., the form changes. For regular **-er** verbs, you take the 'root' of the infinitive (e.g. **aim-**) and add the endings:

aimer *to love*

Singular		Plural	
j'aim**e**	*I love*	nous aim**ons**	*we love*
tu aim**es**	*you love (familiar)*	vous aim**ez**	*you love (plural or polite singular)*
il / elle } aime	*he loves* / *she loves* / *it loves*	ils / elles } aim**ent**	*they love*

Notes:
The forms ending in **-es** and **-ent** are *pronounced* in exactly the same way as those ending in **-e**: e.g. **aime**, **aimes**, and **aiment** sound exactly the same. These endings are called 'silent endings'.

Because **aimer** begins with a vowel, the final **s** of **ils** and **elles** is pronounced like a **z: il*s* aiment** (pronounced 'il-z-aiment'). This is called 'liaison'. The same happens if the verb begins with an unpronounced **h: elle*s* habitent.** With verbs not beginning with a vowel or unpronounced **h**, the **s** of **ils/elles** is silent: **ils donnent** sounds exactly like **il donne.**

In some regular verbs there are slight modifications involving accents. One example in this unit is **préférer** (*to prefer*). When the ending of the verb form is silent, the second accent changes to a *grave* accent:

je préf**ère**	nous préférons
tu préf**ères**	vous préférez
il/elle préf**ère**	ils/elles préf**èrent**

Regular verbs ending in *-re*

This is another regular pattern of verbs. Unit 4 includes two of these verbs: **vendre**, *to sell*, and **attendre**, *to wait for.*

These verbs take the root (e.g. **vend-**) and add the following endings:

vendre *to sell*

Singular		Plural	
je vend**s**	*I sell*	nous vend**ons**	*we sell*
tu vend**s**	*you sell (familiar)*	vous vend**ez**	*you sell (plural or polite singular)*
il / elle } vend	*he sells she sells it sells*	ils / elles } vend**ent**	*they sell*

Demonstrative adjectives: ce, cet, cette, ces

Like all adjectives, the words for *this, that, these* and *those* agree with the noun they relate to:

ce chèque (m.)	*this/that cheque*
cette carte (f.)	*this/that card*
ces chèques (m. pl.)	*these/those cheques*
ces cartes (f. pl.)	*these/those cards*

When a masculine noun begins with a vowel or unpronounced **h** in the singular, **ce** becomes **cet:**

cet été	*this/that summer*
cet hôtel	*this/that hotel*

(but **ces étés**, **ces hôtels**)

Because **ce**, **cet** and **cette** mean either *this* or *that*, you can add **-ci** (*this*) or **-là** (*that*) to the noun when you want to make your meaning very clear:

ce chèque-**ci** *this cheque (this one here)*
ce chèque-**là** *that cheque (that one there)*

The same applies to **ces**:

ces journaux-**ci** *these newspapers (these ones here)*
ces journaux-**là** *those newspapers (those ones there)*

EN PRATIQUE

1 How would you write these in French?

a) Three 50-centime postcards.
b) One 5 € bottle of wine.
c) A 30 € box of chocolates.
d) Two 1,30 € packets of biscuits.
e) Five 46-centime stamps, please.
f) The 77 € jumpers.

2 Choose the appropriate adjective to complete the phrase.

a) J'ai quatre ____________ melons aujourd'hui.
b) Regardez, les pêches sont ____________ aussi.
c) Je voudrais un ____________ chou, s'il vous plaît.
d) Les poires sont bien ____________ .
e) Les oranges ne sont pas très ____________ .
f) Une ____________ boîte ou une ____________ boîte?

Choose from …
belles
beau
mûres
grosses
grande
beaux
petite

3 Choose **d'**, **du**, **de la**, **de l'** or **des** to complete the following sentences:

a) À Redport il y a _________ cinémas et _________ plages.
b) Vous avez _________ fromage anglais?
c) Ils n'ont pas _________ eau gazeuse.
d) Vous avez _________ bouteilles _________ eau?
e) Il n'y a pas _________ grands paquets.
f) Je veux _________ pêches bien mûres.
g) Nous n'avons pas _________ voiture.
h) Ils ont _________ timbres.

4 Join the person(s) to the actions.

a) Ma mère
b) Nous
c) Ils
d) Tu
e) Vous
f) Je

1) trouves le Coca-Cola?
2) préfèrent un barbecue.
3) adore les chocolats.
4) vendons des accessoires.
5) cherchez une voiture puissante?
6) vends de la bière anglaise.

5 Fill in the gaps with **ce**, **cet**, **cette** or **ces**. Check the gender of the nouns in the glossary if necessary.

a) _________ chocolats
b) _________ pêches
c) _________ boîte
d) _________ pêche blanche
e) _________ paquet
f) _________ timbres
g) _________ épicerie
h) _________ hôtel

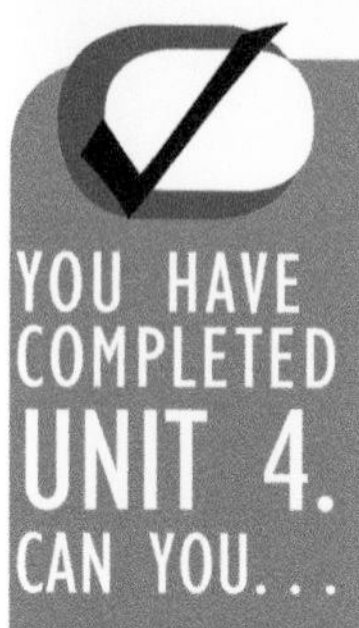

YOU HAVE COMPLETED UNIT 4. CAN YOU...

1 Ask politely for something in a shop and point it out?
See pages 57 and 70 and the note on pages 74–5.

2 Say that you like or do not like something?
See page 66 and the note on pages 73–4.

3 Refer to the colour of something?
See pages 68–9 and the note on adjectives on page 72.

4 Refer to the size of things: big, small, large ... ?
See pages 60–61 and the note on page 72.

5 Choose and state preferences for colours and sizes?
See pages 66, 69–70 and the note on pages 72 and 73–5.

VOCABULAIRE

CHOOSING, BUYING, PAYING

je voudrais	*I would like*
Combien?	*How much? How many?*
s'il vous plaît	*please*
voilà	(here) *there you are*
l'achat (m.)	*the purchase*
le billet	(here) *the (bank)note*
bon marché	*cheap*
le cadeau	*the gift, present*
en cadeau	*as a gift*
la caisse	*the cash desk, checkout*
la carte de crédit	*the credit card*
le chèque	*the cheque*
cher (m.), chère (f.)	*dear, expensive*
trop chère	*too dear*
le journal	*the newspaper*
la liste	*the list*
avoir de la monnaie	*to have change*
une offre	*an offer*
pas du tout	*not at all*
je n'aime pas du tout ...	*I don't like ... at all*
une pièce de 2 €	(here) *a 2 € coin*
le prix	*the price*
le timbre(-poste)	*the (postage) stamp*
quatre timbres à 80 centimes	*four stamps at 80 centimes*
trop grand(e)	*too big*
trop petit(e)	*too small*
la vendeuse	*the saleswoman*
accepter	*to accept*
acheter	*to buy*
adorer	*to adore, to like a lot*
aimer	*to love, to like*
chercher	*to look for*
détester	*to detest*
essayer	*to try*
préférer	*to prefer*
trouver	*to find*
vendre	*to sell*

COLOURS AND CLOTHES

blanc (m.), blanche (f.)	*white*
bleu (m.), bleue (f.)	*blue*
jaune	*yellow*
noir (m.), noire (f.)	*black*
rose	*pink*
rouge	*red*
vert (m.), verte (f.)	*green*
la taille	*the size*
je fais du 44	*I'm size 44, I take size 44*
les baskets (m. pl.)	*the trainers*
le cardigan	*the cardigan*
les chaussettes (f. pl.)	*the socks*
les chaussures (f. pl.)	*the shoes*
la chemise	*the shirt*
le chemisier	*the blouse*
le jean	*the pair of jeans*
la jupe	*the skirt*
le manteau	*the overcoat*
le pantalon	*the trousers*
le pull	*the pullover*
le short	*the shorts*
la robe	*the dress*
la veste	*the jacket*

FOOD AND DRINK

un kilo de	*a kilo of*
une livre	*a pound*
avec ceci	*with that*
l'épicerie (f.)	*the grocer's*
les grandes surfaces	*supermarkets*
l'alimentation (f.)	*the food (shop)*
le biscuit	*the biscuit*

la boîte	*the box, the tin*
la bouteille	*the bottle*
la brochette	*the kebab*
le chou-fleur	*the cauliflower*
la courgette	*the courgette*
l'eau (f.)	*the water*
le haricot vert	*the green bean*
le lait	*the milk*
le melon	*the melon*
le paquet de	*the packet of*
le paquet-cadeau	*gift-wrapping*
la pêche	*the peach*
la poire	*the pear*
la pomme	*the apple*
la pomme de terre	*the potato*
le thé	*the tea*
la tomate	*the tomato*
mûr (m.), mûre (f.)	*ripe*

OTHER WORDS AND PHRASES

beau (m.), belle (f.)	*beautiful*
gratuit(e)	*free*
gros (m.), grosse (f.)	*large*
nouveau (m.), nouvelle (f.)	*new*
au lieu de	*instead of*
en tout	*in all*
excusez-moi	(here) *I'm sorry*
pardon	*excuse me, sorry*
faire les courses	*to go shopping*
je ne sais pas	*I don't know*
jusqu'à/au	*until*
mille	*a thousand*
ou bien …	*or else …*
pas ici	*not here*
pas mal	*not bad*
peut-être	*perhaps*
le pique-nique	*the picnic*
puissant(e)	*powerful*
quelque chose	*something*
rapide	*fast*
seulement	*only*
sur	*on*
sur la place	*on the square*
le soir	*the evening*
ce soir	*this evening*
surtout	*above all*
la télécarte	*the phonecard*
toujours	*always*

- Withdrawing money at the bank
- Requesting information on services
- Simple letters
- Describing houses and flats

UNITÉ CINQ
Renseignements

A Je peux …, Vous pouvez …

Activité

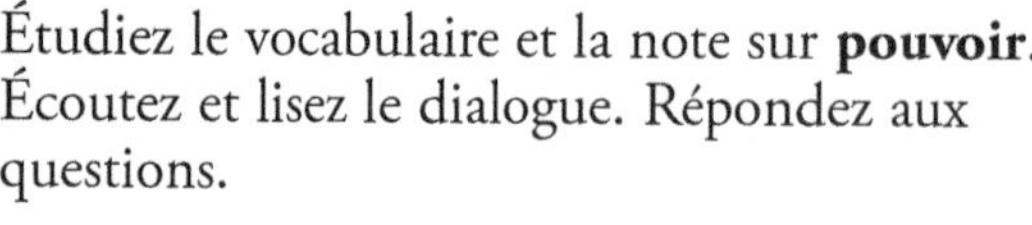

Étudiez le vocabulaire et la note sur **pouvoir**. Écoutez et lisez le dialogue. Répondez aux questions.

1.41

1 Why is Jacqueline at the bank?
2 Why doesn't she need proof of identity?
3 Does the French bank charge for the transaction?
4 How much can she withdraw?

V

- les renseignements (m. pl.) • the information
- pas besoin de • no need for
- changer • to change
- une pièce d'identité • a proof of identity
- le passeport • the passport
- une livre sterling • one pound sterling
- un instant • a moment, just a moment
- vérifier • to check
- je vérifie • I'm checking, I'll check
- le change/le taux de change • (here) the exchange rate
- la commission • (here) the commission
- directement • directly
- retirer • to withdraw
- l'argent (m.) • (here) the money
- au distributeur automatique (m.) • (here) at the automatic cash dispenser
- la billetterie • (here) the cash machine
- la carte • the card
- jusqu'à • (here) up to
- dehors • outside
- Je vous en prie • Don't mention it/You're welcome
- C'est ça • That's right

À la banque …

Jacqueline	Je voudrais retirer des euros avec ma carte Visa. Voici mon passeport.
Employé de banque	Pas besoin de pièce d'identité – vous pouvez avoir des euros directement au distributeur automatique.
Jacqueline	Et il est où le distributeur?
Employé de banque	La billetterie est dehors.
Jacqueline	Est-ce qu'il y a des frais d'utilisation?
Employé de banque	Non, c'est gratuit, mais vérifiez avec votre banque pour la commission.
Jacqueline	Combien est-ce que je peux retirer?
Employé de banque	Alors, vous pouvez retirer jusqu'à 300 €, et avec votre carte bancaire vous pouvez avoir un taux de change intéressant.
Jacqueline	D'accord. Et il y a un Office du Tourisme ici à Berville?
Employé	Mais oui, madame, près de la poste.
Jacqueline	Merci!
Employé	Je vous en prie, madame.

info FRANCE

BANKS IN FRANCE

Among the main banks in France are **la BNP (Banque Nationale de Paris), le Crédit Lyonnais, le Crédit du Nord, la Société Générale** and **le Crédit Agricole**. French banks are generally open from 9 a.m. to midday and then from 2 p.m. to 5 p.m. In a small town, the branch (**la succursale**) of a major bank may not have a counter (**un guichet**) for changing foreign currency (**les devises étrangères**). Every small town has a post office where it is possible to use Giro facilities, and many French people also use the post office for the popular **CCP (Compte-Chèques Postal)** or post office current and savings accounts. You will usually be required to produce your passport or other proof of identity (**une pièce d'identité**) when you want to change money in a bank. The major French banks have branches or subsidiaries (**des filiales**) in the former French Colonies, in North African countries and in main cities all over the world.

Debit and credit cards are universally used for withdrawing cash at banks and post offices. They are very commonly used for paying in shops, restaurants, hotels and supermarkets.

Activité 2

You are in your local bank when a French tourist (your partner or tutor) comes in. Interpret for the tourist and the bank employee.

French tourist	Je peux changer 300 € en livres, s'il vous plaît?
You	...
Bank employee	Just a moment, I'll check the exchange rate.
You	...
Bank employee	That's 1,16 € to the pound and there is a £4 commission. That makes £254.62.
You	...
Bank employee	£20 notes or £10 notes?
You	...
French tourist	Des billets de £10, s'il vous plaît.
You	...

G

pouvoir	can, to be able to

Pouvoir is an irregular verb.

je peux	I can
je peux ... ?	can I ... ?
vous pouvez	you can
vous pouvez ... ?/ pouvez-vous ... ?	can you ... ?
nous pouvons	we can
je peux retirer	I can withdraw

see ... page 92

EXPRESSIONS UTILES

un instant
une livre sterling
une commission de ...
Je vérifie ...
Ça fait ...
des billets de ...

B Vous voulez … ?

Activité 3

Étudiez le vocabulaire et les notes sur **vouloir** et sur **au**. Lisez le dépliant (*the leaflet*) et répondez aux questions de votre ami anglais:

- Is there a beach for the children at Berville?
- I like good food: are there any decent restaurants?
- Can I visit the museum on a wet Sunday?
- We like dancing: any possibility of entertainment at Berville?

V

idéal(e) • ideal
un adulte • an adult
calme • calm, quiet
propre • clean
le sable • sand
offrir • to offer
fin(e) • fine
impressionnant(e) • impressive
au restaurant • (here) to a restaurant
simple • simple
gastronomique • gastronomic
militaire • military
ouvert(e) • open
tous les jours • every day
la discothèque, la disco • the disco
aux touristes • (here) to tourists
les prestations (f. pl.) • the services, facilities
remarquable • remarkable

Les Vacances – À Berville!

Des vacances idéales pour les enfants mais aussi pour les adultes.

Vous voulez une plage calme et propre?
Berville! Berville propose une plage de sable fin de cinq kilomètres.

Vous voulez aller au restaurant?
Berville! Nous pouvons offrir une liste impressionnante de restaurants, simples ou gastronomiques.

Vous aimez les musées?
Berville! Vous pouvez visiter le musée militaire, ouvert tous les jours.

Vous préférez peut-être les bars et les discothèques?
Berville! Les hôtels grand luxe de Berville proposent aux touristes des prestations remarquables.

Berville! Oui, j'aime!

Et vous? Vous avez des questions sur Berville?

Activité 4

Lisez la publicité et trouvez une solution (écrivez ou parlez).

EXEMPLE:
Si vous préférez le camping, il y a le camping deux étoiles de Jonas.

UNE INVITATION A LA DÉCOUVERTE
www.mairieambazac.fr

Domaine de MURET ☎ 05 55 56 79 24 ou 05 55 56 85 16
Ouvert toute l'année
Hameau de gîtes : 13 duplex (5 à 6 personnes) dans un ancien corps de ferme + 8 gîtes individuels (5 et 6 pers.) avec terrasse couverte, cheminée + barbecue, T.V.
Tennis couverts - Squash
Centre équestre : 45 boxes - Manège couvert - Carrière chevaux - Carrière poneys - Leçons - Stages - Randonnées - Poneys Club
Club House - Bar - Snack - Salon TV

Lac et camping ** de JONAS ☎ 05 55 56 61 45
- Domaine de 42 ha - 100 emplacements
- Vue panoramique sur les monts d'AMBAZAC
- Plage surveillée - Pédalos - Planches à voile
- Pêche - Promenade

G

vouloir	to want (to)

Vouloir is another irregular verb.

vous voulez	you want
vous voulez ... ?/ voulez-vous ... ?	(do) you want ... ?
vous voulez une plage?	(do) you want a beach?
vous voulez aller ... ?	(do) you want to go ... ?

see ... page 92

au ..., aux ...	at/to the ...
à + le = au:	
au restaurant (m.)	at/to the restaurant
à + les = aux:	
aux touristes (m./f. pl.)	at/to the tourists

see ... pages 92–3

Voici les situations:

Si ...
- vous êtes sportif ...
- vous n'aimez pas les hôtels ...
- vous avez des enfants ...
- vous n'aimez pas le sport ...

au domaine de Muret
- il y a ...
- nous proposons ...
- nous avons ...
- vous pouvez aller au/à la ...
- vous pouvez visiter ...

Activité 5

À vous! Écrivez un dépliant pour cette ville touristique.

Survey results: tourists want information about ...	The town can offer ...
• good food • discos • sport • something for wet days • clean beaches • quiet beaches • hotels	• a sports centre • a five-star hotel with discos every day • two gastronomic restaurants  • a museum • a 2-km beach – very quiet 

V

- vous êtes sportif • you like sport
- le centre sportif • the sports centre
- le centre équestre • the riding centre
- le hameau • the hamlet, village
- la ferme • the farm
- le lac • the lake
- le mont • the mountain
- la pêche • fishing
- couvert(e) • covered

C Est-ce que ... ?

Activité 6

Étudiez le vocabulaire et la note sur **Est-ce que**. Écoutez et lisez le dialogue et cochez Vrai ou Faux. *Tick 'True' or 'False'.*

		Vrai	Faux
1	Jacqueline demande la liste des hôtels et des restaurants.	☐	☐
2	Le musée militaire n'est pas ouvert le dimanche.	☐	☐
3	Il y a une discothèque au Grand Hôtel.	☐	☐
4	La discothèque est fermée le jeudi.	☐	☐

À l'Office du Tourisme ...

Jacqueline Est-ce que vous avez une liste des hôtels de la ville, s'il vous plaît?
Employée Oui, voici madame, voulez-vous la liste des restaurants aussi?
Jacqueline Bonne idée! J'adore la cuisine régionale et je veux trouver un bon restaurant ... Ah, autre chose: est-ce que le musée militaire est ouvert le dimanche?
Employée Il est ouvert tous les jours, madame.
Jacqueline Est-ce qu'il y a une discothèque en ville?
Employée Oui, vous pouvez aller à la discothèque du Grand Hôtel, mais elle est fermée le mercredi ... Voici un dépliant avec tous les renseignements sur la ville, madame.
Jacqueline Merci.
Employée À votre service, madame.

V

- l'idée (f.) • the idea
- la cuisine • (here) cooking, cuisine
- régional(e) • regional
- je veux • I want, I would like
- bon (m.), bonne (f.) • good
- autre chose • something else
- TLJ (tous les jours) • every day
- fermé(e) • closed
- toute l'année • all year
- sauf • except for
- lundi • Monday
- mardi • Tuesday
- mercredi • Wednesday
- jeudi • Thursday
- vendredi • Friday
- samedi • Saturday
- dimanche • Sunday
- dimanche • on Sunday
- le dimanche • on Sundays

Berville
Renseignements touristiques

	jours d'ouverture
le cinéma	TLJ
la piscine couverte	TLJ sauf le lundi
le musée militaire	TLJ
la discothèque	fermée le mercredi
le centre de loisirs	fermé le lundi
le camping municipal	toute l'année
le château XVIIIe siècle	TLJ

G

Est-ce que … ?

This is another way of asking questions:

Est-ce que vous avez … ? Do you have … ?

Est-ce qu'il y a … ? Is there … ?

see … page 93

info FRANCE

BEING POLITE IN FRENCH

There are a number of important expressions to recognise in professional situations. Many of the formal, polite expressions are set phrases which you simply learn by heart:

Je vous en prie
You're welcome / It's a pleasure / That's all right

À votre service
(literally) *At your service*

Si vous voulez me suivre
Please follow me

Si vous voulez entrer
Please come in

(Je suis) à votre disposition
(I am) at your service

Activité 7

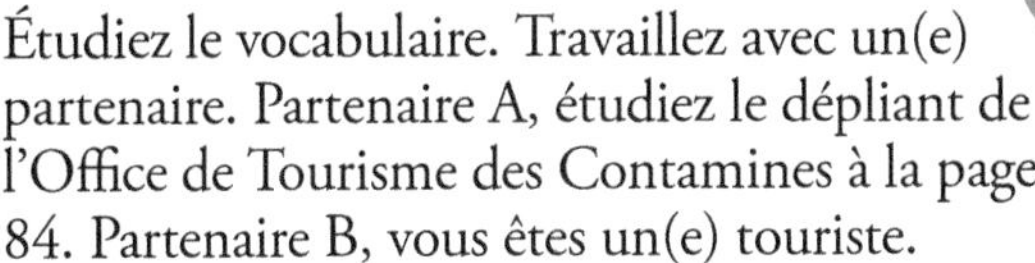

Étudiez le vocabulaire. Travaillez avec un(e) partenaire. Partenaire A, étudiez le dépliant de l'Office de Tourisme des Contamines à la page 84. Partenaire B, vous êtes un(e) touriste.

Partenaire B

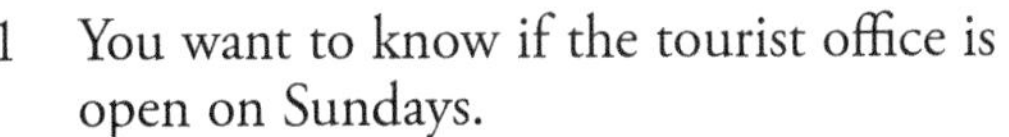

1 You want to know if the tourist office is open on Sundays.
2 You want some information on bus trips and walks.
3 Ask if there is a wi-fi area.
4 You have a problem: all the banks are closed and you want to change some money.
5 Can they tell you if there are rooms available in the hotels?

V

l'agent agréé (m.) • the approved agent
SNCF (Société Nationale des Chemins de Fer) • the French state railway company
le billet • the ticket (train, plane)
le ticket • the ticket (bus, underground)
l'avion (m.) • the aeroplane
l'information (f.) • the information
la disponibilité • the availability
les prévisions météorologiques (f. pl.) • the weather forecast
le pays • the country
l'horaire (m.) • the timetable
le programme d'animation • the programme of activities

EXPRESSIONS UTILES

Est-ce qu'il y a … ?	excursions en bus
Est-ce que vous avez … ?	chambres disponibles
Est-ce que je peux avoir … ?	changer de l'argent
des renseignements sur …	un espace wi-fi
Je veux …/Je voudrais …	le dimanche
promenades (à pied)	ouvert

Partenaire A

L'OFFICE DE TOURISME

Nous sommes à votre disposition durant toute la saison d'été :

Horaires :

ouvert : de 9h à 12h15 et de 14h à 19h
le dimanche : de 9h à 12h et de 14h à 19h

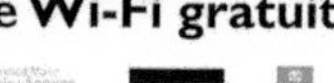

A votre service à l'Office de Tourisme :

- Point Fax (réception et transmission)
- Photocopies
- Espace wi-fi
- Timbres
- Tickets autocars et excursions SAT
- Agent agréé SNCF
- Billets d'avions
- Bureau de change aux heures de fermeture des Banques

Et toutes informations sur :

- La liste des disponibilités des particuliers loueurs en meublés
- La liste et les disponibilités des hôtels
- Les prévisions météorologiques
- Les visites et curiosités du Pays du Mont-Blanc et de sa région
- Les promenades à pied
- Les horaires de bus
- Les excursions en bus
- Le programme d'animation...

Accueil assuré en : anglais - allemand - italien - néerlandais

Et vous? Maintenant, vous avez des questions sur les Contamines et la région?

EXPRESSIONS UTILES
Vous pouvez ...
Il y a ...
Voici ...
Nous pouvons offrir ...
Nous proposons ...
Il est possible de ...

Activité 8

À vous! Décrivez les prestations de votre ville.

Describe the services in your town.

D Nous passons nos vacances …

Activité 9

Étudiez le courriel (e-mail) et la note sur **notre** et **nos**. Répondez aux questions.

1 What type of accommodation does G. Dutour want?
2 How long does he want it for, and when?
3 How many people will there be?
4 How old are the children?
5 What is his request at the end of his e-mail?

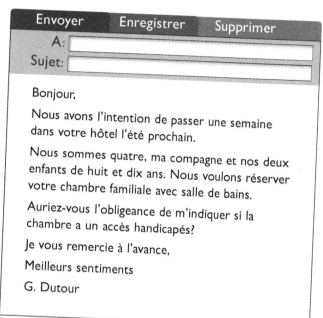

Envoyer | Enregistrer | Supprimer

A:

Sujet:

Bonjour,

Nous avons l'intention de passer une semaine dans votre hôtel l'été prochain.

Nous sommes quatre, ma compagne et nos deux enfants de huit et dix ans. Nous voulons réserver votre chambre familiale avec salle de bains.

Auriez-vous l'obligeance de m'indiquer si la chambre a un accès handicapés?

Je vous remercie à l'avance,

Meilleurs sentiments

G. Dutour

Activité 10

À vous!

Vous voulez des renseignements sur les gîtes disponibles dans le village de vos amis. Écrivez un courriel à votre ami Stéphane. Voici vos notes.

We want …
a gîte near (*près de*) your village

and …
4 bedrooms
a garage (*un garage*)
a small garden
a cot (*un lit d'enfant*)

Other notes…
6 people
1 week
next summer
possibility dog?

G Possessive adjectives

notre gîte	our gîte (singular)
nos vacances	our holidays (plural)
votre ville	your town (singular)
vos notes	your notes (plural)

see … page 93

V

avoir l'intention de • to intend to, to have the intention of
passer • (here) to spend
nous voulons • we want, we would like
la compagne • partner (f.)
réserver • to book
une chambre familiale • a family room
louer • to rent (also: to hire)
la semaine • the week
prochain(e) • next
nous sommes quatre • there are four of us
auriez-vous l'obligeance de m'indiquer • could you please let me know … (polite request in a formal letter/e-mail)
l'accès (m.) handicapés • disabled access
remercier • to thank
meilleurs sentiments • yours sincerely

E Si on veut ...

Activité 11

Étudiez le vocabulaire et la note sur **vouloir**, **pouvoir** et **on**. Lisez la réponse de votre ami Stéphane et répondez Vrai ou Faux.

Envoyer | Enregistrer | Supprimer

A:

Sujet:

Bonjour!

Je vous remercie de votre courriel. Nous avons un gîte dans notre village, à cinq kilomètres de Chamonix, station de montagne idéale pour vos vacances. C'est un vieux chalet rénové: il y a quatre chambres, une salle à manger et une grande salle de séjour. Il y a aussi un jardin: vos enfants peuvent jouer en toute sécurité et on peut organiser des barbecues si on veut. On peut aussi avoir un chien.

Vous avez ci-jointe une photo du chalet et voici le site internet du village.

Amicalement

Stéphane

V

- Je vous remercie de ... • Thank you for ...
- la station de montagne • the mountain resort
- vieux (m.), vieille (f.) • old
- le chalet • the chalet
- rénové(e) • renovated
- la salle • the room
- la salle à manger • the dining room
- la salle de séjour • the living room
- jouer • to play
- en toute sécurité • quite safely
- ci-joint(e) • enclosed/attached (in correspondence)
- amicalement • yours (in correspondence)
- le site internet • website

HAUTE SAVOIE. CHAMONIX. Vallée supérieure, calme, vue sur chaîne. Beau chalet : séjour (38m2) avec cheminée, 4 ch, studio, 2 bains, 2 wc, garage, chaufferie.

G

vouloir

il / elle veut — he wants, she wants, it wants

pouvoir

il / elle peut — he can, she can, it can

ils / elles peuvent — they can

Generalising with **on**

on veut — (literally) one wishes; (here) you wish

on peut — (literally) one can; (here) you can

see ... pages 92, 94

		vrai	faux
1	The accommodation is in Chamonix.	☐	☐
2	It is an old chalet that has been renovated.	☐	☐
3	The children can play safely in the garden.	☐	☐
4	There is no possibility of barbecues.	☐	☐
5	Stéphane is giving you a link to the village website.	☐	☐

F Une maison six pièces

Activité 12

Décrivez cette maison moderne. (Écrivez ou parlez.)

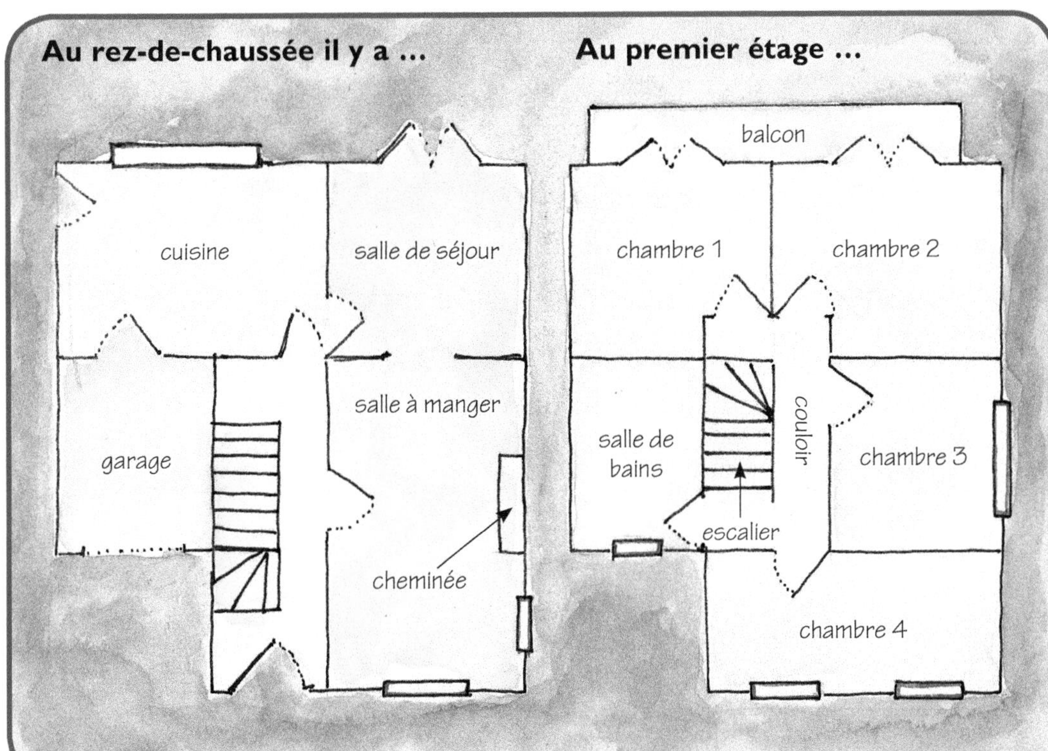

EXPRESSIONS UTILES

Ici vous avez …
Il y a … chambres
et là nous avons …
et là c'est …
Au rez-de-chaussée …
… pièces

V

- la pièce • the room
- une maison six pièces • a six-roomed house
- l'étage (m.) • the floor, storey
- le premier étage • the first floor (UK)
- le rez-de-chaussée • the ground floor
- le couloir • the corridor
- le balcon • the balcony
- l'escalier (m.) • the stairs
- la cuisine • the kitchen
- la cheminée • the fireplace, hearth
- la propriété • the property
- le studio • the bedsit, studio flat
- aménagé(e) • converted
- la bibliothèque • the library
- arboré(e) • tree-lined, full of trees

Vous voulez vendre des propriétés françaises. Étudiez les abréviations. Regardez la description des propriétés à Nartelle et à Monaco et répondez aux questions des clients.

1 Is the house in Ste-Maxime an old house?
2 How many rooms does the apartment in Monaco have?
3 What type of garden does the villa have?
4 How many bedrooms and bathrooms are there in the villa in Monaco?
5 Is there a big kitchen in the apartment?

L'IMMOBILIER

VAR LA NARTELLE STE MAXIME

Villa récente, 3 P + mezzanine, vue mer, 500 m en colline, prestations luxueuses, cuis. tout équipée, 3 bains. Piscine sur terrasse 8 × 4. + en R.d.jard. : 2 studios tout équipés. Gar. Gd jardin arboré, arrosage automatique, alarme. Vendue cause santé 630.000€. Part.

Tél. jusqu'au 27 août: 04 94 43 99 44 et ensuite: 04 76 96 41 51

FIGAROFAX n° 291.618

ST JEAN DE LUZ

Appt exceptionnel, vue mer. 4 chambres, 4 salles de bains, salon/salle à manger, bibliothèque, grande cuisine aménagée, décoration raffinée.

2 studios de service avec caves et parkings.

EXCLUSIVITE AFIM

Tél. 06 84 04 42 21

Figarofax/mail N° 346–780

Abréviations

appt = appartement
ch., chmbre = chambre
cuis. = cuisine
équip. = équipé(e)
esc. = escalier
gar., gge = garage
gd, gde = grand(e)
jard. = jardin
part. = le particulier (*private individual*)
R. d. jard. = rez-de-jardin (*garden level, ground floor*)
SdeB = salle de bains
3P = trois pièces
vd = vend

Note:
When describing a property, the general word for *a room* is **une pièce** (e.g. **un appartement quatre pièces**). The kitchen and bathroom are not included in this count. **Une salle** is a more specific term and refers to a room with a purpose (e.g. **une salle à manger**, **une salle de séjour**, **une salle de classe**, *a classroom*, etc.) **Une chambre** is *a bedroom*.

Activité 14

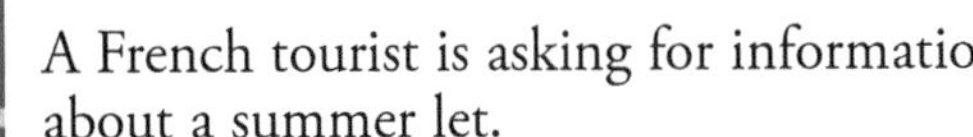

A French tourist is asking for information about a summer let.

Lisez les détails de votre appartement. Écoutez l'enregistrement et donnez des renseignements sur votre appartement en français.

modern

2 bedrooms: 1 large, 1 small

no garden

in town centre, 100 metres from the shops

Touriste	Et … il y a combien de chambres?
Vous	…
Touriste	C'est moderne?
Vous	…
Touriste	Est-ce qu'il y a un jardin?
Vous	…
Touriste	C'est dans le centre-ville?
Vous	…

EXPRESSIONS UTILES

Il y a …

Il n'y a pas de …

C'est à …

G More on possessive adjectives

son jardin (m.)	his/her/its garden
sa maison (f.)	his/her/its house
ses chambres (pl.)	his/her/its bedrooms

see … pages 93–4

Activité 15

À vous!

Posez des questions à votre partenaire sur sa maison/son appartement. Puis faites une description à votre groupe.

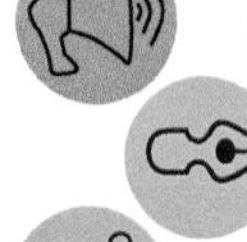

info FRANCE

GETTING INFORMATION ABOUT A TOWN OR REGION IN FRANCE

Most towns have a **syndicat d'initiative**, or an **office du tourisme**, a tourist information office. In some cases, this office provides general information on the area and often looks after the promotion of the town. It can provide information on accommodation and leisure facilities. France now has about 77 million foreign visitors each year. The tourist offices of some areas have formed regional tourist boards to promote a whole region.

France has about 150 chambers of commerce and industry, **les chambres de commerce et d'industrie**. They are a well-organised and influential network of organisations with a central body in Paris. The local **chambre de commerce et d'industrie** represents all the main professions and is a very valuable source of business and economic information on a town or area. Many chambers of commerce have their own business school or training centre for local businesspeople and apprentices.

To obtain information about a town or region, you can address a letter to the **syndicat d'initiative** (or **office du tourisme**) or the **chambre de commerce et d'industrie** of the area you are interested in. For more general information on France, it is always possible to contact the Commercial Attaché (**l'Attaché Commercial**) at the nearest French Embassy, the Ministry of Tourism (le **Ministère du Tourisme**) or one of the commercial tour operators. You can begin your search by visiting the website of the region, town or even village you are interested in. The following websites will provide useful links for information on the regions:

www.datar.gouv.fr
www.dgcis/tourisme
www.tourisme.fr

Rêver: une maison en France?

PROPRIÉTÉS À VENDRE

Les annonces de la semaine: des propriétés dans la Loire

ARDOIN

À 10 km d'Orléans dans un petit village: magnifique fermette complètement rénovée. Grand séjour avec cheminée, salle à manger, cuisine équipée, salle de bains, WC, 3 chambres, garage pour 2 voitures – dépendances – grand jardin, très belle vue.

Prix 150 000 € plus frais.

BEAULIEU-SUR-LOIRE

Dans une petite ville calme: maison moderne 6 pièces principales. Rez-de-chaussée: salle de séjour, salle à manger, cuisine équipée. Étage: 4 chambres, garage, jardin 800 m^2.

Prix 166 000 € plus frais.

CHÂTILLON-SUR-LOIRE

Centre-ville: appartement 1er étage, tout confort, salle à manger/séjour, deux chambres, balcon.

128 000 € frais inclus.

LES BORDES

Près d'un golf 18 trous, très beau château XVIIIe siècle deux étages 12 pièces plus dépendances dans un superbe parc 2 ha.

Prix 680 000 € frais inclus.

Maîtres Lecan et Gosse
Notaires associés
20, rue de la Reine Blanche, 45130 Meung-sur-Loire,
tél 03-38-44-32-17, télécopie 03-38-44-89-01
Lecan-Goss@wanadoo.fr
Pour tous renseignements contactez Maître Lecan au numéro ci-dessus.
Nous conseillons nos clients sur rendez-vous.
Vous pouvez aussi visiter les propriétés.

G Propriétés à louer ou à vendre

Activité 16

Écoutez le dialogue. Cochez la bonne réponse.

Philippe et Chantal veulent …	Oui	Non
une résidence principale	☐	☐
un château	☐	☐
un appartement	☐	☐
une vieille maison rénovée	☐	☐
une maison moderne	☐	☐

À vous!

Regardez la description de la maison à Beaulieu-sur-Loire (page 90). Avec un(e) partenaire, continuez la conversation. Vous êtes Maître Lecan et Philippe / Chantal.

V
l'annonce (f.) • the advertisement
le prix • the price
le rendez-vous • the appointment
principal(e) • main, principal
à vendre • for sale

EXPRESSIONS UTILES
J'aime …
Je préfère …
C'est …
Pourquoi est-ce que vous … ?
Parce que …
Il y a/Il n'y a pas …
… est situé(e)
(pas) cher / chère

Activité 17

Regardez les propriétés à vendre à la page 90. Travaillez en groupe. Choisissez votre propriété préférée, et expliquez pourquoi.

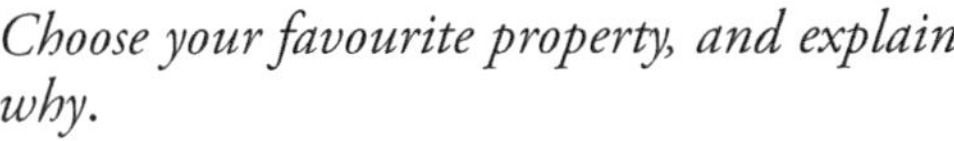

Choose your favourite property, and explain why.

Activité 18

Et vous? Vous avez une propriété à louer ou à vendre. Préparez votre annonce:

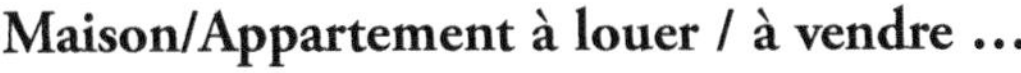

Maison/Appartement à louer / à vendre …

info FRANCE

LES RÉSIDENCES SECONDAIRES EN FRANCE

Près de 8% des résidences secondaires en France sont la propriété de résidents étrangers. Les Britanniques sont les plus nombreux et occupent environ un quart des logements. Le sud-ouest est particulièrement apprécié par les Britanniques et les Irlandais qui représentent un tiers des propriétaires de résidences secondaires. La présence de compagnies aériennes 'low cost' accentue le phénomène. A partir de 2012, une nouvelle taxe touche les propriétés d'étrangers non résidents en France.

Grammaire

Pouvoir

The irregular verb **pouvoir** means *to be able to* or *can*. **Pouvoir** is often followed by a verb in the infinitive (the form that does not change):

Je peux retirer de l'argent. *I can withdraw money.*
vous pouvez visiter. *You can visit.*

Here are all the forms of this verb in the present tense.

pouvoir *to be able to*			
Singular		**Plural**	
je peux	*I can*	nous pouvons	*we can*
tu peux	*you can (familiar)*	vous pouvez	*you can (plural or polite singular)*
il / elle peut	*he / she / it can*	ils / elles peuvent	*they can*

Vouloir

The irregular verb **vouloir** means *to want* or *to wish*. The verb can be followed by a noun or an infinitive:

vous voulez **un appartement** — verb + noun

vous voulez **aller** — verb + verb in infinitive

I want or *I wish* is **je veux**. When making requests it is better to use **je voudrais**, *I would like*, which sounds more polite.

Here are all the forms of this verb in the present tense.

vouloir *to want, to wish*			
Singular		**Plural**	
je veux	*I want*	nous voulons	*we want*
tu veux	*you want (familiar)*	vous voulez	*you want (plural or polite singular)*
il / elle veut	*he / she / it wants*	ils / elles veulent	*they want*

Au, à la, aux

When **à** (*at, to*) is followed by the definite article (**le**, **la**, **les**), it changes to **au**, **à la**, or **aux**, according to the gender of the noun following, and whether it is singular or plural.

le musée (m.)	→	**au** musée	*at/to the museum*
la banque (f.)	→	**à la** banque	*at/to the bank*
les hôtels (m. pl.)	→	**aux** hôtels	*at/to the hotels*
les billetteries (f. pl.)	→	**aux** billetteries	*at/to the cash dispensers*

When the noun begins with an unpronounced **h** or a vowel, **au** and **à la** both become **à l'**:

l'hôtel (m.)	→	**à l'**hôtel	*at/to the hotel*
l'église (f.)	→	**à l'**église	*at/to the church*

Note that the French sometimes use **à** where we would use *on*:
au rez-de-chaussée *on the ground floor*

Another way to ask questions: *Est-ce que ... ?*

So far we have seen two ways of forming questions:

- by using a rising intonation of the voice: **Vous avez une liste?**
- by inverting the verb and pronoun: **Avez-vous une liste?**

Another way of asking questions is by adding **Est-ce que** to the beginning of the sentence: **Est-ce que vous avez une liste?**

Est-ce que is a set phrase added to the beginning of the question, and does not change, except that when it is followed by a word beginning with a vowel, the **e** at the end is dropped:
Est-ce qu'il y a des casinos? *Are there any casinos?*

Possessive adjectives: *his, her, my, your, their*

You have already seen the words for *my* in Unit 1: **mon** mari, **ma** femme, **mes** enfants. In this unit you have come across more possessive adjectives. Here is a complete table of all the possessive adjectives:

with a masculine singular noun	with a feminine singular noun	with plural nouns	
mon	ma (mon*)	mes	*my*
ton	ta (ton*)	tes	*your*
son	sa (son*)	ses	*his, her, its*
notre	notre	nos	*our*
votre	votre	vos	*your*
leur	leur	leurs	*their*

With a singular noun, the possessive adjectives **mon**, **ton** and **son** change according to the gender of the noun:
mon jardin (m.) *my garden*
ta maison (f.) *your house*
sa voiture (f.) *his/her/its car*

Whereas **notre**, **votre** and **leur** are the same for masculine and feminine nouns:
notre voiture (f.) *our car*
votre jardin (m.) *your garden*
leur maison (f.) *their house*

* For ease of pronunciation, **ma**, **ta** and **sa** become **mon**, **ton** and **son** before a feminine noun beginning with a vowel or unpronounced **h**.
son adresse (f.) *his/her address* **ton** amie (f.) *your girlfriend*

Note that since possessive adjectives agree with the object possessed, NOT with the person who owns it, **son** jardin can mean either *his garden* or *her garden*.

In the plural, the possessive adjective is the same for both feminine and masculine nouns:
mes voitures *my cars* **ses** jardins *his/her/its gardens* **leurs** maisons *their houses*

On peut, On veut

On (literally *one*) is used when generalising:

On est heureux à vingt ans. (literally) *One is happy when one is twenty.*

On is used more extensively than *one* in English and often replaces *we*, the impersonal *you*, *anybody* or *everybody:*

On préfère les petits magasins. *We* (the general public) *prefer small shops.*

Unlike the English *one*, **on** is used in INFORMAL conversation:

On veut aller au restaurant. *We want to go to the restaurant.*

On peut visiter le musée? *Can we visit the museum?*

EN PRATIQUE

1 Using **Est-ce que ... ?**, turn the following sentences into questions.

a) Elle aime les chocolats noirs.
b) Vous préférez les restaurants simples.
c) Nous pouvons visiter le musée.
d) Ils ont une voiture rapide.
e) Vous voulez un dépliant.
f) Je peux retirer de l'argent.
g) Le centre de loisirs est fermé.
h) Vous avez une carte Visa.

2 Add the appropriate form of **pouvoir** or **vouloir**.

a) Nous _______________ (**vouloir**) organiser un rendez-vous.
b) Ma femme _______________ (**vouloir**) louer un gîte.
c) Je _______________ (**pouvoir**) envoyer le dépliant.
d) Est-ce que vous _______________ (**vouloir**) un appartement en ville?
e) Tu _______________ (**vouloir**) jouer dans le jardin?
f) Nous _______________ (**pouvoir**) retirer de l'argent à la billetterie.
g) Ils _______________ (**pouvoir**) aller au restaurant quand ils _______________ (**vouloir**).

3 Add the correct term: **au, à la, à l'** or **aux.**

a) Je veux aller _________ piscine.
b) Il est toujours _________ plage.
c) Dimanche, je peux retirer de l'argent _________ distributeur automatique.
d) Je suis _________ hôtel.
e) Nous pouvons envoyer des dépliants _________ touristes.

4 Complete the letter with the appropriate possessive adjectives.

Chers amis,

_______ (*My*) mari et _______ (*my*) enfants sont enfin en vacances. Cette année nous allons à la montagne. _______ (*My*) parents ont un chalet dans les Alpes, mais _______ (*our*) vieille voiture n'aime pas beaucoup la montagne!

_______ (*Our*) vacances sont très calmes: _______ (*our*) fille et _______ (*her*) ami adorent les longues promenades et _______ (*our*) fils et _______ (*his*) amie jouent au tennis tous les jours. _______ (*Their*) vacances sont très actives! Et _______ (*your*) vacances? Est-ce que vous allez à l'étranger?

Ci-joint, _______ (*my*) adresse.

Bien à vous.

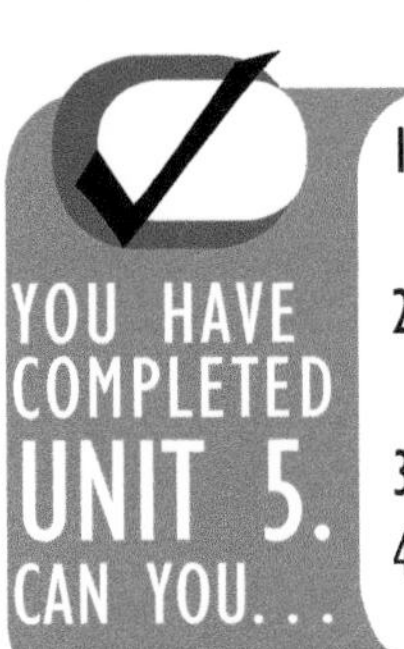
YOU HAVE
COMPLETED
UNIT 5.
CAN YOU...

1 Ask for a list of hotels, and a leaflet?
See page 82 and the note on page 93.
2 Ask if you can do something?
See pages 78–9 and the note on page 92.
3 Write a simple e-mail of enquiry? See page 85.
4 Thank somebody politely, and acknowledge someone's thanks? See page 86.

VOCABULAIRE

CHANGING MONEY

l'argent (m.)	*the money*
le change	*the exchange rate*
changer	*to change*
la billetterie	*the cash machine*
le distributeur automatique	*the automatic cash dispenser*
une livre (sterling)	*one pound (sterling)*
une pièce d'identité	*a proof of identity*
retirer	*to withdraw*
le tarif	*the rate, the list of rates*

LOCAL FACILITIES

la campagne	*the countryside*
le sport	*(the) sport*
le centre sportif	*the sports centre*
la semaine	*the week*
la station de montagne	*the mountain resort*
tous les jours (TLJ)	*every day*
toute l'année	*all year round*
le samedi	*on Saturdays*
ouvert(e)	*open*
fermé(e)	*closed*
calme	*quiet, calm*
propre	*clean*
passer des vacances	*to spend holidays*

PROPERTIES

les agents immobiliers (m. pl.)	*the estate agents*
l'annonce (f.)	*the advertisement (small ad)*
louer	*to rent*
l'appartement (m.)	*the apartment, flat*
l'étage (m.)	*the storey, floor*
la salle/la pièce	*the room*
la chambre	*the bedroom*
la salle à manger	*the dining room*
la salle de bains	*the bathroom*
la salle de séjour/le séjour	*the living room*
le rez-de-chaussée	*the ground floor*

OTHER WORDS AND PHRASES

Auriez-vous l'obligeance d'envoyer …	*Please send …* (a standard expression in a formal letter)
Meilleurs sentiments	*Yours sincerely*
Je suis à votre disposition	*I am at your service*
Je vous en prie	*Don't mention it*
Amicalement	*Yours (in correspondence)*

- Choosing and ordering in cafés and restaurants
- The alphabet and spelling
- Apologising
- Complaining

UNITÉ SIX
À table

A Je prends ...

Activité

Qu'est-ce que vous prenez? Étudiez les photos, le vocabulaire et les notes. Travaillez avec un(e) partenaire. Partenaire A: Choisissez.

Partenaire B: Servez le/la client(e).

Voici vos questions et vos réponses.

un sandwich? 4,90 €
- au jambon
- au pâté
- au fromage

un croissant?
- au beurre 0,85 €
- ordinaire 0,80 €

un pain au chocolat? 0,90 €

un pain aux raisins? 0,95 €

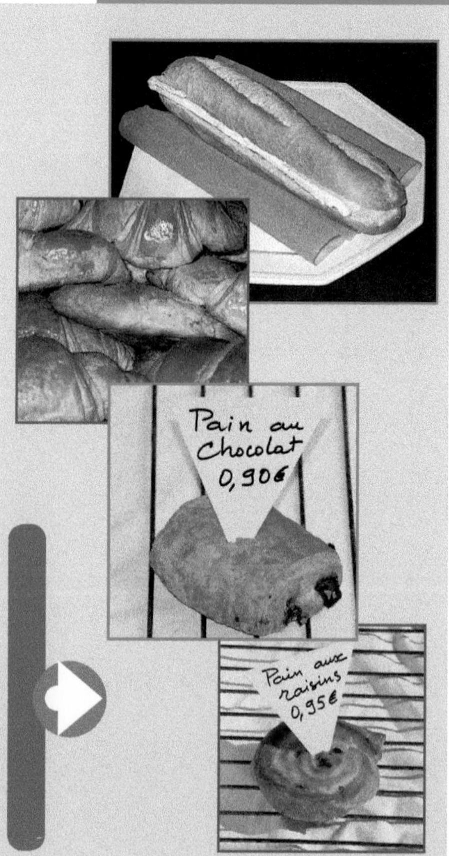

EXPRESSIONS UTILES
Partenaire A
Est-ce que vous avez ... ?
C'est combien?
Madame/Mademoiselle/Monsieur prend ...
Pour madame/mademoiselle/monsieur ...
Je prends ...
Nous prenons ...
Pour nous ...
Alors ...

EXPRESSIONS UTILES
Partenaire B
Il n'y a pas de ...
Nous n'avons pas de ...
Quel parfum?
Quelle sorte?
C'est ... (e.g. 3 €)
Voici ...

Au café ...

une crêpe?
- au sucre de canne 2,20 €
- au fromage 2,75 €
- suzette 2,90 €

un esquimau? 2,15 €
- au chocolat
- à la vanille
- au café

une glace? 2,50 €
- à la vanille
- à la fraise
- à la pistache
- au cassis

- Je voudrais une glace, s'il vous plaît.
- Quel parfum: vanille, fraise ... ?
- Alors, tu choisis?

V

les raisins (m. pl.) • (here) the raisins
le jambon • the ham
le beurre • the butter
ordinare • ordinary, (here) made without butter
un esquimau • ice lolly
le parfum • the flavour (ice cream, etc.)
la vanille • vanilla
la fraise • strawberry
la pistache • pistachio
le cassis • blackcurrant
le sucre • sugar
le sucre de canne • cane sugar

G

Deciding what to have

Use **prendre**, *to take*, an irregular verb:

Je prends ...	I'll have ...
Qu'est-ce que vous prenez?	What are you having?

see ... page 110

Describing: **à**

un sandwich **au** jambon	a ham roll/sandwich
une glace **à la** fraise	a strawberry ice cream
un pain **aux** raisins	a raisin pastry

Asking for details: **quel**

Quel parfum?	What flavour?

see ... page 110

Verbs ending in **-ir**

choisir	to choose
tu choisis	you choose
vous choisissez	you choose

see ... pages 110–11

Activité 2

Étudiez la publicité du restaurant de l'aire de Baie et répondez aux questions:

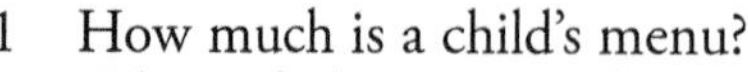

1 How much is a child's menu?
2 What gift do you get when a child eats at the restaurant?
3 How many drinks can you get free?

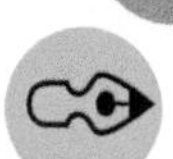

Aire de Baie

LA PAUSE DÉTENTE POUR TOUTE LA FAMILLE.
Aire de Baie, plein d'idées pour faire plaisir aux enfants

1 album offert pour tout menu enfant

Aire de Baie, des ambiances pour toute la famille.

1 menu Enfant à 8 €

Aire de Baie, le rendez-vous de toutes les générations. L'apéritif pour les grands-parents et la boisson pour les enfants : **jusqu'à 4 boissons offertes**

* offres valables dans les conditions énoncées à l'intérieur du carnet privilèges sur présentation du coupon correspondant.

B Vous désirez?

Activité 3

Étudiez le vocabulaire. Écoutez et lisez le dialogue.

1.46

Jean Salut! Ça va, tout le monde?
Mathieu Qu'est-ce que tu veux, un café, un jus de fruit? C'est ma tournée.

V

le serveur/la serveuse • waiter/waitress
Vous désirez? • What would you like?, What can I get you?
l'addition (f.) • the bill
tout le monde • everybody
le jus • the juice
la tournée • the round (of drinks)
une orange pressée • a freshly-squeezed orange juice
un crème • a white coffee
le sirop • cordial
la menthe • mint
le demi • (here) approximately a half-pint
la bière pression • draught beer
la boisson • the drink
le citron • lemon
tout de suite • straight away, immediately
service non compris • service not included

TARIF

Boissons chaudes	
café noir	2,30 €
café crème	2,50 €
grand crème	2,90 €
chocolat	2,80 €
grand chocolat	3,20 €
thé au lait	2,50 €
thé au citron	2,70 €
Boissons froides	
sirop à l'eau, menthe, fraise	2,50 €
eau minérale	2,80 €
bière (pression), le demi	3,70 €
orange pressée	3,20 €

Serveur Vous désirez?
Virginie Pour moi, une orange pressée.
Aurélie Je voudrais un grand crème.
Mathieu Et moi, je prends une menthe à l'eau. Et pour toi, Jean?
Jean Euh ... un demi pour moi.
Serveur C'est tout? Tout de suite, messieurs-dames.

Aidez Mathieu à vérifier l'addition.

plus tard:

Mathieu Alors 3,20 € c'est pour Virginie, l'orange pressée.
Et … c'est pour … (etc.) …
Ça fait …
Combien pour le service?

CAFÉ
AU BON PLAISIR

	3,20 €
	2,50 €
	3,70 €
	2,90 €
Total	12,30 €

Service non compris 15%

Activité 4

À vous!

Étudiez la note sur **moi**, **toi**. C'est votre tournée. Qu'est-ce que vous prenez? Regardez le tarif et commandez pour vos amis anglais et pour vous.

Serveuse Vous désirez, messieurs-dames?
Vous Alors, nous prenons …

Ça fait combien pour votre tournée?

PRIX PRATIQUÉS

Désignations	Volume servi	Prix comptoir	Salle terrasse
CAFÉ noir	la tasse	2,00€	
BIÈRE pression	cl	3,50€	
BIÈRE le flacon	cl	3,95€	
JUS de FRUITS	cl	2,85€	
SODA	cl	3,15€	
EAU minérale	cl	2,60€	
EAU gazeuse	cl	2,70€	
APÉRITIF anisé	2 cl	3,50€	
PLAT du JOUR			
SANDWICH		3,70€	

EXPRESSIONS UTILES
Et toi?
Qu'est ce que tu prends?
Pour moi …
Je prends …
C'est tout?
Je voudrais …

info FRANCE

LES CAFÉS, LES PRIX, LES POURBOIRES

Café owners are free to charge what they like for the drinks they sell (**les consommations**). Before you order, check the price list (**le tarif des consommations**) which by law has to be on display. A **brasserie** and a **bar** are more expensive than a simple café and a **pub** might be even more expensive, especially for beer!

The owner is allowed to charge different rates in different areas of the café. The cheapest drinks are served at the bar (**au bar**). Drinks served outside in the sun (**sur la terrasse**) cost more than those served to seated customers inside the café. Beware: if there is a heated or air-conditioned, glassed-in part of the café which gives you a good view, this is likely to be the most expensive place. You will not be popular if you buy your drinks at the bar and take them to a more expensive part of the café to drink: you will be depriving the waiter of his/her percentage commission and/or tip.

It is normal to leave a tip (**un pourboire**) for the waiter, even if you drink at the bar, but do not tip the owner if he/she served you! Check your bill (**l'addition**) before tipping – often the tip is automatically included in the price of your drinks (**service compris**).

G

moi, toi

After words like **et**, **pour**, **à** and **de**, *me* is **moi** and *you* is **toi**:

pour moi	for me
et toi?	and you?

C Déjeuner pour combien?

Activité 5

1.47

Étudiez le vocabulaire. Écoutez ou lisez le dialogue. Complétez le menu.

Serveur Déjeuner pour combien de personnes, messieurs-dames?
Jacqueline Nous sommes cinq en tout.
Serveur Oui, alors la grande table là-bas.

plus tard:
Serveur Vous désirez?
Jacqueline Qu'est-ce que vous avez comme plat du jour?
Serveur Brochettes d'agneau avec ratatouille niçoise.
Marc J'ai faim mais je ne veux pas de ratatouille, je déteste ça.
Jacqueline Vous avez des omelettes?
Serveur Oui, au fromage, au jambon, ou nature bien sûr, servies avec des frites.

Jacqueline Vous choisissez, les enfants? … Alors quatre omelettes … au fromage.
Serveur Oui, et comme boisson?
Sophie J'ai soif, je veux du Coca-Cola.
Jacqueline Alors un verre de vin rouge pour moi et quatre cocas pour les enfants.
Serveur Alors ça fait quatre omelettes-frites au fromage …
Jacqueline … et un plat du jour pour moi.

plus tard:
Serveur Voici, messieurs-dames. Bon appétit!

à la fin du repas:
Jacqueline L'addition, s'il vous plaît!

V

- le déjeuner • lunch
- la table • the table
- le plat du jour • the day's special
- l'agneau (m.) • lamb
- avec • with
- j'ai faim • I'm hungry
- j'ai soif • I'm thirsty
- nature • (here) nothing added
- une omelette nature • a plain omelette
- les frites (f. pl.) • chips
- le verre • the glass
- Bon appétit! • Enjoy your meal!
- la fin • the end
- le repas • the meal
- les pommes vapeur (f. pl.) • boiled potatoes
- (In menus, **pommes** is often used as short for **pommes de terre**.)
- les crudités • raw vegetable salad

MENU
Brasserie de la Paix
Service Compris

Plat du jour:	12,50 €
?	
Sandwichs	4,80 €
Omelette:	
?	7,40 €
?	7,40 €
?	7 €
avec frites	
Dessert au choix:	
Glace	5 €
Fruits de saison	4 €

Activité 6

Regardez le menu de la Brasserie de la Gare, étudiez le vocabulaire et discutez avec vos amis: **Vous prenez ... ?**

BRASSERIE DE LA GARE
MENU

Plat du jour: Bœuf bourguignon avec pommes vapeur	12 €
Omelette salade	9 €
Assiette de crudités	7,50 €
Boisson comprise: vin rouge (carafe)	
Croque-monsieur	6 €
Sandwich	5,75 €

service non compris 15%

EXPRESSIONS UTILES

Pour vous/nous ...
Je préfère ...
Vous désirez ... ?
Et comme (dessert/boisson)?
Vous prenez ... ?
Tu prends ... ?
Pour moi/toi ...

info FRANCE

LES REPAS

The French have three main meals:

- Breakfast (**le petit déjeuner**). This is usually a light meal – bread or croissants with coffee or **café-au-lait** for the children (¾ milk, ¼ coffee).
- Lunch (**le déjeuner**). This is often the main meal of the day and has three courses: **l'entrée** (the *hors d'œuvre*), **le plat principal** (the main course) and **le dessert** (dessert), with cheese before the third course.
- Evening meal (**le dîner**). Another substantial meal, often including meat.

The children will often have a snack after school (**le goûter**) consisting of biscuits, bread and jam, and fruit.

LES FRANÇAIS ET LA TABLE

Les Français dépensent (*spend*) 14% de leur budget à la nourriture (*food*) et aux boissons consommées au domicile. Environ un repas sur six est pris en dehors de la maison. Les seniors privilégient toujours les restaurants et brasseries classiques. La restauration rapide, avec les grands noms américains, le kebab local ou le bar à salade, explose depuis 2004. Avec maintenant 35 000 restaurants rapides, le marché français représente 34 milliards d'euros en 2012.

À la carte

Entrées 12€

Moules à la Marinière
Assiette de Saumon Fumé et ses Blinis
Les 12 Creuses de Bretagne
Langoustines du Pays Bigouden
Gésiers de Canard en Salade
et Petits Lardons

Poissons : suggestions du jour 18 €

Lundi : Le Pavé de Saumon à l'Oseille
Mardi : Choucroute Océane
Mercredi : La Cotriade du Marché
Jeudi : Médaillons de Lotte aux Agrumes et Tagliatelles
Vendredi : Pot au Feu de la Mer
Samedi et Dimanche : Le Panaché de Poissons
au Coulis de Langoustines

Viandes 19€

Magret de Canard Sauce Poivre Vert
Faux-Filet Marchand de Vin

Desserts 8€

Fromages et Salade Croquante
Charlotte aux Poires sauce Caramel
Crème Brûlée du Chef
Tarte aux Pommes et Boule Vanille
Soupe de Fraises Fraîches

Sur commande

Le Plateau de Fruits de Mer Amiral (pour 2 pers.)
Homard Breton Grillé Sauce Safrane

Menu Affaires 30€

Salade Quercycoise aux gésiers confits
ou
Terrine de gibier Maison Confiture d'oignons
ou
Petit Chèvre chaud sur sa salade

Jambonette de volaille rotie jus au porto
ou
Escalope de julienne beurre d'herbes et tomates

Brie de Meaux
ou
Fondant au chocolat amer

Menu Enfant 15€

1 Entrée
1 Plat de Viande
1 Dessert
1 Jus de Fruit

Activité 7

Vous dînez 'À la carte'.

Try to guess the answers to these questions. Use a dictionary if you prefer.

1 What type of fish do you think you will get if you choose **Assiette de Saumon fumé et ses Blinis**?
2 Will the **Langoustines du Pays Bigouden** be a fish starter or a meat starter?
3 What hors d'œuvre can you expect if you ask for **Gésiers de Canard en Salade et Petits Lardons**?
4 What herb will you get with the fish if you order the **Pavé de Saumon à l'Oseille**?
5 What type of dish is **Magret de Canard**?
6 What fruit goes into the dessert **Charlotte aux Poires**?
7 Would you ask for **Fruits de Mer** for your dessert?

info FRANCE

L'APÉRITIF

Technically, **un apéritif** is a drink taken before a main meal (**le déjeuner** at lunchtime or **le dîner** in the evening). It can be a real occasion and if you hear your French friends say, **Venez prendre l'apéritif** (*Come and have drinks*), this usually means a few drinks with nuts (**des noisettes**), salted peanuts (**des cacahuètes**), savoury biscuits (**des biscuits apéritif**) and various titbits (**des amuse-bouche** or **amuse-gueule**).
Apart from international drinks like whisky, Cinzano and Martini, you might be offered traditional French apéritif drinks like **pastis** (an aniseed-flavoured drink) or **Suze** (a bitter, gentian-based wine).

EATING OUT

If you want to specify how you want your meat (**la viande**) in a restaurant, you can say **à point** for *medium*, **bleu** for *very rare*, **peu cuit** or **saignant** for *rare* and **bien cuit** for *well cooked*.

If you want to be adventurous you can try game (**le gibier**) like wild boar (**le marcassin**), or venison (**la venaison**). If you prefer, you can choose between pork (**le porc**), beef (**le bœuf**), lamb (**l'agneau**) or veal (**le veau**). If you prefer poultry (**la volaille**) you will find chicken (**le poulet, la poularde**) on the menu as well as duck (**le canard**), guinea fowl (**la pintade**) and quail (**la caille**).

Fish is **le poisson**.

Activité 8

Qu'est-ce que c'est? (*What is it?*) Étudiez les menus et choisissez.

1 terrine de gibier maison
2 fondant au chocolat noir
3 homard grillé
4 tarte aux pommes
5 pot-au-feu de la mer
6 volaille rotie

a) bitter chocolate ice cream
b) apple pie/tart
c) roast chicken
d) sea food stew
e) home-made game pâté
f) grilled lobster

D Je voudrais réserver une table

Activité 9

Lisez et écoutez le dialogue, et écrivez les détails de la réservation.

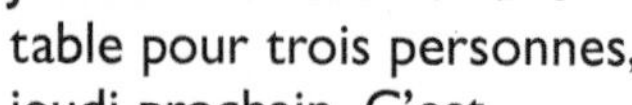

Jean-Jacques	Je voudrais réserver une table pour trois personnes, jeudi prochain. C'est possible?
Réceptionniste	Pour le déjeuner ou le dîner, monsieur?
Jean-Jacques	Le déjeuner, à une heure.
Réceptionniste	Aucun problème. C'est à quel nom?
Jean-Jacques	Chauvaud.
Réceptionniste	Vous pouvez épeler, s'il vous plaît?
Jean-Jacques	Bien sûr, C.H.A.U.V.A.U.D.
Réceptionniste	Entendu, Monsieur Chauvaud, une table pour trois, jeudi 15 avril, pour le déjeuner.

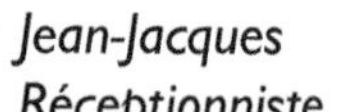

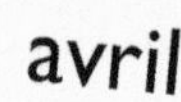

avril

date: ____

déjeuner/dîner: ____

nombre de personnes: ____

Activité 10

Écoutez les lettres de l'alphabet et répétez.

A B C D E F G H I
J K L M N O P Q R
S T U V W X Y Z
É È Î Ç

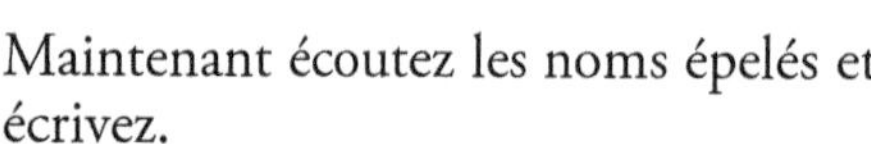

Maintenant écoutez les noms épelés et écrivez.

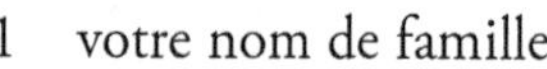

Activité 11

Épelez!

1 votre nom de famille
2 votre prénom
3 le prénom et le nom de famille d'un(e) ami(e)
4 votre adresse avec le nom de votre ville
5 le nom de votre société ou le nom de votre employeur

V

à une heure • at one o'clock
aucun problème • no problem
C'est à quel nom? • In what name?
épeler • to spell
entendu • (here) understood, agreed
jeudi 15 avril • Thursday (the) 15th (of) April
le nombre • the number
le nom • the name
le nom de famille • the surname
le prénom • the first name
la société • the company, firm

E Je suis désolé

Activité 12

Étudiez le vocabulaire, écoutez et lisez le dialogue.

1.50

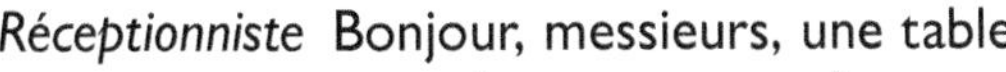

Réceptionniste Bonjour, messieurs, une table pour deux personnes?
Jean-Jacques Non, nous sommes trois, j'ai une table réservée.
Réceptionniste Oui, à quel nom?
Jean-Jacques Chauvaud.
Réceptionniste Ah oui, c'est la table 8, près de la fenêtre là-bas. … Voici le menu, messieurs.

quelques minutes plus tard:
Serveur Vous êtes prêts, messieurs?
Jean-Jacques Nous attendons une autre personne. Est-ce que nous pouvons avoir la carte des vins?
Serveur Bien sûr, voici, monsieur.

plus tard:
Jean-Jacques Ah, voici Françoise. Bonjour, ça va?
Françoise Bonjour, je suis en retard, je suis désolée, quelle circulation!
Jean-Jacques Nous arrivons à l'instant. Alors, voici Bertrand …

V

- **réservé** • reserved
- **la fenêtre** • the window
- **une autre personne** • another person, someone else
- **prêt(e)** • ready
- **la carte des vins** • the wine list
- **être en retard** • to be late
- **être désolé(e)** • to be sorry
- **la circulation** • the traffic
- **Nous arrivons à l'instant** • We've just arrived

À la réception

info FRANCE

LES REPAS D'AFFAIRES

Business lunches (**les déjeuners d'affaires**) or dinners (**les dîners d'affaires**) are a feature of business life in France. The French are particularly careful about the choice of a restaurant for a business meal with a customer because the choice also tells the client something about the host's judgement. It is quite possible to linger for quite a long time over a good meal in the better restaurants, some of which offer a **menu d'affaires**. Some of the older restaurants will have **cabinets** or small rooms available for groups of clients who wish to dine in privacy. In general it is expected that conversation during the meal will be confined to general small talk and remarks about the menu and the dishes. More serious business discussions can begin over the coffee and possibly the liqueurs and **petits fours**. French business people are less and less willing to finalise agreements or sign contracts immediately after a meal and will usually expect to mull over a few points before reaching a final decision. (**Je vais réfléchir.**) They will often expect to be contacted for a follow-up meeting after the formal **repas**.

Activité 13

'**Ah voici …**' C'est vous! Vous arrivez en retard. Demandez M. Chauvaud à la réception, épelez son nom. À la table faites vos excuses (*apologise*).

EXPRESSIONS UTILES
Je suis en retard
M. Chauvaud, s'il vous plaît?
Quelle circulation!
Je suis désolé(e)

Activité 14

Vous invitez un collègue à dîner au restaurant.

Travaillez en groupes.
Vous êtes: (**A**) l'hôte (*the host*), (**B**) l'invité(e) (*the guest*), (**C**) le serveur/la serveuse.

A You have reserved a table. Give your name to the waiter/waitress and spell it out.
C You direct the customers to a table and bring the menu and the wine list.
A, B You discuss the menu together. Use the menu below.
C You take down the order.

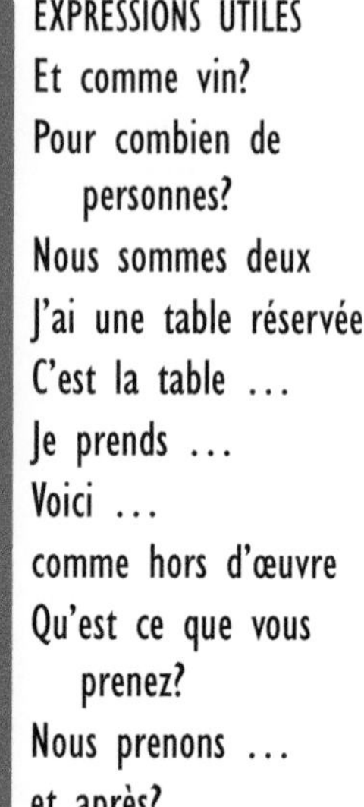

EXPRESSIONS UTILES
Et comme vin?
Pour combien de personnes?
Nous sommes deux
J'ai une table réservée
C'est la table …
Je prends …
Voici …
comme hors d'œuvre
Qu'est ce que vous prenez?
Nous prenons …
et après?
pour Monsieur/Madame
pour moi

F Je ne bois jamais de …

Activité 15

Étudiez le vocabulaire et la note sur **boire** et **ne … jamais**. Écoutez et lisez le dialogue. Cochez les plats commandés.

Serveur Vous mangez à la carte, messieurs-dames?
Jean-Jacques Oui. Qu'est-ce que vous prenez comme hors d'œuvre, Bertrand?
Bertrand La truite aux amandes pour moi.
Françoise Moi, je prends le pâté.
Jean-Jacques Eh bien, moi aussi.
Serveur Et après ça? Je recommande notre spécialité, le rôti.
Françoise Non, pas pour moi, c'est trop riche. Je préfère un médaillon de saumon à l'orange.

La Carte

Truite aux amandes	12,50 €	☐
Terrine de lapin en gelée	13 €	☐
Papillotte surprise	12,50 €	☐
Pâté de porc en croûte	12 €	☐
Médaillon de saumon à l'orange	22 €	☐
Noix de veau aux épinards	24 €	☐
Pot-au-feu à la poularde	23 €	☐
Rôti de marcassin et purée de céleri-rave	27 €	☐
Soufflé au Grand Marnier	10 €	☐
Macarons à la noix de coco	8,50 €	☐
Sorbet maison	8 €	☐

Jean-Jacques	Pour moi c'est le rôti.
Bertrand	Eh bien, moi, j'aime les plats simples: un pot-au-feu à la poularde pour moi.
Serveur	Et comme vins, messieurs-dames?
Françoise	Je ne bois jamais de vin blanc.
Jean-Jacques	Alors, un vin rouge pour tout le monde?
Bertrand	Pourquoi pas un Saint-Émilion?
Jean-Jacques	Entendu! Alors, une bouteille de Saint-Émilion.

La Carte des Vins

BLANCS	
Hermitage blanc	22 €
Sauternes	28 €
Riesling	24 €
Blanc de blancs	28 €
Blanc de blancs (demi-bouteille)	16 €
ROUGES	
Châteauneuf-du-Pape	33 €
Châteauneuf-du-Pape (demi-bouteille)	20 €
Saint-Émilion	28 €
Chinon	24 €
Nuits-St-George	26 €
Eau minérale	5 €

G

boire — to drink

This is an irregular verb:

je bois — I drink
vous buvez — you drink

see … page 111

ne … jamais — never

Je **ne** mange **jamais** de glaces — I never eat ice cream

see … page 111

V

le plat • the dish
commander • to order
commandé(e) • ordered
après • after
manger • to eat
recommander • to recommend
riche • rich
une demi-bouteille • a half bottle

Activité 16

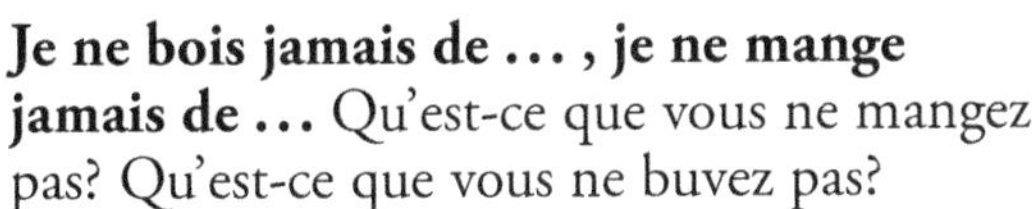

Je ne bois jamais de … , je ne mange jamais de … Qu'est-ce que vous ne mangez pas? Qu'est-ce que vous ne buvez pas?

Faites un sondage dans votre groupe.

Carry out a poll in your group.

Promo
12 €
la Bouteille
L'abus d'alcool est dangereux pour la santé.
À consommer avec modération

Activité 17

1.52

Étudiez le vocabulaire, écoutez et lisez le dialogue.

Bertrand Il est vraiment délicieux, ce pot-au-feu!

quelques minutes plus tard:

Serveur Le plateau-fromages, messieurs-dames?

Françoise Pas pour moi, merci. Jean-Jacques?

Jean-Jacques Non merci, je ne prends jamais de fromage.

Serveur Et comme dessert? Soufflé, macarons ou sorbet maison?

Bertrand Un dessert léger pour moi, le soufflé par exemple.

Françoise Pour moi aussi.

Jean-Jacques Alors, trois soufflés au Grand Marnier et trois cafés pour terminer.

plus tard:

Jean-Jacques L'addition, s'il vous plaît! Vous acceptez la carte American Express? Sinon, je peux payer par chèque.

Serveur Comme vous voulez, monsieur.

...

Jean-Jacques Bien, alors voici ma carte.

Bertrand Eh bien, merci pour cet excellent repas, Jean-Jacques.

Françoise Oui, merci.

Jean-Jacques Je vous en prie.

V

vraiment • truly, really
quelques minutes • a few minutes
le plateau-fromages • the cheeseboard
le sorbet maison • chef's own make of sorbet
léger (m.), légère (f.) • light
terminer • to finish, to end
payer • to pay
par • by
sinon • otherwise
Comme vous voulez • As you wish

info FRANCE

LES FROMAGES

The French often say: '**Il n'y a pas de bon repas sans fromage.**' Since there are over 300 types of cheese in France, there is ample choice (**embarras du choix**).

Among the most famous cheeses are the soft cheeses: **le Brie, le Camembert**; the hard cheeses: **le Comté, l'Emmental, le Cantal**; and the blue cheeses: **le Bleu d'Auvergne, le Roquefort** (made with ewe's milk). Outside Paris you can expect any good restaurant to offer a selection of local cheeses on the cheeseboard (**le plateau-fromages**). Cheese is served before the dessert.

ORDERING COFFEE

If you just order **un café** you will get black coffee, which is also called **un noir** or **un petit noir**. If you want white coffee ask for **un café-crème** (with milk or cream) or **un crème**. If you prefer strong black coffee ask for **un express**. When you want decaffeinated coffee ask for **un décaféiné**.

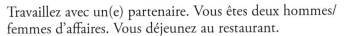

Activité 18

Travaillez avec un(e) partenaire. Vous êtes deux hommes/femmes d'affaires. Vous déjeunez au restaurant.

Invité(e)	Comment on the dish you are eating.
Hôte	Comment on yours.
Serveuse	Le plateau-fromages?
Invité(e)	Ask for a bit of Brie and a bit of Cantal.
Hôte	You don't want any cheese.
Serveuse	Et comme dessert?
Invité(e)	No dessert for you.
Hôte	Choose a dessert and ask your guest if he/she wants a coffee to finish with.
Invité(e)	Say yes, you would like some coffee.
Hôte	Ask for the bill and ask if you can pay by cheque.
Invité(e)	Say, 'Thank you for the meal'.
Hôte	Reply politely: 'Don't mention it'.

EXPRESSIONS UTILES
l'addition
C'est délicieux
C'est très bon
C'est excellent
aussi
Je vous en prie
Un peu de …
Est-ce que vous voulez … ?

G Mon couteau est sale!

Activité 19

Regardez l'illustration et répétez les mots.

Activité 20

Étudiez l'illustration. Parlez et écrivez six phrases pour expliquer les problèmes.

EXEMPLE:
S'il vous plaît. Mon assiette est sale!

EXPRESSIONS UTILES
sale(s) = *dirty*
une erreur = *a mistake*
Nous n'avons pas de …
froid(e)(s)
Il y a une erreur …
Je n'ai pas de …

Grammaire

Prendre

Je prends and **vous prenez** are parts of the verb **prendre**, *to take*, an **-re** verb. In the context of food and drink (**prendre un café**, **prendre un sandwich**), the verb is used with the meaning of *to have*. The plural forms of **prendre** are irregular. Here are all the forms of the verb in the present tense:

prendre *to take*

Singular		Plural	
je pren**ds**	*I take*	nous pren**ons**	*we take*
tu pren**ds**	*you take (familiar)*	vous pren**ez**	*you take (plural or polite singular)*
il / elle / on pren**d**	*he, it / she, it / one takes*	ils / elles pren**nent**	*they take*

Quel … ? Quel … !

Quel means *what* or *which*. It is an adjective and so agrees with the noun that follows:

Quel parfum? (m.) — *What/Which flavour?*
Quelle sorte? (f.) — *What/Which sort?*
Quels fromages? (m. pl.) — *What/Which cheeses?*
Quelles boissons? (f. pl.) — *What/Which drinks?*
Quelles glaces avez-vous? (f. pl.) — *What ice creams do you have?*

Quel also appears in exclamations:

Quelle circulation! (f.) — *What traffic!*
Quels menus! (m. pl.) — *What menus!*

Regular verbs ending in *-ir*

This is the third regular pattern of verbs. **Choisir**, *to choose*, follows this pattern, which takes the root (e.g. **chois-**) and adds the following endings in the present tense:

choisir *to choose*

Singular		Plural	
je chois**is**	*I choose*	nous chois**issons**	*we choose*
tu chois**is**	*you choose (familiar)*	vous chois**issez**	*you choose (plural or polite singular)*
il / elle / on chois**it**	*he, it / she, it / one chooses*	ils / elles chois**issent**	*they choose*

Another verb which follows this pattern is **finir**, *to finish*: **il finit**, **nous finissons**.

You have now seen the three main categories of verb: ***-er*** verbs (**aimer**, **préférer**), ***-re*** verbs (**vendre**, **attendre**) and ***-ir*** verbs (**choisir**, **finir**).

Boire

The verb **boire**, *to drink*, is irregular. Here are all its forms in the present tense:

boire *to drink*			
Singular		**Plural**	
je **bois**	*I drink*	nous **buvons**	*we drink*
tu **bois**	*you drink (familiar)*	vous **buvez**	*you drink (plural or polite singular)*
il / elle / on **boit**	*he, it / she, it / one drinks*	ils / elles **boivent**	*they drink*

Ne … jamais

The French equivalent of *never* is made up of two words, **ne** and **jamais**, which go on either side of the verb. This structure is similar to the negative **ne … pas**:

Je **ne** prends **pas** de …	*I don't have/eat …*
Je **ne** prends **jamais** de …	*I never have/eat …*
Elle **ne** boit **jamais** de vin blanc.	*She never drinks white wine.*

Remember that **du**, **de la**, **de l'** and **des** all become **de** in a negative sentence.

EN PRATIQUE

1 Choose the correct form of the verb to complete the sentences.

a) Je ____________________ (**vendre**) des glaces en été.
b) Ils ____________________ (**prendre**) des sandwichs au jambon.
c) Vous ____________________ (**vendre**) des timbres?
d) Nous ____________________ (**prendre**) le journal tous les jours.
e) Elles ____________________ (**vendre**) des légumes au marché le dimanche.

2 Ask for clarification using the correct form of **Quel … ?** Check the genders of nouns in the glossary if necessary.
e.g. Je voudrais des **poires**. **Quelles poires?**

a) Je prends du **fromage**.
b) Je voudrais une bouteille de **vin**.
c) Je veux visiter les **musées**.
d) J'aime ces **voitures**.
e) Je déteste ce **journal**.
f) Je voudrais la grande boîte de **chocolats**.

3 Complete the replies to these sentences, using **ne … jamais**.
e.g. Vous prenez du vin blanc? **Non, je ne prends jamais de vin blanc.**

a) Tu prends du pâté?	**Non, je …**
b) Vous buvez de la bière?	**Non, je …**
c) Il mange de la viande rouge?	**Non, il …**
d) Est-ce que vous prenez un apéritif?	**Non, nous …**
e) Tu prends du vin?	**Non, je …**
f) Vous avez faim?	**Non, je …**
g) Tu as de l'argent?	**Non, je …**

4 Practise using **boire**, **manger**, **prendre**, **ne … jamais** and **ne … pas**. How would you say the following in French?

a) She never drinks wine.
b) I don't drink red wine.
c) We never eat pork.
d) My husband never eats meat.
e) I never have an apéritif.

5 Complete the verbs in the passage.

– Bonjour, qu'est-ce que vous pre______________ , un café, un thé?

– Non merci, je ne b______________ pas de thé en France.

– Alors vous chois______________ , un jus de fruit?

– Oui, d'accord je pr______________ une orange pressée.

– Et toi Andrew tu chois______________ une eau minérale?

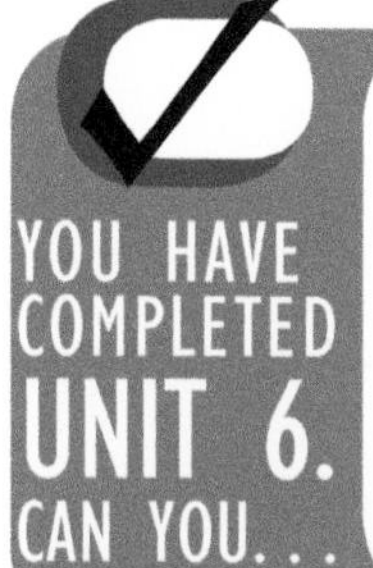

YOU HAVE COMPLETED UNIT 6. CAN YOU…

1 Order something to eat and drink?
See pages 96–103 and the note on pages 110–11.
2 Book a table in a restaurant and spell out your name?
See pages 104–6.
3 Apologise for being late? See pages 105–6.
4 Complain about something? See page 109.

VOCABULAIRE

FOOD AND DRINK

manger — *to eat*
boire — *to drink*
j'ai faim — *I'm hungry*
j'ai soif — *I'm thirsty*
aux raisins — *with raisins*
le beurre — *butter*
le pain — *bread*
la viande — *meat*
l'agneau (m.) — *lamb*
le canard — *the duck*
le gibier — *game*
le jambon — *ham*
le lapin — *rabbit*
le pot-au-feu — *the stew, casserole*
le homard — *the lobster*
la volaille — *poultry*
la poisson — *the fish*
le saumon — *the salmon*
la truite — *the trout*
la boisson — *the drink*
une bière pression — *a draught beer*
une orange pressée — *a freshly-squeezed orange juice*
un crème — *a white coffee*
le parfum — *the flavour (ice creams, etc.)*
le sorbet maison — *the chef's own make of sorbet*
le cassis — *blackcurrant*
le citron — *lemon*
la fraise — *strawberry*
les frites (f. pl.) — *the chips*
les pommes de terre (f. pl.) — *the potatoes*
les pommes vapeur (f. pl.) — *the boiled potatoes*
nature — *plain*

DINING OUT

le dessert — *the dessert*
le repas — *the meal*
le plat — *the dish, course*
le plat du jour — *the day's special*
le plateau-fromages — *the cheeseboard*
l'assiette (f.) — *the plate*
le couteau — *the knife*
la cuillère — *the spoon*
la fourchette — *the fork*
le verre — *the glass*
un verre de … — *a glass of …*
la carte des vins — *the wine list*
une demi-bouteille — *a half bottle*
le sel — *salt*
le poivre — *pepper*
l'addition (f.) — *the bill*
le choix — *the choice*
la table — *the table*
la tournée — *the round (of drinks)*
Qu'est-ce que tu prends? — *What would you like?*
Comment est … ? — *What is … like?*
pour moi — *for me*
au nom de — *in the name of*
réservé(e) — *reserved*
service non compris — *service not included*
choisir — *to choose*
commander — *to order*
déjeuner — *to have lunch*
dîner — *to dine*
payer — *to pay*
recommander — *to recommend*

OTHER WORDS AND PHRASES

à une heure — *at one o'clock*
la circulation — *the traffic*
Quelle circulation! — *What traffic!*
entendu — *agreed, understood, OK*
les excuses (f. pl.) — *the apologies*
la fenêtre — *the window*
léger (m.), légère (f.) — *light*
le nom — *the name*
le nom de famille — *the surname*
le prénom — *the first name*
par — *by*
prêt(e) — *ready*
le problème — *the problem*
riche — *rich*
un sondage — *a poll, survey*
sale — *dirty*
tout le monde — *everybody*
tout de suite — *straight away, immediately*
une erreur — *a mistake, an error*
vraiment — *truly, really*
discuter — *to discuss*
épeler — *to spell*
être en retard — *to be late*
être désolé(e) — *to be sorry*
expliquer — *to explain*
inviter — *to invite*
terminer/finir — *to finish*

FAISONS LE POINT!

Où en sommes-nous? *Let's see where we've got to.*

Check that you can do the following in French. You have seen all the vocabulary and grammar in the preceding three units.

1 Can you do the following? Tick

a. Ask if there are any English papers.

b. Ask how much the newspaper is, pay for it with a 20€ note, and say sorry, you haven't got any change.

c. Say that you like red wine but that you don't like white wine.

d. Say that you prefer English cheese.

e. Order a white coffee.

f. Ask what your guest wants to drink.

g. Ask for the bill.

2 Can you complete the verbs?

a. nous fin…

b. ils répond…

c. vous aim…

d. elle préf…

e. je vend…

f. tu cherch…

g. elles chois…

h. vous fin…

i. je détest…

j. nous attend…

3 Can you translate these correspondence phrases into English?

a. Auriez-vous l'obligeance d'envoyer une brochure?

b. Je vous prie d'agréer, Monsieur, mes salutations distinguées.

c. Veuillez trouver ci-joint un dépliant sur l'appartement à louer à Berville.

4 Can you describe your house? If you live in a flat or apartment, can you describe your home in detail and say something about the building?

What is on the ground floor/other floors?

How many rooms?

How many bedrooms?

Old or modern?

Garden? Garage?

Other features?

5 Likes and dislikes. Can you ask a question in two different ways, and make a negative statement?

***Exemple:* Vous + les maisons françaises**

Vous aimez les maisons françaises?

Est-ce que vous aimez les maisons françaises?

Vous n'aimez pas les maisons françaises.

a. Vous + le foie gras

b. Votre femme + la ville

c. Il + le whisky

6 Can you express what **you** want to do?

withdraw money (use **je**)

dark chocolates (use **on**)

a fast car (use **nous**)

Can you ask people what **they** want to do?

rent a flat (use **vous**)

play on the beach (use **tu**)

go to the restaurant (use **vous**)

- Telling the time
- Asking for travel information
- Buying tickets
- Comparing journeys

UNITÉ SEPT
Bon voyage!

Activité 1 A Quelle heure est-il?

Étudiez le vocabulaire et la note sur **l'heure** et **partir**.
Écoutez et lisez le dialogue.

2.1

Le matin …

Aline Vite, Georges! Il est huit heures. Le vol pour Paris part dans une heure et demie!

Georges Taxi! Nous voulons aller à l'aéroport.
Aline Il est huit heures dix, maintenant!

Aline Quelle circulation! Quelle heure est-il, Georges?
Georges Huit heures et quart.

Aline Oh non! Il est huit heures et demie!

Aline Enfin, nous arrivons à l'aéroport. Vite, quelle heure est-il, Georges?
Georges Il est neuf heures moins le quart.

Aline Il est neuf heures moins cinq. Vite, Georges, l'avion part dans trente-cinq minutes!

À vous!

Quelle heure est-il maintenant? À quelle heure est-ce que vous partez aujourd'hui?

G

l'heure (f.)	the time (of day)
Quelle heure est-il?	What time is it?
huit heures cinq	five past eight
huit heures et quart	quarter past eight
huit heures et demie	half past eight
neuf heures moins le quart	quarter to nine
dans cinquante-cinq minutes	in fifty-five minutes' time
à neuf heures	at nine o'clock
treize heures dix	13.10

partir to leave

Partir is an irregular verb.

l'avion part — the plane leaves, is leaving

see... page 133

info FRANCE

TIMES OF THE DAY

The French use the 24-hour clock for appointments and timetables, but they use the 12-hour clock extensively in everyday life. Morning, afternoon and evening are **le matin**, **l'après-midi** (m.) and **le soir**. Midday or noon is **midi** and midnight is **minuit**. Remember that there is often a time difference (**un décalage horaire**) of one hour between Britain and the continent.
To ask the time, the French will generally use the polite question: **Vous avez l'heure, s'il vous plaît?** or, more directly, **Quelle heure est-il?**

POUR ALLER À L'AÉROPORT

To get to an airport you might want to take the shuttle (**la navette**) which links the airport to the main town or city. Some Parisian airports are also linked to Paris by the **RER** (**le Réseau Express Régional**), a high-speed rail system linking the Parisian suburbs to Paris. You can also take a special coach (**un car, un autocar**) to the airport. Some ordinary town buses (**les autobus**) also serve airports. Finally there is also the taxi (**le taxi**) and the train (**le train**).

V

le matin • the morning
vite! • quick!
le vol • the flight
aller • to go
l'aéroport (m.) • the airport
le quart • the quarter
maintenant • now
enfin • finally
arriver • to arrive
l'avion (m.) • the plane
moins • (literally) less

Activité 2

Vous arrivez à la gare de Cherbourg. Quelle heure est-il? Le prochain train pour Paris part à … ? Regardez l'horloge et consultez l'horaire, parlez à votre partenaire.

EXEMPLE:

- Il est neuf heures moins dix/huit heures cinquante. Vite, le prochain train part à huit heures cinquante-cinq.

a 

b 

c 

d 

e 

Horaire Cherbourg–Paris

Cherbourg *(départ)*	0855	1426	1549	1734	2000
Paris *(arrivée)*	1112	1741	1805	2010	2317

V

- le train • the train
- l'horloge (f.) • the clock
- consulter • to look (up), to consult
- l'arrivée (f.) • the arrival
- le départ • the departure

B Demain j'ai rendez-vous avec …

Activité 3

You are going to visit Orléans, your twin town. Listen as your French contact tells you the programme for the visit over the phone and write the times in your diary.

Étudiez le vocabulaire et la note de grammaire à la page 119.
Écoutez l'enregistrement et complétez l'agenda.

Agenda — samedi 23 mai

Le matin

Arrivée à Orléans à **(a)** ______________.

Visite de la cathédrale et de la ville à **(b)** ______________.

Rendez-vous avec le directeur du syndicat d'initiative à **(c)** ______________.

L'après-midi

Présentations avec le comité de jumelage, apéritif au bar 'La Coupole' à **(d)** ______________.

(e) à ______________, déjeuner au restaurant 'La Pomme d'Or' avec le maire.

(f) De ______________ à ______________, visite des châteaux de la Loire.

Le soir

Dîner à la Mairie à **(g)** ______________.

Activité 4

Je suis très occupé(e) demain … Voici votre agenda pour demain. Expliquez à un(e) ami(e):

À neuf heures quinze …

9.15	Appointment with the Marketing Director
10.00	Visit the Chamber of Commerce
10.45	Meeting with Eric
12.30	Lunch with colleagues from London
2.00 to 5.00	Organisation of presentation with team
5.30	Buy present for Mary

Activité 5

À vous!

Écrivez votre agenda pour demain.

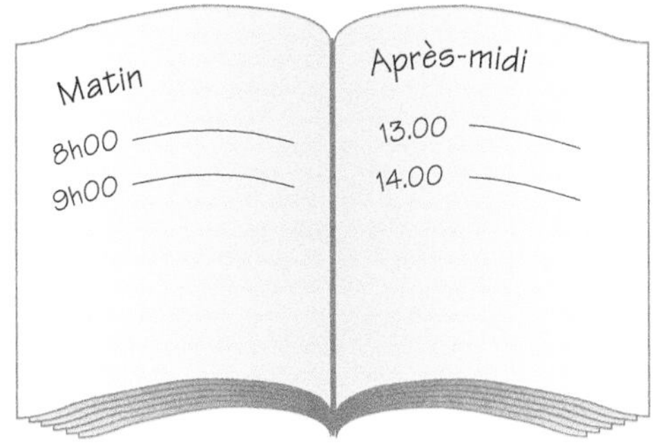

EXPRESSIONS UTILES

de … à …
J'ai rendez-vous avec …
organisation
dîner
visite de
À 9 heures, je …
de l'après-midi
du matin
acheter

V

- l'agenda (m.) • the diary
- visiter • to visit
- une visite de … • (here) a visit to …
- la cathédrale • the cathedral
- le rendez-vous • the appointment
- la présentation • the presentation
- occupé(e) • busy
- demain • tomorrow
- la réunion • the meeting
- organiser • to organise
- l'organisation (f.) • organising, the organisation

G

de 14h 30 **à** 19 heures	**from** 14.30 **to** 19.00
8 heures **du** matin	8 o'clock **in the** morning
2 heures **de** l'après-midi	2 o'clock **in the** afternoon
7 heures **du** soir	7 o'clock **in the** evening

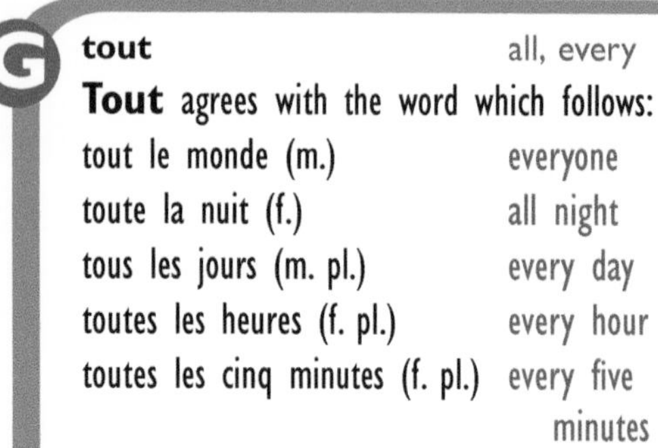

G

tout — all, every

Tout agrees with the word which follows:

tout le monde (m.)	everyone
toute la nuit (f.)	all night
tous les jours (m. pl.)	every day
toutes les heures (f. pl.)	every hour
toutes les cinq minutes (f. pl.)	every five minutes
Tous les combien?	How often?

info FRANCE

LES CHEMINS DE FER

The French railway system is controlled by the state railway company, **la SNCF** (**Société Nationale des Chemins de Fer**) and it has some 33 000 kilometres of track.

There are a number of types of train available to passengers:

- **un train omnibus**, a stopping train, stops at all stations
- **un train direct**, a through train
- **un rapide**, an express train
- **un TER** (**Train Express Régional**), a regional express train
- **le TGV** (**Train à Grande Vitesse**), a high-speed train
- **le TEE** (**Trans Europe Express**), an inter-European express.

Passengers can travel via **Eurostar** from London to Paris in under three hours and **Le Shuttle** transports car passengers through the **Euro tunnel**. It is possible to reach the French capital, Paris, from Marseilles by train in only three hours.

In many long-distance trains, you can book a bunk in a sleeping compartment. There are six **couchettes** in a second-class compartment (**un compartiment de deuxième classe**) and four in a first-class compartment (**un compartiment de première classe**).

French train timetables sometimes carry the note **'correspondance assurée'** for certain trains. **Une correspondance** is a connection, and the note means your connection is guaranteed.

C Voici l'horaire des trains

Activité 6

Étudiez le vocabulaire et la note sur **tout**. Écoutez et lisez le dialogue, et complétez l'horaire Cherbourg–Paris.

2.3

Horaire Cherbourg–Paris

Cherbourg	12.34	?	?
Caen	14.09	15.33	16.40
Paris	16.37	?	?

GARE DE CHERBOURG

14:05

trains au départ	trains à l'arrivée
↙ quais 1 à 4	quais 5 à 8 ↘

Christine Je voudrais aller à Paris. À quelle heure est-ce qu'il y a un train, s'il vous plaît?

Employé (*consulte l'horaire*) Il y a un train pour Paris à quatorze heures huit, arrivée à Paris St-Lazare dix-huit heures treize, hum … trop tard pour vous, il est quatorze heures cinq maintenant. Alors, le prochain train part à quinze heures huit et il arrive à St-Lazare à dix-neuf heures sept.

Christine Est-ce que je change à Caen?

Employé Non, c'est un direct.

Christine Et il n'y a pas de train avant quinze heures huit?

Employé Non, après quatorze heures huit il y a un train toutes les heures.

Christine Ah, autre chose, à quelle heure part le dernier train pour Caen?

Employé Le dernier est à vingt heures trente.

Christine Et le premier train, le matin?

Employé Alors, le premier train pour Caen part à quatre heures cinquante-quatre. Tenez, voici un horaire.

Activité 7

Il est vingt heures quinze. Vous êtes à Lisieux avec votre amie française. Vous voulez aller à Paris. Regardez l'horaire et répondez aux questions de votre amie.

2.4

Horaire Lisieux–Paris

Lisieux	20.14	20.20	21.16
Bernay	direct	20.39	21.39
Evreux	↓	21.08	22.08
Paris St-Lazare	22.10	22.08	23.08

V

le quai • the platform
À quelle heure? • (At) what time?
tard • late
un (train) direct • a through train
avant • before
après • after
le dernier, la dernière • the last
le premier, la première • the first
autre chose • another thing, something else
Tenez! • Here! (when handing something over)

Lisez *Les Fêtes Nationales*. Étudiez VOUS INFORMER, l'horaire ci-dessous et le vocabulaire à la page 123. Répondez aux questions.

1 What information do you get if you go to SNCF Direct?
2 Can you guess what 'season ticket' might be in French?
3 If you click on *Calendrier*, what will you find?
4 It is Sunday, you are in Paris, and you want to take the 14.57 train to Cherbourg. Any problems?
5 It is Thursday 14 August and you want to travel from Caen to Cherbourg. Can you take the 18.35?

Y	Bar
Y	Vente ambulante
🚲	voir guide train + vélo
♿	Place(s) handicapés

numéro de train		3345	3311	3315	52131	3347	3349	3349	52237	52135	52139	3317	52241
notes à consulter			*2*	*13*	*2*	*11*	*14*	*12*	*15*	*14*	*12*	*2*	*4*
		Y ♿	Y ♿	Y ♿	🚲	Y ♿	Y ♿	Y ♿	🚲	🚲	🚲	Y ♿	🚲
Paris-St-Lazare	Dep	**14.30**	14.57	16.00		16.13	16.32	16.32				17.08	
Evreux-Embranchement	Dep	**15.25**											
Bernay	Dep	**15.52**						17.48					
Lisieux	Dep	**16.11**			17.12		18.01	18.06		18.06	18.10		
Caen	Arr	**16.37**	16.42	17.45	17.40	17.57	18.25	18.29		18.35	18.36	18.55	
Caen	Dep		16.46	17.47	17.42	17.59			18.33	18.38	18.38	18.57	19.00
Bayeux	Arr		17.01	18.01	17.57	18.13			18.51	18.57	18.57	19.11	19.21
Lison	Arr		17.15	18.15	18.15	18.26			19.09	19.12	19.12	19.25	19.39
Carentan	Arr		17.26	18.25	18.26	18.36			19.20	19.23	19.23	19.36	19.50
Valognes	Arr		17.40	18.39	18.43	18.50			19.36	19.42	19.42	19.50	20.09
Cherbourg	Arr		17.56	18.58	19.00	19.08			19.53	19.58	19.58	20.09	20.25

JOURS DE CIRCULATION ET SERVICES DISPONIBLES

1. les lun sauf les 14 juil et 10 nov ; les 15 juil et 12 nov.
2. tous les jours sauf les sam, dim et fêtes.
3. les 21, 28 juin et 5 juil ; à partir du 6 sept : les sam sauf le 1er nov.
4. les sam sauf le 1er nov.
5. les sam et le 15 août- Y assuré certains jours.
6. les 28 juin, 5, 12 juil, 15 août, 25 oct et 8 nov.
7. les sam, dim et fêtes- Y assuré certains jours.
8. les sam, dim et fêtes.
9. les 28 juin, 5, 12 juil, 15 août, 25 oct et 8 nov- Y assuré certains jours.
10. jusqu'au 13 juil : les dim et le 21 juin ; à partir du 14 juil : les sam, dim et fêtes sauf les 15 août, 25 oct et 8 nov- Y assuré certains jours.
11. les sam et le 15 août.
12. les ven sauf le 15 août ; le 14 août.
13. les dim et fêtes sauf les 15 août et 1er nov.
14. les lun, mar, mer et jeu sauf les 14 juil, 14 août et 11 nov.
15. les dim et fêtes.

V

le prix réduit • reduced price
le calendrier • (gen.) calendar, (here) price range of tickets over a month
le point de vente • ticket office
la vente ambulante • the trolley (drinks, etc.)
assis(e) • seated, sitting
le vélo • the bike
la place • (here) the seat
les fêtes • public holidays
assuré(e) • (here) guaranteed
certains jours • certain days

Activité 9

Vous êtes à Bayeux. Lisez la lettre, consultez l'horaire à la page 122 et écrivez une lettre de réponse.

> Paris, le 5 juillet
>
> Chers amis,
>
> Nous avons l'intention de passer le week-end du 24 juillet à Bayeux. Nous voulons passer un moment agréable avec vous et nous voulons aussi visiter les plages du débarquement, le musée de Caen et la fameuse tapisserie de Bayeux.
>
> Est-ce que vous pouvez envoyer les heures des trains? Nous pouvons partir de Paris vers 15h le vendredi.
>
> Merci, et à bientôt!
>
> Bien à vous,
>
> André et Charlotte

info FRANCE

LES FÊTES NATIONALES

Here is a list of the public holidays (**les jours fériés**) in France.

le 1er janvier	**le Jour de l'An** *(New Year's Day)*
mars/avril	**le lundi de Pâques** *(Easter Monday)*
le 1er mai	**la Fête du Travail**
le 8 mai	**la Fête de la Libération** *(the Liberation of France, VE Day)*
mai	**l'Ascension** (f.) *(the Feast of the Ascension,* mid-May)
	la Pentecôte (*Whitsun*, end of May)
le 14 juillet	**la Fête Nationale** *(Bastille Day)*
le 15 août	**l'Assomption** (f.) *(the Feast of the Assumption,* mid-August)
le 1er novembre	**la Toussaint** *(All Saints' Day)*
le 11 novembre	**l'Armistice** (m.) *(the Armistice, Remembrance Day)*
le 25 décembre	**Noël** (m.) *(Christmas Day)*

When a holiday falls on a Tuesday or a Thursday the French often have the Monday or Friday off as well. This custom is called **faire le pont** (bridging the gap between the weekend and the national holiday).

EXPRESSIONS UTILES
vers
après
au départ de
un autre
Il y a
Il arrive à ...

D Deux allers-retours, s'il vous plaît

Activité 10

Christine voyage avec ses enfants. Étudiez le vocabulaire et la note sur **en** et **la date**. Écoutez et lisez le dialogue. Répondez aux questions.

2.5

1 Is the 15.08 running today?
2 What type of ticket does Christine want?
3 How many tickets does she want?
4 Is food available on the train? What facilities are there?
5 Does the employee know what platform the train is leaving from?
6 How can Christine check on train departures?

À la gare de Cherbourg ...

Christine Est-ce que le train de quinze heures huit pour Paris circule aujourd'hui, s'il vous plaît?

Employé Je vérifie ... nous sommes le vingt-huit juin ... oui, le train de quinze heures huit circule mais vous payez un supplément. Sinon, il y en a deux autres, un à quatorze heures huit et le suivant à seize heures quatorze.

Christine Bon, d'accord pour le quinze heures huit.

Employé Combien de billets?

Christine Trois allers-retours, s'il vous plaît. Voici ma carte familiale. Est-ce qu'il y a une voiture-restaurant?

Employé Oui, il y en a une aujourd'hui et il y a également une vente ambulante.

Christine Et il part de quel quai, ce train?

Employé Du quai trois, je crois, mais vous pouvez vérifier sur le tableau des départs.

V

voyager • to travel
le train de 15.08 • the 15.08 train
le (train) suivant • the following (train)
le billet • the ticket
l'aller-retour (m.) • the (ticket for the) return journey
également • also
le tableau des départs • the departures board/screen

AU-DELÀ DE CETTE LIMITE
VOTRE BILLET DOIT ÊTRE VALIDÉ
COMPOSTEZ-LE

G

en	of it, of them
il y en a deux	there are two (of them)
il y en a un(e)	there is one (of them)

see ... page 133

la date	the date
nous sommes le 28 juin	today is 28th June

see ... page 133

info FRANCE

TYPES OF TICKET

A single ticket is **un aller simple** and a return is **un aller-retour**. If you do not specify **première classe** you will automatically be given a second-class ticket, (**un billet de deuxième classe**).

If you will be using public transport frequently, it's more convenient (and slightly cheaper) to buy a book of tickets (**un carnet**) (for the bus or the Métro), or even a season ticket (**un abonnement**). For busy trains or the TGV you will probably have to pay a supplement (**un supplément**).

The reductions (**les réductions**) available vary from time to time, but here are a few typical examples:

- **la carte Jeune**, a railcard for young people between 12 and 28 years old
- **la carte week-end**, giving reductions for short breaks for two people
- **la carte senior+**, the railcard for people aged 60 and over.

Une billetterie is an automatic ticket machine. These are widely available and very popular. They allow you to enter the details of almost any rail journey in France. In the larger stations, automatic ticket machines let you get your own season tickets. The word **billetterie** is also used for automatic cash dispensers.

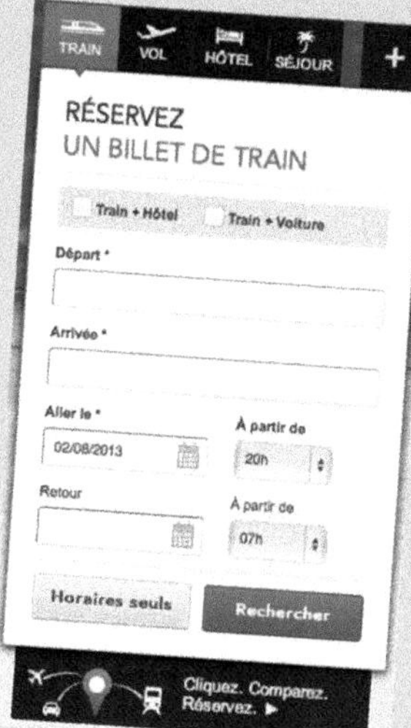

Tickets bought in the train are more expensive than tickets bought before boarding. Some reductions entitle travellers to travel only at off-peak times.

When you have bought a ticket at the ticket booth (**le guichet**) or from the ticket machine (**la billetterie automatique**), do not forget to punch the ticket to validate it (**composter**) at the yellow machines before going on to the platform (**le quai/la voie**).

Technically, **le quai** means the platform and **la voie** refers to the railtrack itself. Both terms are commonly used to designate the station platform. **Voie** is more common in larger stations. A typical station announcement is **Écartez-vous de la bordure du quai, le train à destination de Paris va entrer en gare** (*Move away from the edge of the platform, the train from Paris is arriving at the station*).

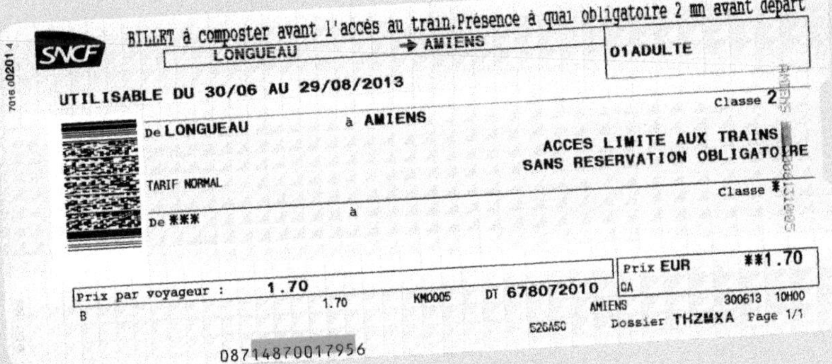

Activité 11

Cochez la phrase correcte.

1 Is the 15.08 train running today?
- ☐ a) Est-ce que le train de quinze heures huit circule aujourd'hui?
- ☐ b) Le train de quinze heures huit circule aujourd'hui.
- ☐ c) Le train de quinze heures huit circule demain?

2 It's the 4th today.
- ☐ a) Nous sommes quatre aujourd'hui.
- ☐ b) Nous sommes le quatre aujourd'hui.
- ☐ c) Est-ce que nous sommes le quatre?

3 I want two return tickets.
- ☐ a) Je veux deux allers simples.
- ☐ b) Je veux deux allers-retours.
- ☐ c) Tu veux deux allers-retours.

4 Does the train leave from platform 9?
- ☐ a) Est-ce que le train part du quai neuf?
- ☐ b) Le train ne part pas du quai neuf.
- ☐ c) Le train part du quai dix-neuf.

Activité 12

Vous achetez votre billet à la gare de Bernay pour aller à Caen. Écoutez l'enregistrement et répondez.

Activité 13

Travaillez avec un(e) partenaire, ou en groupes de trois.

À la gare de Caen, il est onze heures du matin. Partenaire A, vous renseignez les voyageurs. Tournez à la page 122 et regardez l'horaire Paris–Cherbourg.

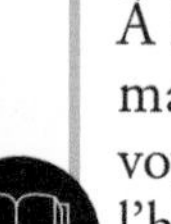

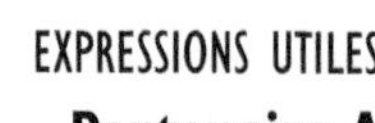

EXPRESSIONS UTILES

Partenaire A

Vous désirez?
Je vérifie
Le train part à ...
le premier/dernier train pour ...
avant/après
le prochain/le suivant
il circule
Combien de billets?
un supplément
Il y a/Il n'y a pas de ...

Partenaire(s) B (et C), vous êtes les voyageurs. Voici vos notes.

Ticket	Traveller	Destination	Notes
single		BAYEUX	Wants to get there before 6 p.m.
return		CHERBOURG	Wants to be in Cherbourg before 8 p.m.
return		VALOGNES	Want to visit friends in Valognes. What's the earliest train they can catch after 2 p.m.?
return		CARENTAN	Travelling in the afternoon. Wants drinks and sandwiches.
single		CHERBOURG	Wants a direct train with a restaurant.

EXPRESSIONS UTILES

Partenaire(s) B, C

Je voudrais aller à ...
Je veux aller à ...
le premier/dernier train pour ...
le prochain, le suivant
une vente ambulante
J'ai ma carte ... (e.g. escapades)
avant/après
aller simple, aller-retour

E C'est quel quai, s'il vous plaît?

Activité 14

Étudiez le vocabulaire. Écoutez les annonces et complétez le tableau.

Lisieux 16:10

	PROVENANCE	DESTINATION	HEURE	QUAI
ARRIVÉES	?	?	?	?
	?	LISIEUX	?	?
DÉPARTS	LISIEUX	?	?	?

Activité 15

Le train part de ce quai-ci? Étudiez le vocabulaire et la note sur **aller** et **une quinzaine**. Écoutez le dialogue et répondez aux questions.

1. When will the train for Paris arrive?
2. Why does the person going to Carentan have to hurry up? Which platform will the train go from?
3. What does the last traveller want to know?

Voyageur (1)	Je vais à Paris. Le train part de ce quai-ci?
Employé	Oui, mais il est en retard, il arrive dans une quinzaine de minutes.
Voyageur (2)	Pardon, c'est quel quai pour le train pour Carentan?
Employé	Du quai un, monsieur. Dépêchez-vous, il part dans trois minutes!
Voyageur (3)	Est-ce qu'il y a un chariot pour mes bagages?
Employé	Oui, regardez, les chariots sont là-bas.

V

- en provenance de • from, coming from
- à destination de • going to
- circule avec 15 minutes de retard • is running 15 minutes late
- la fermeture • the closing
- la porte • the door
- descendre • (here) to get off, alight
- le voyageur • the traveller
- dépêchez-vous • hurry up
- le chariot • the trolley

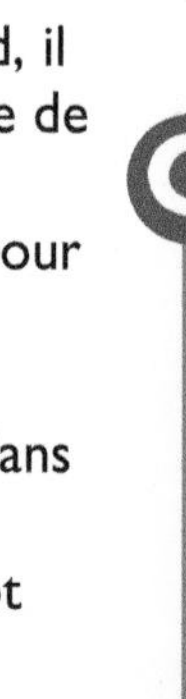

G

aller — to go

Aller is an irregular verb.

Je vais à … — I am going to … (a place)

see … page 134

une quinzaine — about fifteen

The ending **-aine**, added to certain numbers, means *about, roughly*:

une douzaine — about twelve, a dozen

see … page 134

F Combien de temps dure le vol?

Activité 16

Étudiez le vocabulaire. Vous traduisez pour votre ami(e) anglais(e) dans une agence de voyages.

Votre ami(e) I would like to go to Nice by plane.
Vous ...
Employé Oui, au départ d'Orly alors; il y a deux vols par jour.
Vous ...

Votre ami(e) How long does the flight last?
Vous ...
Employé Environ cinquante-cinq minutes.
Vous ...
Votre ami(e) How much does the ticket cost?
Vous ...
Employé Deux cent soixante euros en classe économique et trois cent cinquante en classe affaires.
Vous ...
Votre ami(e) Economy class, please.
Vous

V

durer • to last
le temps • time
Combien de temps dure le vol? • How long does the flight last?
environ • approximately, about
en classe économique • in economy class
en classe affaires • in business class
par avion • by plane
par jour • per day, daily

EXPRESSIONS UTILES
Je voudrais aller à ...
Combien de temps dure le vol?
Combien fait le billet?
Il part de ...
Quel aéroport?
Le vol dure ...
Ça fait ... euros

Activité 17

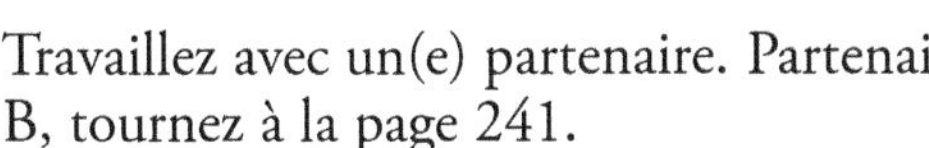

Travaillez avec un(e) partenaire. Partenaire B, tournez à la page 241.

Partenaire A. Vous êtes à une agence de voyages à Paris. Demandez des renseignements pour compléter le tableau.

Départ	Destination	Durée de voyage	tarif
Paris – Orly	Toulouse	1h 10	?
Paris – Orly	Marseille	?	150 €
Paris – Orly	Bordeaux	?	155 €
Paris – Charles de Gaulle	New York	5h	?
Paris – Charles de Gaulle	Londres	?	?
Paris – Charles de Gaulle	Edimbourg	1h 15	250 €

Maintenant, donnez des renseignements à votre partenaire, un(e) collègue français(e).

G C'est la meilleure formule

Activité 18

Étudiez le vocabulaire et la note sur **Comparing**.

Lisez les préférences des trois voyageurs et prenez des notes. (Difficile? Regardez les notes aux pages 134–5.)

Which is the best package for each type of traveller? Read the captions and, for each one, note down:

1 means of transport
2 financial reasons
3 comparative length of journey
4 comfort/convenience

G Comparing

C'est **plus** cher **que** …	It's more expensive than …
C'est **beaucoup plus** cher **que** …	It's much more expensive than …
C'est **moins** confortable **que** …	It's less comfortable than …
C'est **aussi** cher **que** …	It's as expensive as …
C'est le moyen le **plus** rapide	It's the fastest means
An irregular example:	
meilleur que	better than
la meilleure formule	the best package/ option

see … pages 134–5

La famille Dessau

'Nous préférons la voiture. Nous sommes quatre et pour une famille c'est beaucoup plus économique et plus commode que par le train. Ma femme et mon fils ont le mal de mer, alors nous prenons le tunnel; c'est plus cher que par le ferry mais c'est beaucoup plus rapide!'

Francine LaGorce

'Personnellement, je vais toujours en Angleterre par autocar et ferry; le tarif est plus intéressant. Bien sûr le voyage est beaucoup plus long que par Eurostar. Mais pour les jeunes c'est la meilleure formule, nous n'avons pas d'argent mais nous avons le temps!'

Serge Gallet

'Pour moi, c'est toujours l'avion. Je suis un homme d'affaires, je vais à Londres tous les mois. C'est le moyen le plus confortable et le plus rapide et pour moi, le prix n'est pas important. Les conditions de voyage sont meilleures que par le train ou la voiture et Eurostar est presque aussi cher que l'avion.'

Cinq formules pour aller de Paris à Londres …

Paris–Londres

(aller-retour)	Tarifs
Eurostar **2 h 17** (dont 1 h 40 de train)	Standard (2ème classe) à partir de 88 € Standard Premier (1ère classe) à partir de 220 € Business Premier (1ère classe) à partir de 620 €
Avion **1 h 10** (dont 45 de vol)	Classe Éco 223 € Classe Affaires 487 €
Train classique + ferry **11 h**	à partir de 160 €
Autocar + ferry **11 h** **Autocar + tunnel** **8 h**	à partir de 84 € à partir de 82 €
Voiture + ferry **6 h 30** **Voiture + tunnel** **5 h**	à partir de 94 € à partir de 96 € rajouter 70 € (péage et carburant) au prix de la traversée de la Manche

V

la formule • the option, the package
économique • (here) cheap
commode • convenient, practical
le mal de mer • sea sickness
le tunnel • the tunnel
intéressant(e) • (here) advantageous, worthwhile
long (m.), longue (f.) • long
les jeunes (m. pl.) • young people
toujours • (here) always
un homme d'affaires • a businessman
tous les mois (m. pl.) • every month
le moyen • (here) the means, the method
presque • almost, nearly
plein(e) • full
dont • of which
la concurrence • the competition
le péage • the toll
le carburant • the fuel
rajouter • to add on
la traversée • the crossing
la Manche • the English Channel

Activité 19

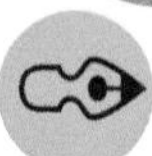

Quelle formule pour quels voyageurs?
Vous êtes employé(e) à l'agence de voyages. Regardez **Cinq formules pour aller de Paris à Londres** à la page 131. Vous suggérez la meilleure formule pour les voyageurs.

EXPRESSIONS UTILES
Pour vous ...
C'est plus ...
C'est moins ...
C'est le plus ...
beaucoup plus ... que ...
Je recommande

Je suis toujours pressée. Quel est le moyen le plus rapide pour aller de Paris à Londres? Et quel est le meilleur prix pour cette formule?

Nous adorons voyager mais nous aimons voyager dans le confort. Nous aimons beaucoup la traversée de la Manche, et nous avons le temps!

Et vous! Quel moyen préférez-vous pour voyager?

Grammaire

Partir

Partir is an irregular ***-ir*** verb. Here are all its forms in the present tense:

partir *to leave*			
Singular		**Plural**	
je **pars**	*I leave*	nous **partons**	*we leave*
tu **pars**	*you leave (familiar)*	vous **partez**	*you leave (plural or polite singular)*
il / elle / on **part**	*he, it / she, it / one* } *leaves*	ils / elles **partent**	*they leave*

Il y en a deux

When **en** appears in this typical French structure, it usually means *of it*, or *of them* in English. It is positioned immediately in front of the main verb.

J'en ai trois.	*I have three (of them).*
Elle en vend beaucoup.	*She sells a lot (of it/of them).*

En appears in questions too:

Combien en voulez-vous? / Combien est-ce que vous en voulez?	*How many (of them) do you want?*
Combien est-ce qu'il y en a?	*How many are there (of them)?*

Liaison: when **en** follows a word ending in **s**, this **s** is pronounced as **z**.

Vous‿en voulez, elles‿en ont.

La date

To ask the date, you can say simply, **Quelle est la date?** or, **Nous sommes le combien?** The answer might be **Nous sommes le 6 juin.**

Note that from the 2nd of the month, simple cardinal numbers are used:

le deux mai	*the second of May*
le vingt et un août	*the twenty-first of August*

But for the 1st, use **le premier**:

le premier mars	*the first of March*

Aller

Here is the present tense of the irregular verb **aller**, which is used very frequently.

aller *to go*			
Singular		**Plural**	
je **vais**	*I go*	nous **allons**	*we go*
tu **vas**	*you go (familiar)*	vous **allez**	*you go (plural or polite singular)*
il / elle / on **va**	*he, it / she, it / one goes*	ils / elles **vont**	*they go*

Une quinzaine

The ending **-aine**, added to certain numbers, means *about.* Note how in **douzaine** the **e** of the number is removed before the ending is added:

une douzaine	*about twelve, a dozen*
une vingtaine de kilomètres	*about twenty kilometres*
une dizaine	*about ten*

In some cases the expression has a particular meaning:

une quinzaine	*a fortnight*
une huitaine	*about a week*

Comparatives and superlatives

The expressions **plus … que**, **moins … que** and **aussi … que** are used with adjectives when you want to make comparisons:

plus cher que	*more expensive than*
moins confortable que	*less comfortable than*
aussi rapide que	*as fast as*

Que can be omitted when the comparison is understood:

C'est plus cher. — *It's more expensive.*

You can compare two nouns:

Le train est plus cher que **l'autocar.**

or two verbs:

Voyager par train est moins commode que **prendre** la voiture.

and put a sentence into the negative:

Le train **n'**est **pas plus** cher **que** l'autocar.	*The train is no(t) more expensive than the coach.*
Le train **n'**est **pas aussi** cher **que** l'avion.	*The train is not as expensive as the plane.*

When **beaucoup** is used with comparatives, it means *much* or *a lot*:

C'est beaucoup plus grand. *It's much bigger./It's a lot bigger.*

All these are comparative phrases.

Expressions such as *the most convenient flight* and *the least expensive package* are superlative phrases:

C'est le vol **le plus** commode.
C'est la formule **la moins** chère.

Notice how the article (**le**, **la**, **les**) is repeated:

les vélos **les** plus rapides *the fastest bikes*

In French, as in English, there are some irregular adjectives:

bon → meilleur → le meilleur
good → *better* → *the best*

Like other adjectives, **bon** and **meilleur** agree with the noun following:

	m. sing.	f. sing.	m. pl.	f. pl.
	bon *good*	bonne *good*	bons *good*	bonnes *good*
Comparatives	meilleur *better*	meilleure *better*	meilleurs *better*	meilleures *better*
Superlatives	le meilleur *the best*	la meilleure *the best*	les meilleurs *the best*	les meilleures *the best*

You will remember that **bon** is one of the few adjectives that is placed before the noun: **un bon film**. When it is in the superlative, **meilleur** also comes before the noun: **C'est le meilleur film**. *It's the best film.*

EN PRATIQUE

1 Following the example, say or write these times:
e.g. Il est quatorze heures trente.
a) It is 07.39.
b) It is 16.30.
c) It is 19.12.
d) It is 13.09.
e) It is 23.54.
f) It is 05.23.

2 Answer these questions with the suggested words:
e.g. Combien de paquets est-ce que vous voulez? (*Two.*) → **J'en veux deux.**
a) Combien de billets voulez-vous? (*Three.*)
b) Combien de salles est-ce que vous louez? (*Four.*)
c) Combien de places est-ce qu'il y a dans l'autocar? (*Fifty-six.*)
d) Vous prenez combien de trains? (*Two.*)
e) Combien de trains par heure est-ce qu'il y a? (*Six.*)
f) Combien de sandwichs est-ce que vous voulez? (*Five.*)

3 Match the correct parts of these sentences:

1) Tu	**a)** pars demain.
2) Nous	**b)** partez dans une quinzaine.
3) Ils	**c)** vas à la gare.
4) Je	**d)** part en retard.
5) Il	**e)** vont toujours à Edimbourg.
6) Vous	**f)** allons au restaurant.

4 Use the adjective in brackets with **plus … que** or **moins … que** to make comparisons. Modify the adjective, if necessary, to agree with the noun.
e.g. Renault Clio / Porsche. (cher) **Une Porsche est plus chère qu'une Clio.**

a) Hôtel trois étoiles / hôtel une étoile. (confortable)	**Un hôtel une étoile …**
b) Voyager par TGV / prendre l'autocar. (rapide)	**Prendre l'autocar …**
c) L'été en Provence / l'été en Écosse. (chaud)	**L'été en Écosse …**
d) Les Françaises / les Anglaises. (élégantes)	**Les Françaises …**
e) Paris / Londres. (grand)	**Londres …**

5 Comparatives and superlatives: translate the English sentences into French using the words provided.

a) *It's the most expensive restaurant.*
le / le / restaurant / plus / c'est / cher

b) *The red bermuda shorts are bigger than the yellow ones.*
rouge / bermuda / grand / plus / est / le / jaune / le / que

c) *You are choosing the most expensive package.*
la / choisissez / formule / vous / plus / chère / la

d) *This crossing is shorter than the other.*
est / traversée / cette / l'autre / longue / moins / que

e) *Travelling by plane is the fastest.*
par / voyager / est / le / avion / rapide / plus

f) *It's the cheapest hotel.*
l'hôtel / le / cher / c'est / moins

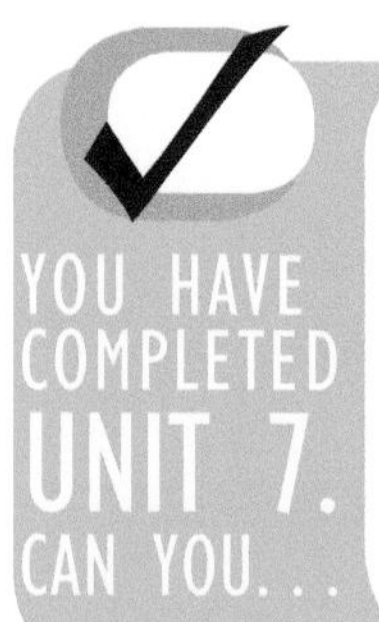

YOU HAVE COMPLETED UNIT 7. CAN YOU…

1 Tell the time (12-hour clock)? See pages 116–18.

2 Read out train times from a timetable? See pages 121–2.

3 Buy a ticket and ask about arrivals and departures of trains? See pages 124–7.

4 Compare the price/length of journey/degree of comfort of two different means of transport? See pages 129–32.

VOCABULAIRE

TIME OF DAY

Vous avez l'heure, s'il vous plaît?	*Do you have the time?*
Quelle heure est-il?	*What time is it?*
à quelle heure?	*at what time?*
le matin	*the morning*
l'après-midi (m.)	*the afternoon*
le soir	*the evening*
midi	*midday, noon*
minuit	*midnight*
tard	*late*
dans cinq minutes	*in five minutes*

ARRANGING TRAVEL

aller	*to go*
je vais à (+ place)	*I am going to …* (place)
voyager	*to travel*
le voyageur	*the traveller*
l'agence (f.) de voyages	*the travel agency*
renseigner	*to give information*
l'agenda (m.)	*the diary, the programme*
circuler	*to run, circulate*
consulter	*to consult*
à partir de (+ date/prix)	*from* (+ date/price)
de … à …	*from … to …* (place)
du … au …	*from … to …* (date)
l'aéroport (m.)	*the airport*
l'avion (m.)	*the plane*
par avion	*by plane*
le vol	*the flight*
le (train) direct	*the through train*
le (train) suivant	*the following (train)*
la place	(here) *the seat*
la vente ambulante	*the refreshments trolley*
la voiture	(in trains) *the carriage*
la voiture-lits	*the sleeping car*
le vélo	*the bike*
en classe affaires	*in business class*
en classe économique	*in economy class*
le billet	*the ticket*
un aller simple	*a single ticket*
un aller-retour	*a return journey/ticket*
le supplément	*the supplement*
la correspondance	*the connection*

AT THE STATION

arriver	*to arrive*
partir	*to depart, leave*
l'arrivée (f.)	*the arrival*
le départ	*the departure*
descendre	(here) *to get off, to alight*
à destination de	*going to*
le quai	*the platform*
de quel quai?	*from which platform?*
en provenance de	*from (coming from)*
le chariot	*the trolley*
le tableau des départs	*the departures board/screen*
le train de 15 h	*the 3 p.m. train*
le guichet	*the ticket booth*
composter	*to validate, stamp*

OTHER USEFUL WORDS

après	*after*
avant	*before*
assis(e)	*seated, sitting*
autre chose	*another thing, something else*
bien à vous	*best wishes*
commode	*convenient, practical*
demain	*tomorrow*
dépêchez-vous	*hurry up*
le premier, la première	*the first*
le dernier, la dernière	*the last*
durer	*to last*
également	*also*
en retard	*late*
enfin	*at last*
environ	*approximately, about*
la fête	*the public holiday, bank holiday*
l'horloge (f.)	*the clock*
il y en a deux	*there are two of them*
long (m.), longue (f.)	*long*
maintenant	*now*
la Manche	*the English Channel*
occupé(e)	*busy, engaged, taken*
organiser	*to organise*
Pâques	*Easter*
la Pentecôte	*Whitsun*
Noël	*Christmas*
la porte	*the door*
presque	*almost, nearly*
le rendez-vous	*the appointment*
la réunion	*the meeting*
Tenez!	*Here (you are)!*
toujours	*always, still*
une quinzaine	*about fifteen, a fortnight*
vers	*at about*
visiter	*to visit*
vite	*quick*

- Making forward arrangements
- Telephoning
- Booking into a hotel
- Finding the best hotel deal
- Bed & Breakfast, and camping

UNITÉ HUIT
À l'hôtel

A Nous voulons deux chambres doubles

Activité 1

Étudiez le vocabulaire et la note sur **faire**. Écoutez et lisez le dialogue et complétez la fiche de réservation.

Paul	Nous sommes quatre, nous voulons deux chambres doubles.
Propriétaire	Pour combien de nuits, monsieur?
Paul	Deux nuits, jusqu'à dimanche matin.
Propriétaire	Désolée, monsieur, nous sommes presque complets. Nous avons seulement une grande chambre familiale.
Paul	La chambre familiale fait combien, s'il vous plaît?
Propriétaire	Elle est moins chère que deux chambres doubles: cent trois euros.
Paul	Qu'est-ce qu'on fait, Sylvie, on prend la chambre familiale?
Sylvie	Oui, d'accord pour la chambre familiale!
Propriétaire	C'est à quel nom?
Paul	Rachid, R.A.C.H.I.D.
Propriétaire	Alors, c'est la chambre cent quatre-vingt-deux, au premier étage. Voici la clé.

Nombre de nuits ....

Type de chambre réservée ....

Nombre de chambres ....

Numéro(s) de la (des) chambre(s) ....

Nom du client ....

....

Prix de la (des) chambre(s) ....

V

- la fiche (de réservation/d'accueil) • (here) the booking form
- la chambre double • the double room
- la chambre familiale • the family room
- la chambre simple • the single room
- complet • full, fully booked
- la clé, la clef • the key
- la douche • the shower
- la salle de bains • the bathroom
- le grand lit / le lit deux places • the double bed
- le lit jumeau • the twin bed
- le lit une place / le lit une personne • the single bed

Activité 2

Travaillez avec un(e) partenaire. Partenaire A, vous êtes les différent(e)s client(e)s. Partenaire B, vous êtes réceptionniste à l'hôtel. Tournez à la page 241.

Partenaire A

1 Vous êtes:
a) une femme d'affaires
b) deux représentants

Faites des réservations.

EXPRESSIONS UTILES
Nous sommes ...
Je suis seul(e)
Je voudrais ...
Nous voulons .../
On veut ...
Elle fait combien?
Elles font combien?
d'accord
On prend ...

2 Maintenant vous êtes réceptionniste à l'hôtel. Regardez la fiche et répondez à votre partenaire.

Chambres simples avec douche	**Chambres familiales avec bains**	**Chambres doubles (lits jumeaux) avec bains**	**Chambres doubles (grand lit) avec bains**
Chambres libres: n° 162, 173, 260	Chambres toutes réservées	Chambres libres: n° 172, 235, 247	Chambres libres: n° 189, 221
88 €	130 €	110 €	105 €
petit déjeuner compris	*petit déjeuner compris*	*petit déjeuner compris*	*petit déjeuner compris*

EXPRESSIONS UTILES
Vous êtes combien?
Pour combien de nuits?
Nous avons ...
Le prix est de ...
C'est la chambre numéro ...
Désolé(e)

G **Faire** is an irregular verb, which usually means *to do* or *to make*. It is also used in many idiomatic expressions.

Qu'est-ce qu'on fait?	What shall we do?
Faites les réservations.	Make the reservations.
Elles font combien?	How much are they?

see ... page 156

info FRANCE

L'HÔTEL

French hotels are generally reasonably priced. You often pay for the room and not per person. You can ask for an extra bed (**un lit supplémentaire**) to be put in a room for a small extra sum (**un supplément**). Full board is **la pension complète** and half board is **la demi-pension**. It can often be worthwhile taking the **demi-pension** rate as it will include a full evening meal for quite a small extra amount. As in many other countries, many small hotels in tourist areas close during low season (**la basse saison**). Some hotels may offer a special all-in price (**un forfait**) to those who take half board.

Where there is a private hotel car park (**un parking privé**) or garage (**un garage**), the hotel is usually legally liable for your vehicle and contents while it is parked there and will often charge you for using it. Generally, the hotel is liable for personal property stolen while left inside the building and may encourage you to use its safe (**le coffre-fort**) for valuable items. You may be asked to pay a small advance (**verser des arrhes**) to secure a booking and to pay a security deposit (**verser une caution**) if you hire equipment such as a mountain bike (**un VTT: vélo tout terrain**).

You can expect modern hotels to offer rooms with a shower (**la douche**) and possibly a bathroom (**une salle de bains** which has a bath, **la baignoire**). If the room has **une salle d'eau**, this will mean a shower and a washbasin. In all rooms, there will at least be a washbasin (**un lavabo**) but in smaller, older hotels you may find that the toilet (**le WC**) is along the corridor (**au bout du couloir**) or on the same floor (**au même étage**). Modern hotel rooms now have colour television (**TV en couleur**) and direct-dial telephone (**le téléphone direct**).

Many small hotels have a function room (**une salle de réception**) which may also be called the seminar room (**la salle de séminaires**). Larger hotels may have a well-equipped conference room (**la salle de conférences**). Most hotels now have Internet access (**wi-fi**) in the rooms and lounges, and offer computer facilities for residents. It is often free of charge but sometimes residents need a code (**un code d'accès**) and have to pay a fee.

B C'est l'hôtel le plus luxueux

Activité 3

Étudiez le vocabulaire. Écoutez le dialogue et répondez aux questions.

1 Does Gérard get through to the right person straight away?
2 What does he want information about?
3 At what period of the year does he intend to go on holiday?
4 How does the Hôtel des Gorges compare with the others?
5 What is the range of prices for two-star hotels?

V

- **Ne quittez pas** • Please hold
- **Je vous passe …** • I'll put you through to …
- **la période** • the period
- **la saison** • the season
- **haut(e)** • high
- **bas(se)** • low
- **luxueux (m.), luxueuse (f.)** • luxurious
- **plusieurs** • several
- **Ils vont de … à …** • (here) They range from … to …

Activité 4

Vous travaillez à l'Office de Tourisme. Voici les questions les plus fréquentes des touristes. Regardez les informations sur les hôtels et répondez. Vous pouvez écrire vos réponses.

1 Quel est le prix de la chambre dans l'hôtel trois étoiles en tarif maxi?
2 Dans un hôtel deux étoiles, en tarif de basse saison, est-ce que la pension complète est beaucoup plus chère que la demi-pension?
3 En tarif de haute saison je voudrais le prix de la chambre la moins chère dans un hôtel deux étoiles.
4 En basse saison, est-ce qu'une chambre en hôtel trois étoiles est beaucoup plus chère qu'une chambre dans un hôtel deux étoiles? (Basse saison = tarif mini; haute saison = tarif maxi.)

info FRANCE

LA CLASSIFICATION DES HÔTELS

Un nouveau classement est entré en vigueur en 2012:
★ 1 étoile: 6 chambres minimum, accueil garanti au minimum 8 h par jour. Le hall de réception et les salons ont une surface minimale de 20 m² et les chambres doubles 9 m². Les sanitaires sont privés ou communs.
★★ 2 étoiles: accueil garanti au minimum 10 h par jour. Le personnel parle une langue européenne.
Le hall de réception et les salons ont une surface minimale de 30 m².
★★★ 3 étoiles: adapté à une clientèle internationale. Accès internet dans les espaces communs. Service boissons. Les chambres doubles ont une surface minimale de 13,5 m², sanitaires compris. Les espaces de vie sont plus spacieux (50 m²).
★★★★ 4 étoiles: les chambres doubles font au moins 16 m². Elles sont équipées d'un bureau, de l'internet, de chaînes TV internationales et de la climatisation. Pour les hôtels de plus de 30 chambres le personnel de réception est présent 24 h sur 24 et parle au moins une langue européenne.
★★★★★ 5 étoiles: les espaces de vie ont une surface minimale de 90 m². Les chambres doubles font au minimum 24 m² et leur décoration est personnalisée. Le personnel parle deux langues étrangères, dont l'anglais.
Ce classement valorise:
l'accueil des personnes handicapées, les pratiques environnementales, les équipements multimédia, les langues étrangères et les surfaces spacieuses.

Hôtels de Tourisme

	Cat.	Nbre ch.	Pension complète pp mini/maxi	Demi-pension pp mini/maxi	Chambre mini/maxi
Hôtel des Gorges	★★★	38	102 127	82 106	102 156
Auberge du Bonhomme	★★	19	78 89	64 75	75 85
Les Clarines	★★	22	75 83	70 79	74 82
Hôtel du Lac	★★	21	80 88	75 89	73 86

Activité 5

Travaillez avec un(e) partenaire. Partenaire B, vous êtes Michèle (à l'Office de Tourisme); tournez à la page 242. Partenaire A, vous êtes Gérard. Vous voulez des renseignements sur les hôtels une étoile. Regardez vos notes et posez des questions.

Price of a room with half board in July (high season)

Is there a garage (at the hotel)?

Are credit cards accepted?

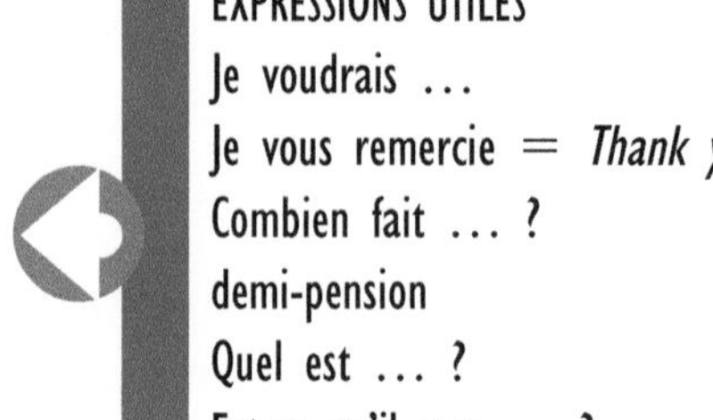

EXPRESSIONS UTILES
Je voudrais ...
Je vous remercie = *Thank you*
Combien fait ... ?
demi-pension
Quel est ... ?
Est-ce qu'il y a ... ?

Activité 6

Lisez les détails de l'hôtel Le Curie et répondez aux questions.

1 What are the two attractive features of the rooms at Le Curie?
2 What are the facilities offered with each room?
3 Do you have to worry about your car?
4 What does the Le Curie offer to business residents?
5 If you choose a self-catering holiday, what facilities will be provided?

CHAMBRES:
33 chambres insonorisées, et personnalisées, équipées chacune d'une kitchenette complète (formule Résidence), d'une T.V. couleur (avec chaînes internationales), d'un lecteur DVD et d'un téléphone direct.

SERVICES:
- Salle de petit déjeuner et salon de thé avec air conditionné.
- Parking privatif et garage.
  Bagagerie et messagerie.
- Photocopies, espace wi-fi et télécopie.
  Ménage à la carte et kit-linge (formule Résidence).

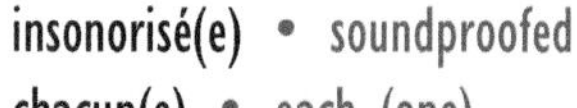

insonorisé(e) • soundproofed
chacun(e) • each (one)
le lecteur DVD • the DVD player
le parking privatif • private parking
la bagagerie • luggage store
la messagerie • message service
le ménage • (here) cleaning
l'air conditionné (m.) • air conditioning
le linge • the household linen
la chaîne • the channel (TV)

C Est-ce que vous avez des chambres libres?

Activité 7

Travaillez avec un(e) partenaire.

Partenaire B, vous êtes des clients français: tournez à la page 242.

Partenaire A, vous êtes à la réception de l'Hôtel Leclerc. Étudiez le tableau et répondez en français:

- Confirm that there are rooms available.
- Explain which ones are available (see table below).
- Ask whether the customer wants an evening meal. And breakfast? At what time?

EXPRESSIONS UTILES
Pour combien de nuits?
Est-ce que vous pouvez épeler votre nom?
à votre service
calme
la place
salle de bains/douche
le repas du soir
le petit déjeuner
Est-ce que vous désirez ... ?
à quelle heure?

La chambre ...
... donne sur la rue
... est au-dessus de la brasserie
... est au premier étage
... est au deuxième étage

Room description	Location	Price
single room and bath	1st floor, opens onto garden; quiet.	58 €
double room, large bed and bath	1st floor, above the garage; quiet.	75 €
double room, large bed and bath	1st floor, above the café, opens onto the square.	70 €
double room, twin beds and shower	2nd floor, opens onto rue du Général Leclerc; quiet street, no problem.	77 €

info FRANCE

LES CHAMBRES D'HÔTES

More and more people are offering bed and breakfast accommodation in France, especially in the country. You will see the sign **Chambres d'Hôtes** or **Chambres à la Ferme** (*farm bed and breakfast*). On arrival you may be asked to give some personal details for a reservation form (**une fiche d'accueil**). It is usually possible to arrange to have half board (**demi-pension**): a room with breakfast and an evening meal (**le repas du soir**). In some types of overnight accommodation, you may eat with the owner and the family.

In addition to the **chambres d'hôtes** and the **chambres à la ferme**, some farms have become **fermes auberges** offering traditional meals, often using the products of the farm itself. In the country, overnight accommodation may be offered in a local farmhouse (**une maison de ferme**), in a building on a farm (**une exploitation agricole**) or in the middle of the village (**au cœur du village**). It may even be possible to stay at a vineyard (**une exploitation viticole**). Accommodation is sometimes in a restored building (**un bâtiment restauré**): a former windmill, stable or farmhouse (**une ancienne ferme**). In old, restored buildings, bedrooms may be large enough to sleep four people (**accueil quatre personnes**).

Some proprietors offer separate toilet or bathroom facilities (**WC privé, salle de bains privée**) but in many cases you may have to share a bathroom and toilet (**salle de bains sur le palier** = *bathroom on the landing*). You may also have the use of a kitchen (**cuisine à disposition**).

There are also the **Gîtes d'Étape** which offer simple overnight accommodation for hikers and ramblers. Many **gîtes** offer special package deals for short stays: for example, the **formule week-ends détente** (Friday evening to Sunday evening). In package deals like these, basic groceries, heating and linen are often included in the price.

Here are two useful websites:
www.likhom.com
www.bonadresse.com

info FRANCE

LES CAMPINGS

There are roughly 11,000 managed campsites (**campings aménagés**) in France. Most towns in attractive areas have their own **camping municipal**. Indeed, many villages have their own **camping communal** as well as a village-owned lake for fishing (**l'étang communal**).

There is a national star system for campsites: one-star sites have a maximum of 100 pitches (**les emplacements**) per hectare (approx. 2 acres) and offer basic facilities. The top of the range, five-star campsites are required to offer a maximum of 70 pitches per hectare, staff that can speak three foreign languages, and a high level of facilities including wi-fi and heated shower rooms.

Le camping libre (camping away from managed sites) is subject to the agreement of the proprietor of the land, but is normally forbidden near roads, on the edge of the sea, or within 500 metres of an historical monument. Many of the large, state-owned forests (**les forêts domaniales**) have designated camp sites with an emphasis on sustainable development (**le développement durable**) and access for disabled people (**personnes à mobilité réduite**).

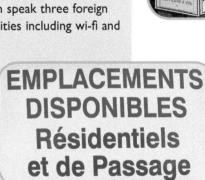

EMPLACEMENTS DISPONIBLES
Résidentiels et de Passage

Camping l'Espérance

Relax!

ACCUEIL
REPOS
LOISIRS

NOTRE SITUATION GÉOGRAPHIQUE

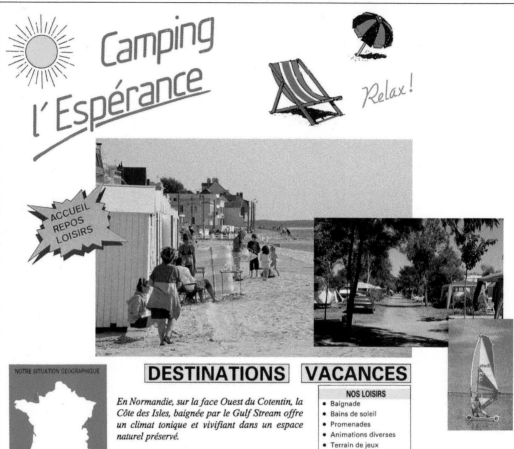

DESTINATIONS VACANCES

En Normandie, sur la face Ouest du Cotentin, la Côte des Isles, baignée par le Gulf Stream offre un climat tonique et vivifiant dans un espace naturel préservé.

NOS LOISIRS

- Baignade
- Bains de soleil
- Promenades
- Animations diverses
- Terrain de jeux
- Boulodrome
- Tennis

NOS COMMODITES

- Branchement électrique
- Sanitaire tout confort (eau chaude, douche, lavabo, évier, W.C.)
- Tous services sur place
- Nombreux loisirs
- Téléphone public
- Service courrier
- Parking

LES LOCATIONS

- Caravanes
- Mobil-homes

Grande-Bretagne
Cherbourg
Guernesey
Valognes
Sercq
BARNEVILLE CARTERET
DENNEVILLE-PLAGE
Carentan
Jersey

02 33 07 12 71

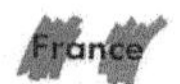

Nom ....

Adresse ....

....

Code postal .... Tél. ....

Désire recevoir :

☐ Une documentation complémentaire
☐ Un tarif réservation
☐ Un tarif location

Activité 8

Étudiez le vocabulaire et la publicité du Camping l'Espérance. Qu'est-ce qu'il y a au camping? Répondez aux questions en anglais.

1 Why is the Côte des Isles ideal for holidays?
2 Study the *Nos loisirs* list: what activities can you do at the campsite?
3 What can you rent?
4 What facilities and services are provided?

un emplacement • a (camping) pitch
l'évier (m.) • sink
les dates d'ouverture (f. pl.) • opening dates
à proximité de … • near to …
les commodités (f. pl.) • facilities
le branchement électrique • mains power connection
le sanitaire • (here) washing and toilet facilities
la baignade • bathing (lake, river or sea)
le bain de soleil • sunbathing
le boulodrome • area for playing boules

Activité 9

Travaillez avec un(e) partenaire. Partenaire A, vous voulez passer une semaine au camping. Partenaire B, vous répondez aux questions et vous faites la réservation.

EXPRESSIONS UTILES
On veut/Nous voulons …
Est-ce qu'il y a … ?
Est ce qu'on peut …?
Il y a des emplacements libres
C'est complet
Le prix est de … € par personne et par jour
Ça fait … € par jour

Activité 10

Vous écrivez un courriel à un hôtel pour réserver une chambre.

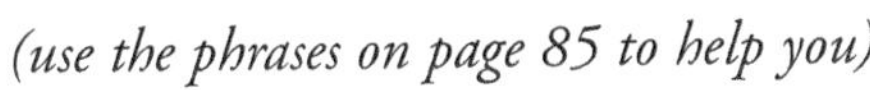

(use the phrases on page 85 to help you)

You want:

- a double room with bathroom
- from 17 to 19 July (3 nights)
- information on the facilities of the hotel

D Le numéro de téléphone, c'est le …

Activité 11

Étudiez le vocabulaire et la note sur **Je vous rappelle.**
Écoutez le dialogue et écrivez les numéros de téléphone.

Numéros de téléphone

1 le camping municipal ....

2 l'Office de Tourisme ....

3 le correspondant ....

Useful telephone phrases

téléphoner (à …)	*to telephone* (someone, somewhere)	Je téléphone à Paris.
composer	*to dial*	Composez le 03 50 21 32 79.
appeler	*to call, to ring*	Tu peux appeler ta sœur?
rappeler	*to ring back, to call back*	Je vous rappelle dans quinze minutes.
Merci de nous rappeler au …	*I would be grateful if you would call me back on …*	
faire erreur	*to make a mistake*	Non, mademoiselle, vous faites erreur. C'est le …
faire le mauvais numéro	*to dial the wrong number*	Vous faites le mauvais numéro.
passer quelqu'un	*to put someone through*	Je vous passe le directeur.
La ligne est mauvaise.	*The line is bad.*	
répéter	*to repeat*	Vous pouvez répéter, s'il vous plaît?
Ne quittez pas …	*Hold the line …*	
Un instant, s'il vous plaît.	*One moment, please.*	
Je téléphone au sujet de …	*I'm ringing about …*	
C'est de la part de qui?	*Who is calling?*	

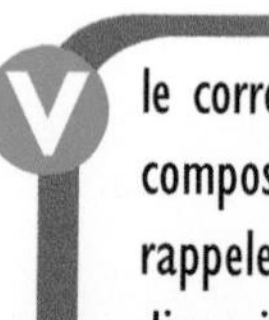

G

Je vous rappelle I'll call you back
Je peux vous rappeler? Can I call you back?

see … pages 156–7

Direct object pronouns
je **vous** rappelle I'll call **you** back
je **vous** passe I'll put **you** through to …
Je is the subject, **vous** is the object of the verb.

see … pages 156–7

V

le correspondant • (here) the caller
composer • (here) to dial
rappeler • to call back
disponible • available

Activité 12

Écoutez: l'Office de Tourisme vous donne le numéro de téléphone des hôtels. Écrivez les numéros corrects.

Hôtel
1 Le Chamois
2 Le Christiana
3 Le Gai Soleil
4 Le Mont Joly
5 La Gelinotte
6 L'Étape

info FRANCE
DIALLING CODES

When giving your telephone number outside France, you will usually quote your dialling code (**l'indicatif**, m.). In France, the system includes the necessary regional codes at the front of the number:

01 for Paris
02 for the North West (**le Nord-Ouest**)
03 for the North East (**le Nord-Est**)
04 for the South East and Corsica (**le Sud-Est et la Corse**)
05 for the South West (**le Sud-Ouest**).

G

To telephone is **téléphoner**. In English you might say: 'I am telephoning the station', but in French you always use the preposition **à**, **au**, etc. to say where you are calling:
Je téléphone **à** la gare.
Je téléphone **au** bureau.

CONDITIONS D'ACCÈS AU RÉSEAU Wifi

Code payant :

1€50 pour une validité d'une semaine, à demander au personnel de l'office de tourisme.

Heures autorisées pour la connexion :
10h - 12h et 15h - 17h30

Aucun branchement électrique n'est autorisé.

Règlement complet disponible auprès du personnel.

04 50 32 24 96

04 50 47 78 81

04 50 66 95 70

04 50 64 35 78

04 50 84 14 07

04 50 18 29 90

Activité 13

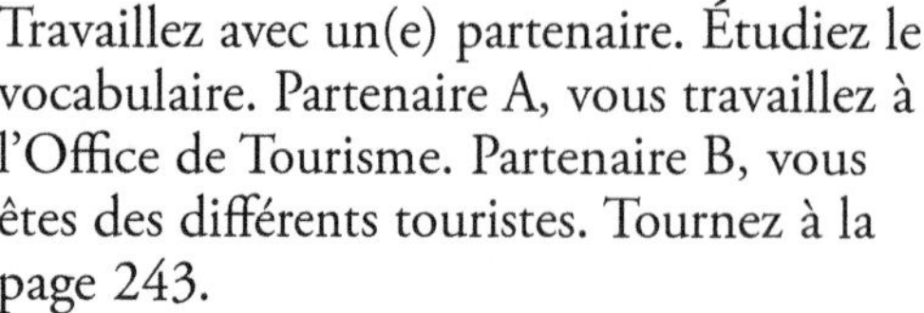

Travaillez avec un(e) partenaire. Étudiez le vocabulaire. Partenaire A, vous travaillez à l'Office de Tourisme. Partenaire B, vous êtes des différents touristes. Tournez à la page 243.

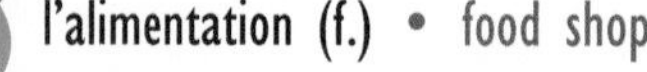

- l'alimentation (f.) • food shop
- l'artisanat (m.) • (here) craft and gift shop
- le jouet • toy
- la blanchisserie • laundry
- la laverie • laundrette
- la droguerie • hardware store (sells household cleaning products but not usually ironmongery)
- le salon de thé • tea room

Partenaire A

Étudiez ***Les Commerces*** et donnez les numéros de téléphone aux touristes.

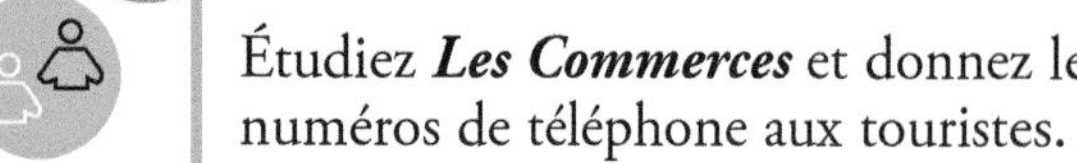

EXEMPLE:

B: Vous avez le numéro d'un magasin de jouets?

A: Alors oui, vous avez l'Île aux Trésors, au 04 50 47 11 79.

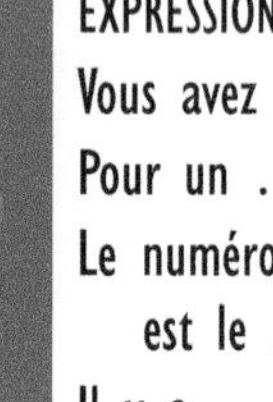

EXPRESSIONS UTILES

Vous avez ...

Pour un ...

Le numéro de ... est le ...

Il y a ...

LES COMMERCES

Alimentation
CASINO 04 50 47 09 11
CODEC 04 50 47 01 72
LE REFUGE GOURMAND .. 04 50 47 00 03

Artisanat, Souvenirs, Jouets
COCCINELLE 04 50 47 10 39
DIVERSITÉS 04 50 47 02 34
L'ILE AUX TRÉSORS 04 50 47 11 79
LE MOULE À BEURRE 04 50 47 02 03
LA VOYOUTERIE 04 50 47 01 48

Banque, Change
BANQUE POPULAIRE SSC .. 04 50 47 04 71
(distributeur de billets 7 jours/7. 24h/24)
CRÉDIT AGRICOLE 04 50 47 02 25

Bars
LA BÉRANGÈRE 04 50 47 07 62
LA PATINOIRE - PMU 04 50 47 02 79
LES RHODOS 04 50 47 01 65
LE SAXO 04 50 47 07 75
LE SCHUSS 04 50 47 03 93
LE TÉTRAS PUB 04 50 47 08 49

Blanchisserie, Location de linge
L'ÉCLAT DES CÎMES 04 50 47 10 09

Boucherie
DUCROZ 04 50 47 01 53
MICHON 04 50 47 03 17

Boulangerie, Pâtisserie
LES DÉLICES DE MONTJOIE .04 50 47 01 80
LA PETITE FOURNÉE 04 50 47 09 08

Droguerie
BERGAMELLI 04 50 47 01 67

Garage, Station service
GARAGE DE TRÉ LA TÊTE ... 04 50 47 01 52

Magasins de sports
ALLEY OOP 04 50 47 02 60
AU VIRAGE MERMOUD SPORTS . 04 50 47 04 46
BONNARD SPORTS hiver 04 50 47 06 33
HUBERT SPORTS 04 50 47 01 98
JB SPORTS 04 50 47 02 38
MONTJOLY SPORTS 04 50 47 07 76
RONCHAIL SPORTS 04 50 47 00 26
.... 04 50 47 05 97
SIMOND SPORTS 04 50 47 03 99
SKI SERVICE hiver 04 50 47 01 83
SKI SHOP hiver 04 50 47 00 32
SKI TOUT SCHUSS hiver 04 50 47 18 29
SURF AND SKI hiver 04 50 47 02 48

Parfumerie, Lingerie
JOLIE FRIMOUSSE 04 50 47 05 51

Pâtisserie, Salon de thé
L'AROLLE 04 50 47 03 51

Photo, Vidéo, Son, Location TV
PHOTO CONTAMINES 04 50 47 02 03
TÉLÉ SKI 04 50 47 05 03

Produits régionaux
LA CENDRÉE 04 50 47 00 41
LE PEILLE 04 50 47 06 16

Promoteurs Immobiliers
CIMALP 04 50 47 03 65

Tabac, Presse, Loto
TABAC MERLIN 04 50 47 06 67

11

E Je voudrais parler à …

Activité 14

2.14

Étudiez le vocabulaire. Écoutez le dialogue et répondez Vrai ou Faux.

		Vrai	Faux
1	Jérôme téléphone au département de marketing.	☐	☐
2	Jérôme appelle de Compiègne.	☐	☐
3	M. Seyrac est à son bureau.	☐	☐
4	M. Seyrac peut rappeler Jérôme plus tard.	☐	☐

Activité 15

Travaillez avec un(e) partenaire. Partenaire A, voici vos notes: vous commencez la conversation téléphonique. Partenaire B, vos notes sont à la page 243.

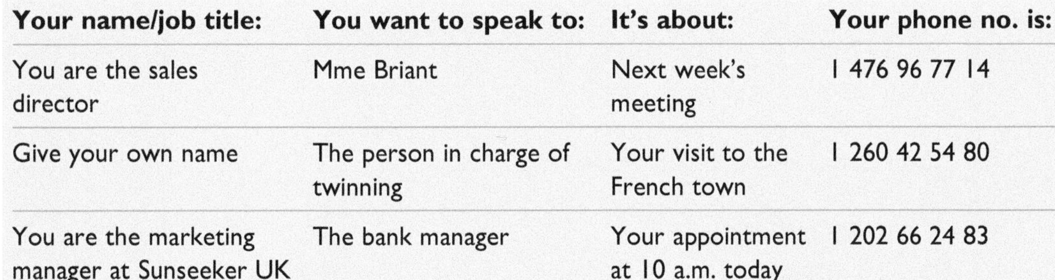

Your name/job title:	You want to speak to:	It's about:	Your phone no. is:
You are the sales director	Mme Briant	Next week's meeting	1 476 96 77 14
Give your own name	The person in charge of twinning	Your visit to the French town	1 260 42 54 80
You are the marketing manager at Sunseeker UK	The bank manager	Your appointment at 10 a.m. today	1 202 66 24 83

info FRANCE
LE PORTABLE EN FRANCE

Après une progression assez lente en France, la téléphonie mobile a explosé à partir de 2008: le taux de pénétration est passé de 88% – le plus bas de l'Union Européenne, à 108% en 2012.

En 2004 l'internet mobile apparaît avec le réseau 3G, suivi du 4G en 2012. Les smartphones, à écran tactile (*touch screen*) intègrent l'internet très haut débit (*broadband*) permettant la transmission de tous types de données (*data*): texte, son et images. Les systèmes de messagerie restent un moyen de communication très apprécié, des jeunes en particulier. Quelques exemples de textos (*text messages*): je tm (je t'aime), il fé bo (il fait beau) l fé Koi (elle fait quoi?, *what is she doing?*), a tu HT (as-tu acheté? *did you buy it?*)

EXPRESSIONS UTILES
- le directeur de … (vente/marketing)
- responsable de/du …
- en charge de/du …
- C'est au sujet de …
- la semaine prochaine
- rendez-vous (m.)
- réunion (f.)

V

- le département • (here) the department
- aider • to help
- à son bureau • in his/her office / at his/her desk
- en ce moment • at the moment
- en réunion • in a meeting
- laisser • to leave

F Veuillez parler après la tonalité

Activité 16

Étudiez le vocabulaire et écoutez l'enregistrement. Répondez aux questions:

2.15

1 What is the phone number of the answerphone?
2 What is Francis Seyrac's position in the company?
3 What is Roger Planchon ringing about?
4 What is he asking M. Seyrac?
5 What does he want M. Seyrac to do?
6 What is M. Planchon's phone number?

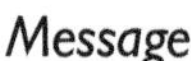

Message Vous êtes au zéro cinq vingt-deux quarante-deux soixante-deux soixante-dix-huit. Ici Francis Seyrac, directeur de marketing. Je suis absent en ce moment. Si vous désirez laisser un message, veuillez parler après la tonalité.

Correspondant Ici Roger Planchon de la société Chabert. Je viens à Bordeaux le 20 juin avec un collègue et nous voudrions discuter de notre projet avec vous. Est-ce qu'il est possible de vous rendre visite à cette date? Merci de nous rappeler au zéro quatre cinquante-six trente-quatre quatre-vingt-seize quatre-vingt-huit aussitôt que possible.

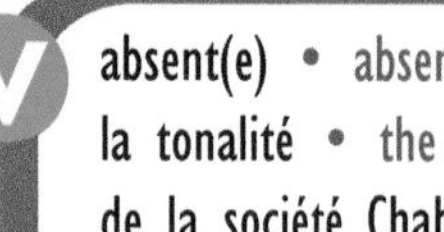

- absent(e) • absent
- la tonalité • the tone
- de la société Chabert • (here) from the Chabert company
- discuter de • to discuss
- le projet • the project
- rendre visite à quelqu'un • to visit someone
- aussitôt que possible • as soon as possible

EXPRESSIONS UTILES

de la société ...
Je ne peux pas ...
fixer un rendez-vous
aujourd'hui
demain
Je suis désolé(e)
nouveau
Je vous rappelle

Activité 17

À vous!

Vous préparez un message pour un répondeur automatique.
Ici ...

- Give your name and the name of the company you work for (Twynham Plc).
- You have an appointment with the manager today at 15.00 but you are unable to come.
- Apologise and say you will ring back tomorrow to make a new appointment.

G Nous allons arriver vers 14 heures

Activité 18

Étudiez le vocabulaire et la note sur **aller + verbe** et **espérer + verbe**. Écoutez et lisez la conversation téléphonique et complétez l'agenda de Jérôme.

2.16

José Oui, allô?

Jérôme Bonjour, José, c'est Jérôme à l'appareil.

José Bonjour! Merci de nous rappeler ... je voudrais les détails de votre visite le seize juin.

Jérôme Oui, alors nous sommes de retour de Paris le quinze ... nous allons donc arriver à Avignon vers dix heures, faire le tour de la ville, et nous espérons passer l'après-midi dans votre entreprise.

José Parfait! Alors, je vais organiser une présentation à quatorze heures et une visite du département de production à quinze heures ...

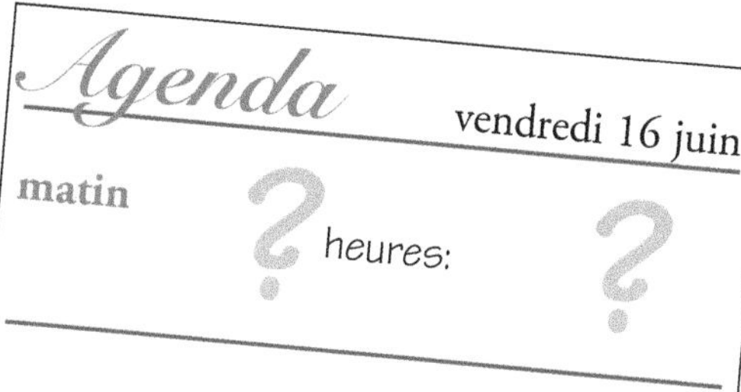

Agenda
vendredi 16 juin
matin
heures:
après-midi
heures:
heures:

G

aller + verbe	to be going to

This is a way of expressing the future:

je vais organiser	I'm going to organise
nous allons arriver	we're going to arrive

see ... page 157

espérer + verbe	to hope to
Nous espérons passer ...	We hope to spend ...

Note the change of accent on silent endings:

j'espère	I hope

see ... page 157

V

c'est ... à l'appareil	it's ... speaking
être de retour de ...	to be back from ...
donc	therefore
faire le tour de ...	to go round ... (a tour)
espérer	to hope
l'entreprise (f.)	the organisation, company
parfait(e)	perfect

Activité 19

Je vais … J'espère … Jean-Luc écrit à son amie, Paulette, à Vierzon. Regardez son agenda et utilisez **aller** + **verbe** et **espérer** + **verbe**.

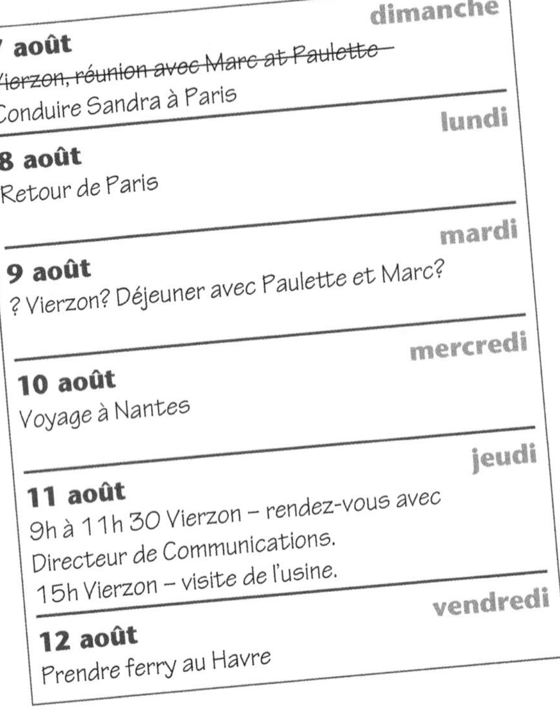

7 août — dimanche
~~Vierzon, réunion avec Marc at Paulette~~
Conduire Sandra à Paris

8 août — lundi
Retour de Paris

9 août — mardi
? Vierzon? Déjeuner avec Paulette et Marc?

10 août — mercredi
Voyage à Nantes

11 août — jeudi
9h à 11h 30 Vierzon – rendez-vous avec Directeur de Communications.
15h Vierzon – visite de l'usine.

12 août — vendredi
Prendre ferry au Havre

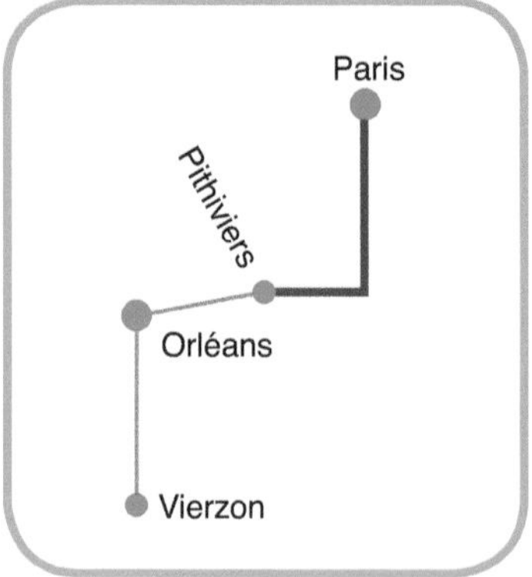

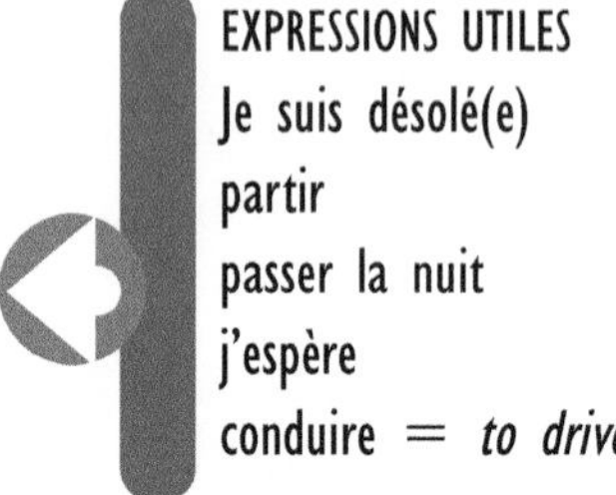

EXPRESSIONS UTILES
Je suis désolé(e)
partir
passer la nuit
j'espère
conduire = *to drive*

H Je dois aller à une réunion

Activité 20

Étudiez le vocabulaire et la note sur **devoir** et **voir**. Écoutez et lisez le dialogue à la page 155 et répondez aux questions.

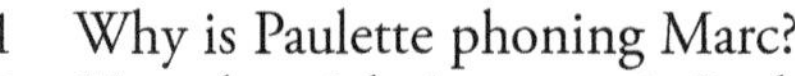

1 Why is Paulette phoning Marc?
2 How does 9th August suit Paulette?
3 Why can't Marc make it on 9th August?
4 Is Marc free on 12th August?
5 Do they succeed in arranging a date?

G

devoir	to have to, must
je dois	I must, I have to
il doit	he must, he has to
il doit conduire	he has to drive

see … pages 157–8

voir	to see
tu vois	you see

see … page 158

V

Écoute! • Listen! (familiar)
convenu • agreed
comme convenu • as agreed
rien de grave • nothing serious
C'est bon • It's OK
la journée • the day
Attends! • Wait! (familiar)
pourquoi pas • why not
pressé(e) • busy
assister à • to attend
arranger • (here) to suit, arrange
l'ingénieur en chef (m.) • the chief engineer

Paulette Allô, Marc? C'est Paulette à l'appareil! Écoute, Jean-Luc ne peut pas venir à Vierzon dimanche comme convenu.

Marc Rien de grave, j'espère?

Paulette Non, non, il doit conduire sa fille à Paris et ne va pas être de retour avant lundi. Il peut venir à Vierzon le mardi, c'est le 9 août. Est-ce que tu es libre à cette date? Pour moi c'est bon.

Marc Attends, je vais voir. Alors le 9 août, oh là là, c'est complet! Quelle journée! À dix heures je dois aller à une réunion, à midi je dois déjeuner avec des clients et à quinze heures je vais passer deux heures avec l'ingénieur en chef. Tu vois - impossible! Pourquoi pas le vendredi douze, je ne suis pas trop pressé ce jour-là et je vais à Vierzon.

Paulette Ça ne va pas pour moi! Je dois assister à une conférence.

Marc Ah! C'est compliqué pour arranger tout le monde!

Activité 21

À vous!

Travaillez avec un(e) partenaire. Étudiez vos agendas et parlez avec votre partenaire. Trouvez un moment libre pour aller déjeuner au restaurant. Partenaire B, votre agenda est à la page 244.

EXEMPLE:

- Vendredi, c'est bon pour moi.
- Non, c'est impossible, je dois assister à une conférence.

Partenaire A

EXPRESSIONS UTILES

Je dois ...
Je vais ...
J'espère ...
C'est possible?
Pour moi c'est bon
Je vais voir
Pourquoi pas ...
C'est compliqué!
Je ne suis pas de retour avant ...

7 août dimanche
12h 30 tennis avec Robert

8 août lundi
10h Rendez-vous avec M. Villeroche, Société Arban.

9 août mardi
10h Réunion avec le nouveau directeur.
12h 30 Déjeuner avec clients d'Allemagne.
15h 45 Réunion avec l'ingénieur en chef.
18h Réunion du comité de jumelage.

10 août mercredi
? Terminer rapport ?

11 août jeudi
9h 30 Réunion service production.
19h Cinéma avec Marie-Jo.

12 août vendredi
? journée libre ?

13 août samedi
11h – 15h Visiter client à Boulogne.

Grammaire

Faire

Faire is a very common irregular verb with a number of meanings. Its basic meaning is *to make* or *to do*, but it also appears in a lot of idiomatic phrases, such as **Ils font combien?**, *How much are they?* and **Il fait froid**, *It's cold* (weather).

Here are the forms of **faire** in the present tense.

faire *to do, to make*			
Singular		**Plural**	
je **fais**	*I do*	nous **faisons**	*we do*
tu **fais**	*you do (familiar)*	vous **faites**	*you do (plural or polite singular)*
il / elle / on } **fait**	*he, it / she, it / one* } *does*	ils / elles } **font**	*they do*

Rappeler

The phrase **Je vous rappelle** is from the verb **rappeler**, *to call back*. Notice the change in spelling at the ending: this modification is because the final **e** is not pronounced. Whenever the ending is silent, the **l** is doubled to **ll**.

Here are all the forms of the verb **rappeler** in the present tense.

rappeler *to call back*			
Singular		**Plural**	
je rappel**le**	*I call back*	nous rappel**ons**	*we call back*
tu rappel**les**	*you call back (familiar)*	vous rappel**ez**	*you call back (plural or polite singular)*
il / elle / on } rappel**le**	*he, it / she, it / one* } *calls back*	ils / elles } rappel**lent**	*they call back*

The same rule applies to **appeler**, *to call*, which you met in Unit 1: **Je m'appelle ...**, *I am called, my name is ...*

Direct object pronouns: *Je vous rappelle*

You have already seen **vous** used in sentences such as **Vous vendez des télécartes? Vous voulez aller au restaurant?** In these examples, **vous** is doing the action of the verb.

But in the phrase **je vous rappelle**, **je** does the action of phoning back (the subject) and **vous** is receiving the action (the object). In this case, therefore, **vous** is a direct object pronoun.

Nous is used in a similar way: **Merci de nous rappeler**, *Please call us back.*

Notice the word order: the object pronoun comes before the main verb.

I'll call **you** back = Je **vous** rappelle

verb pronoun pronoun verb

Note that **pouvoir** and **vouloir** are not considered as main verbs:
Est-ce que je peux **vous** rappeler?

Expressing the future: *Je vais réserver*

So far, we have used the present tense to describe actions taking place now:

Je prends le train.	*I take/I am taking the train.*

and also to describe a future action:

Je prends le train demain.	*I am taking the train tomorrow.*

The above sentence is perfectly correct and is commonly used in spoken French. There are, however, other tenses of the future and one of them, called the immediate future, is the equivalent of the English idea of *to be going to*. This uses the present tense of the verb **aller** (see page 134) followed by the main verb in the infinitive.

Je vais réserver une chambre.	*I'm going to reserve a room.*
Je vais prendre le train.	*I'm going to catch the train./I'm going to take the train.*
Elle va téléphoner.	*She is going to telephone.*
Vous allez écrire tout de suite?	*Are you going to write at once?*

In French, the future with **aller** indicates that the action is going to take place in the immediate future. So, if you say, *I'll telephone the station*, meaning that you are going to do it straight away, the French will say **Je vais téléphoner à la gare**.

In the negative form, **ne ... pas** is placed on either side of **aller**:

Je ne vais pas réserver.	*I am not going to reserve.*

A few other verbs can be used in a similar way to **aller**. One of them is **espérer**, *to hope*:

Nous espérons arriver ...	*We are hoping to arrive ...*

When the form of **espérer** has a silent ending, the accent changes: **j'espère**, **tu espères**, **il/elle/on espère**, **ils/elles espèrent**.

Devoir

Devoir, like **pouvoir** and **vouloir**, is an irregular verb. **Devoir** means *must, to have to*, and is generally followed by another verb in the infinitive.

Je dois aller à Orléans.	*I have to go to Orléans.*
Il doit conduire sa fille à Paris.	*He has to drive his daughter to Paris.*

The present tense of **devoir** is as follows:

devoir *must, to have to*			
Singular		**Plural**	
je **dois**	*I have to*	nous **devons**	*we have to*
tu **dois**	*you have to (familiar)*	vous **devez**	*you have to (plural or polite singular)*
il / elle / on } **doit**	*he, it / she, it / one* } *has to*	ils / elles } **doivent**	*they have to*

Voir

This is another irregular verb, meaning *to see*. The *you* forms are often used in conversation: **Tu vois? Vous voyez?**, *Do you see?*

Here is the present tense:

voir *to see*			
Singular		**Plural**	
je **vois**	*I see*	nous **voyons**	*we see*
tu **vois**	*you see (familiar)*	vous **voyez**	*you see (plural or polite singular)*
il / elle / on } **voit**	*he, it / she, it / one* } sees	ils / elles } **voient**	*they see*

EN PRATIQUE

1 Turn the following sentences into the future with **aller**:
e.g. Je prends le train. → **Je vais prendre le train.**

a) Le train part dans cinq minutes.
b) Je n'attends pas ici.
c) Nous en achetons trois.
d) Est-ce que vous rappelez demain?
e) Ils ne finissent pas aujourd'hui?
f) Nous passons deux heures avec le consultant.
g) Il conduit sa mère à Paris.
h) Vous n'arrivez pas à quatorze heures.

2 How would you say the following in French?

a) I am going to buy a box of chocolates.
b) We are hoping to spend a week in France.
c) I'll ring you back.
d) My colleague is going to send the report to you.

e) Our children are going to arrive at the station.
f) They are hoping to visit the *château*.
g) He is not going to wait here.
h) Are you going to spend the night in Orléans?

3 Put the words in the right order to say …

a)	We can send you …	vous / pouvons / envoyer / nous
b)	Please call us back.	rappeler / nous / veuillez
c)	Can you sell us …	pouvez / nous / vous / vendre / est-ce que
d)	I can call you back.	peux / vous / rappeler / je
e)	We want to give you …	voulons / donner / vous / nous

4 Using **devoir**, ask these people if they have to …
e.g. Nous assistons à la conférence. → **Vous devez assister à la conférence?**

a)	Je vais à Paris demain.	Tu …
b)	Je fais plusieurs visites.	Vous …
c)	Il part dans une heure.	Il …
d)	Nous acceptons les cartes de crédit.	Vous …
e)	Elles louent leur maison.	Elles …
f)	Je rappelle tout de suite.	Vous …
g)	J'écris à Marc.	Vous …

YOU HAVE COMPLETED UNIT 8. CAN YOU…

1 Explain the type of hotel room you want and make the reservation? See pages 138–9.
2 Understand the facilities offered by a campsite? See pages 145–7.
3 Make a simple phone call? See pages 148–50.
4 Leave a message on an answerphone? See pages 151–2.
5 Make arrangements? See pages 153–5.

VOCABULAIRE

HOTELS, GÎTES AND CAMPING

Cat. = la catégorie	*the category* (of hotel)
complet (m.), complète (f.)	*full, fully booked*
la pension complète	*full board*
la demi-pension	*half board*
disponible	*available*
libre	*free, available*
la chambre double	*the double room*
la chambre simple	*the single room*
le grand lit	*the double bed*
le lit jumeau	*the twin bed*
la clé, la clef	*the key*
insonorisé(e)	*soundproofed*
le coffre-fort	*the safe*
la salle de bains	*the bathroom*
la douche	*the shower*
la baignoire	*the bath*
le lavabo	*the washbasin*
le WC	*the toilet*
verser des arrhes (f. pl.)	*to pay a deposit*
verser une caution	*to pay a security deposit*
la bagagerie	*the luggage store*
la chaîne	*the channel* (TV)
le ménage	*cleaning*
la messagerie	*the message service*
la salle de jeu	*the games room*
le branchement électrique	*mains power connection*
un emplacement	*a (camping) space*
le linge	*the household linen*
le restaurant passage	*restaurant for non-residents*
le sanitaire	(here) *washing and toilet facilities*
le téléphone direct	*the direct-line telephone*
les commodités (f. pl.)	*facilities*
luxueux (m.), luxueuse (f.)	*luxurious*

TELEPHONING

je suis au … (+ numéro de téléphone)	*I am on …* (+ phone number)
je voudrais savoir si …	*I would like to know if …*
je vous passe …	*I'll hand you over to …* / *I'll put you through to …*
je vous rappelle	*I'll call you back*
je vous remercie	*thank you*
l'indicatif (m.)	*the dialling code*
la ligne	(here) *the telephone line*
la tonalité	*the tone*
le/la correspondant(e)	(here) *the caller*
C'est Marc à l'appareil	*It's Marc speaking*
rappeler	*to call back*
téléphoner à ma mère	*to telephone my mother*
faire erreur	*to make a mistake*
faire le mauvais numéro	*to dial the wrong number*

OTHER USEFUL WORDS AND PHRASES

arranger	(here) *to suit, to arrange*
assister à …	*to attend* (an event)
remercier	*to thank*
être de retour	*to be back*
savoir	*to know* (a fact)
absent(e)	*absent*
discuter (de)	*to discuss*
aussitôt que possible	*as soon as possible*
bas(se)	*low*
haut(e)	*high*
c'est bon	*it's OK*
chacun(e)	*each (one)*
compliqué(e)	*complicated*
convenu	*agreed*
comme convenu	*as agreed*
donc	*therefore*
faire	*to make, to do*
mauvais(e)	*bad*
plusieurs	*several*
à proximité de …	*near to …*
ancien(ne)	*former*
rien de grave	*nothing serious*
toujours	(here) *still*
la journée	*the day*
la période	*the period*
la saison	*the season*
le projet	*the project*
l'alimentation (f.)	*the food shop*
le jouet	*the toy*
la blanchisserie	*the laundry*
la laverie	*the laundrette*
la droguerie	*the hardware store*
le département	*the department*
aider	*to help*
en ce moment	*at the moment*
en réunion	*in a meeting*
laisser	*to leave*
rendre visite à quelqu'un	*to visit someone*
espérer	*to hope*
espérer arriver	*to hope to arrive*
l'entreprise (f.)	*the organisation, the company*
parfait(e)	*perfect*
tôt	*soon, early*
devoir	*must, to have to*
voir	*to see*

- Driving in France
- Requesting and giving directions
- Road signs
- Service stations, breakdowns and parking

UNITÉ NEUF
En route!

A Tu sors par la porte d'Italie

Activité 1

Étudiez le vocabulaire, la note sur **sortir**, et la carte de la région parisienne. Claude et Alain quittent Lille et veulent aller à Dijon. Écoutez le dialogue (page 162) et choisissez les bonnes réponses.

2.18

G

sortir to go out, to leave
tu sors / vous sortez — you leave, you go out

see ... page 174

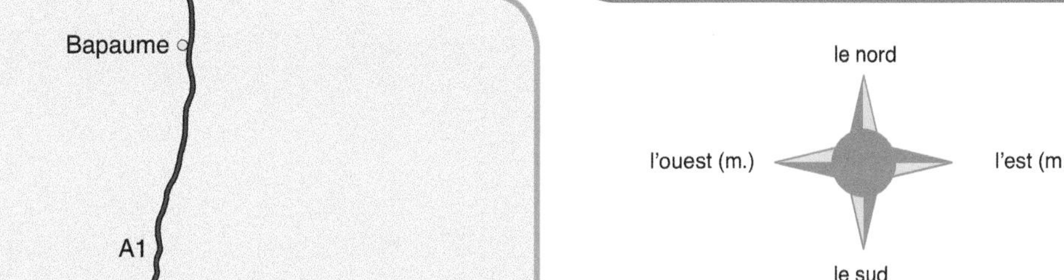

e.g. à l'est de Paris *east of Paris*

V

- la carte • the map
- la route • the road
- l'autoroute (f.) • the motorway
- passer par ... • to go via ...
- le périphérique • the ring road
- la porte d'Italie • a main road junction leading in and out of Paris
- conduire • to drive
- la circulation • the traffic
- la région parisienne • the Paris region
- quitter • to leave (a place)
- contourner • to go round, to bypass
- l'est (m.) • the east
- rejoindre • to (re)join, to get to
- encombré(e) • (here) busy
- vers • towards

Claude Alors, on prend l'autoroute A1 à Bapaume, mais je ne veux pas passer par Paris.

Alain Pourquoi? C'est beaucoup plus rapide. Tu prends le périphérique, tu sors par la porte d'Italie et tu prends l'A6.

Claude Ah non! Je n'aime pas conduire en ville et la circulation est impossible dans la région parisienne!

Alain Bon, bon, on peut quitter l'autoroute A1 à Senlis et contourner Paris par l'est.

Claude D'accord, oui, je vois, nous allons passer par Meaux, Melun et Fontainebleau, puis prendre la N7.

Alain C'est ça, et nous allons rejoindre l'A6 à Nemours. C'est un peu plus long que par Paris mais c'est vrai, les routes sont moins encombrées …

1 À Bapaume, Claude et Alain prennent …
a) la route A1
b) l'autoroute A1
c) l'autoroute A6

2 Pour Alain, passer par Paris est …
a) beaucoup plus long
b) un peu plus rapide
c) beaucoup plus rapide

3 Claude et Alain vont …
a) contourner Paris par l'ouest
b) contourner Paris par l'est
c) passer par Paris

4 Pour Alain, passer par Meaux, Melun et Fontainebleau est …
a) beaucoup plus long
b) un peu plus long
c) plus rapide

Activité 2

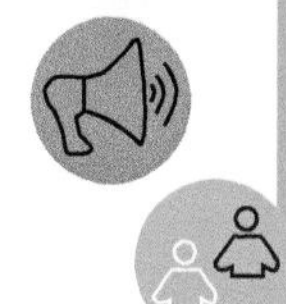

Aidez votre partenaire: il/elle veut aller de Senlis à Versailles. Expliquez l'itinéraire.

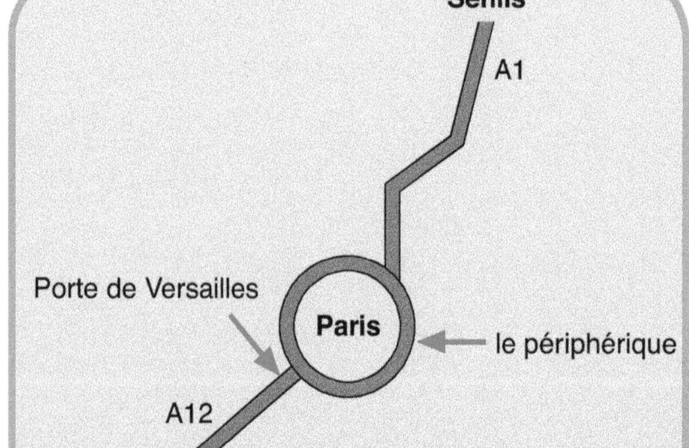

EXPRESSIONS UTILES

Nous prenons l'autoroute
Tu sors par …
Nous pouvons quitter …
Je ne veux pas passer par …
contourner Paris
Nous allons rejoindre …

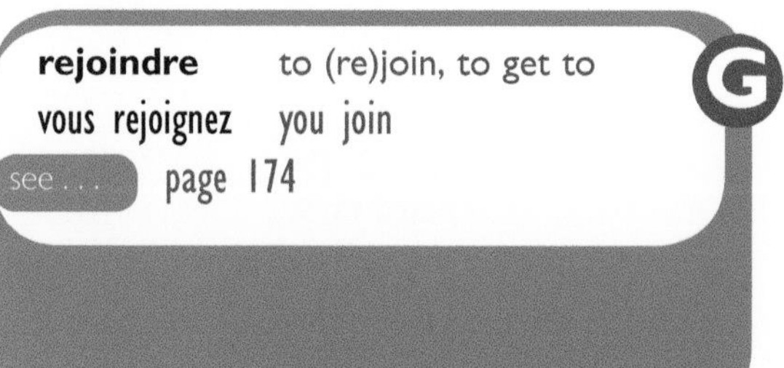

rejoindre to (re)join, to get to
vous rejoignez you join

see … page 174

Vous allez …

vers la gauche

… tout droit

… à gauche

… à droite

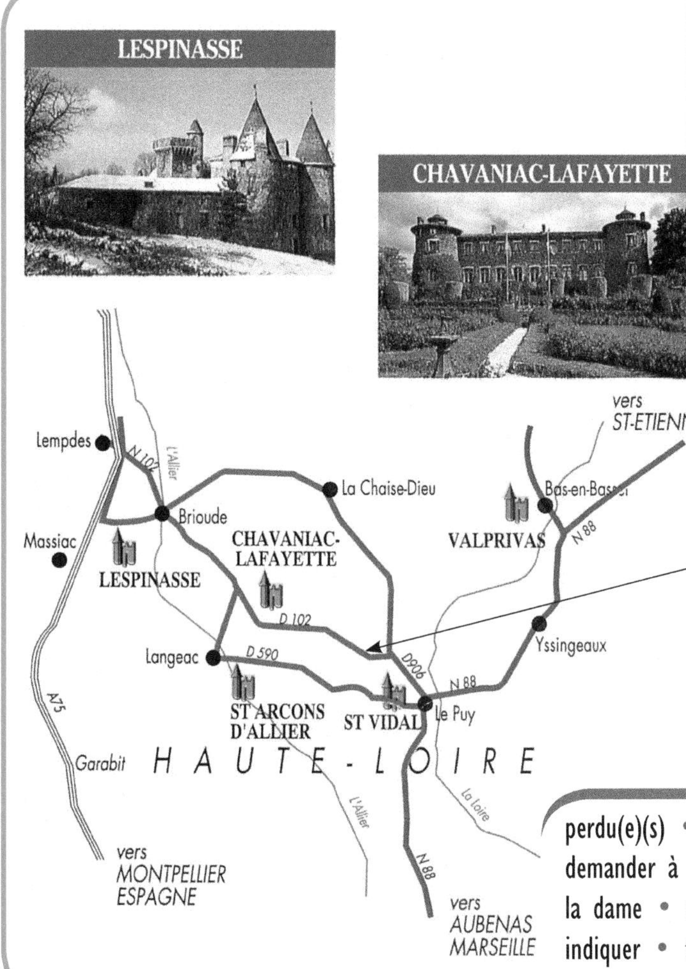

Les cyclistes sont ici

Activité 3

Étudiez le plan, écoutez le dialogue (page 164) et répondez aux questions.

1 Why do the cyclists stop?
2 Where are they coming from?
3 Which road are they going to meet first?
4 Do they have to go through Le Puy? Why?/Why not?
5 What will help them find the Château de St-Vidal?

V

perdu(e)(s) • lost
demander à quelqu'un • to ask someone
la dame • the lady
indiquer • to show, to indicate
pendant • for (length of time)
où • where
d'où … • from where …? where … from?
ensuite • after that, then
le carrefour • the junction (loosely), the crossroads
tourner • to turn
la voie de rocade • the bypass
jusqu'au Puy • as far as Le Puy
le rond-point • the roundabout
le deuxième • the second
le panneau • (here) the sign

Jacqueline Oh, là, là, nous sommes perdus, Michel. Demandons le chemin à cette dame là-bas.
Michel Pardon, madame, pouvez-vous nous indiquer la route pour le Château de St-Vidal, s'il vous plaît?
Dame Vous venez d'où?
Jacqueline De Brioude.
Dame Alors, vous allez tout droit pendant trois, quatre kilomètres et puis vous arrivez à un carrefour, vous rejoignez la D neuf cent six et vous tournez à droite, d'accord?
Michel D'accord!
Dame Ensuite, continuez tout droit jusqu'au Puy, et au Puy vous n'entrez pas dans le centre-ville, il y a une voie de rocade. Vous allez arriver à deux ronds-points et au deuxième, vous devez prendre la route de Langeac. Le Château de St-Vidal est indiqué au deuxième rond-point, il y a un panneau.
Jacqueline Je vous remercie, madame.

À vous!

Pouvez-vous indiquer un autre itinéraire? (par Langeac)

Activité 4

Vous êtes à St-Vidal, vous rencontrez des touristes français. Ils vous demandent le chemin du Château de Lespinasse. Répondez.

Activité 5

Écoutez les directions sur l'enregistrement et regardez la carte du circuit de Haute-Loire page 163. Où arrivez-vous?

What village are you going to see and what château can you visit there?

EXPRESSIONS UTILES

Pour aller à ... s'il vous plaît?
Vous rencontrez
Vous continuez .../Vous allez ...
tout droit
pendant trois, quatre kilomètres
Vous arrivez à
Vous rejoignez
Vous tournez à droite/à gauche
jusqu'au Puy
Vous devez prendre la route de Langeac
Le (Château de St-Vidal) est indiqué

G

pour aller à ...

This is the simplest phrase to use when you want directions. You can also say:

Je veux aller à ...
or **Nous voulons aller à ...**

G

Les instructions

Demandons	Let's ask
Continuez	Continue

see ... pages 174–5

venir	to come
Vous venez d'où?	Where are you coming from?

see ... page 175

C Vous êtes le co-pilote

Activité 6

Vous êtes le co-pilote! Vous voulez aller voir des amis à l'Hôtel La Paix à Amiens. Vous quittez Paris et votre amie française conduit la voiture. Étudiez les illustrations et répondez aux questions de votre amie.

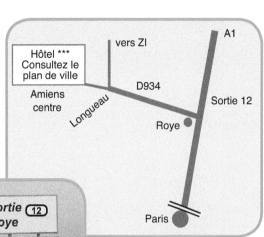

1 Voilà, nous sommes sur l'A1, on doit quitter l'autoroute? ➔

2 Regarde le panneau, c'est pour nous? ➔

3 Ah, regarde le panneau, ← qu'est-ce qu'on doit faire?

4 Ah, nous sommes sur la D934. C'est bon? ➔

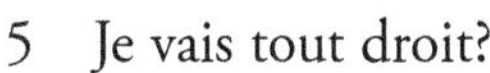

5 Je vais tout droit? ➔

6 Toujours tout droit? ↓

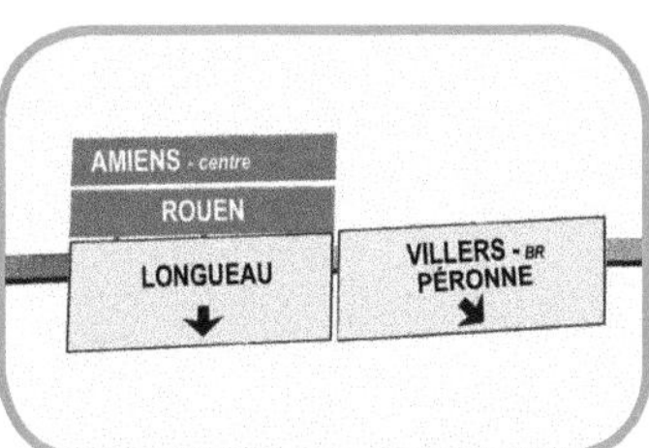

7 Qu'est-ce que je fais maintenant? ➚

8 Voici le rond-point. ← Qu'est-ce que je fais ici?

9 Je tourne à gauche ici? ➔

Activité 7

Vous avez une carte de votre région. Un visiteur français veut rejoindre votre ville du port/de l'aéroport le plus proche. Où doit-il passer? Écrivez vos notes et parlez.

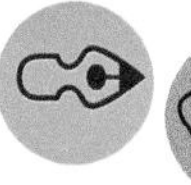

D Vitesse limitée à 80 km/h

Activité 8

Regardez les panneaux et trouvez l'équivalent en anglais.

1 Adjust your speed
2 Keep your distance
3 Drivers: careful!
4 Give way
5 Toll
6 Drive slowly
7 Road closed
8 Have a good journey
9 Roadworks in progress
10 Roadworks on an 'A' road
11 Underpass
12 Slow vehicles

info FRANCE

SUR LES ROUTES DE FRANCE

The original system of main trunk roads (**les grands axes**) was developed to link Paris as quickly and as directly as possible to major regional towns. As a result of this all major roads, and later all major rail routes, involved going through or round Paris. The French motorway network has developed rapidly over the last twenty years and efforts are being made to build major rail and road links directly across France to open up (**désenclaver**) the regions.

Autoroutes are indicated by a letter **A** before the number of the motorway. Most of these are toll roads (**les routes à péage**) and you should have toll money ready for the toll gate (**le péage**). It is now possible to pay by credit card at many toll gates. The letter E associated with the letter A indicates that the motorway is a trans-European carriageway.

There are other types of road:

- **la route nationale** – indicated by the letters **RN** or **N** in front of the number of the road, e.g. RN10, RN20 or sometimes N10, N20 (**la nationale dix, la nationale vingt**). These roads can be compared to 'A' roads in Britain or highways in the USA.
- **la route départementale** – indicated by the letter **D** or sometimes **RD** in front of the number of the road: D10, D20 (**la départementale dix, la départementale vingt**). These roads can be compared with British 'B' roads and often provide the best way of touring France if you have time to spare.

Some useful travel expressions

Vérifiez vos pneus
Check your tyres

Ceinture de sécurité
Seatbelt

Dormir ou conduire
Tiredness can kill

Roulez à droite
Drive on the right

Interdiction de dépasser
No overtaking

Ralentissez
Slow down

Chaussée glissante
Slippery road

info FRANCE

LES AIRES DE REPOS

The French authorities recommend that motorists follow alternative holiday routes (**les itinéraires Bison futé** or **les itinéraires Bis**) at busy times of the year. The busiest periods for holiday traffic are classified **orange** (quite busy), **rouge** (very busy) or **noir** (extremely busy). The last Saturday in July is often classified as **noir**. There may be as many as 14 million cars on the French roads as those returning from July holidays (**les juilletistes**) meet those setting out for August holidays (**les aoûtiens**). Even at the busiest times of the year it is usually possible to avoid much of the heavy traffic by following minor **routes nationales** or **routes départementales**.

Because of their geographical position, France's main roads carry high volumes of long-distance traffic and France has some of the biggest motorway service areas in Europe. There are many **aires de repos** (literally 'rest areas') along the road network (**le réseau routier**). Some may be small, simple picnic areas but in places where high volumes of traffic are expected, they offer a wide range of facilities.

The **aire de repos** at Beaune covers 110 hectares, has parking spaces (**des emplacements parking**) for roughly 600 cars on each side of the road, and over 250 permanent service staff. The larger **aires de repos** have restaurants, showers, picnic areas and recreation facilities; some of them also have special facilities (**les 'truckstore'**) for drivers of heavy goods vehicles (**les conducteurs de poids lourd**).

In summer, some of the larger **aires de repos** try to encourage car drivers (**les automobilistes**) to stop and relax. The message is: 'Dès que vous êtes sur l'autoroute vous êtes en vacances' (*As soon as you are on the motorway you are on holiday*). They may have clowns and shows for children and even *masseurs* for the parents. It is quite common for travellers to camp overnight at an **aire de repos** and some tourists even use them for all their overnight stops on long journeys. Larger **aires de repos** are controlled by a site manager who has to make sure that the facilities pass regular safety and hygiene inspections.

Activité 9

Étudiez la publicité ***Resto' Rapide*** et répondez aux questions de votre ami anglais:

1 What do you get for breakfast at a ***Resto' Rapide***?
2 Where is the nearest ***Resto' Rapide*** to Paris situated?
3 If you are going from Tours to Bordeaux where will you find the nearest ***Resto' Rapide*** to Tours?
4 What does the **formule voyageur** offer?

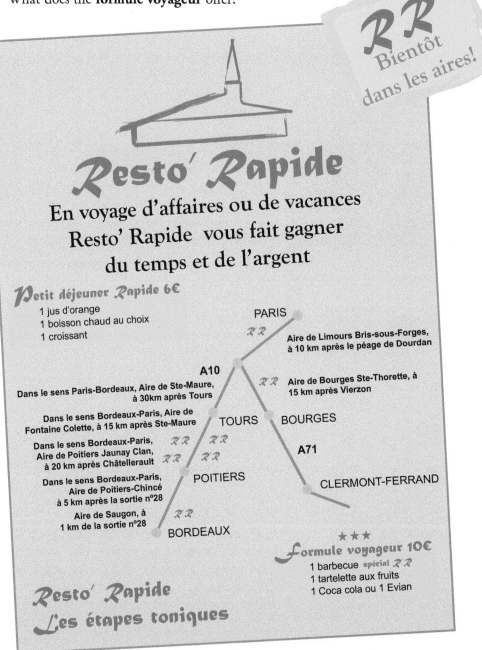

RR
Bientôt dans les aires!

Resto' Rapide

En voyage d'affaires ou de vacances Resto' Rapide vous fait gagner du temps et de l'argent

Petit déjeuner Rapide 6€

1 jus d'orange
1 boisson chaud au choix
1 croissant

PARIS

RR Aire de Limours Bris-sous-Forges, à 10 km après le péage de Dourdan

A10

Dans le sens Paris-Bordeaux, Aire de Ste-Maure, à 30km après Tours

RR Aire de Bourges Ste-Thorette, à 15 km après Vierzon

Dans le sens Bordeaux-Paris, Aire de Fontaine Colette, à 15 km après Ste-Maure

TOURS

BOURGES

Dans le sens Bordeaux-Paris, Aire de Poitiers Jaunay Clan, à 20 km après Châtellerault

A71

Dans le sens Bordeaux-Paris, Aire de Poitiers-Chincé à 5 km après la sortie n°28

POITIERS

CLERMONT-FERRAND

Aire de Saugon, à 1 km de la sortie n°28

BORDEAUX

★★★

Formule voyageur 10€

1 barbecue spécial RR
1 tartelette aux fruits
1 Coca cola ou 1 Evian

Resto' Rapide
Les étapes toniques

E À la station-service

Activité 10

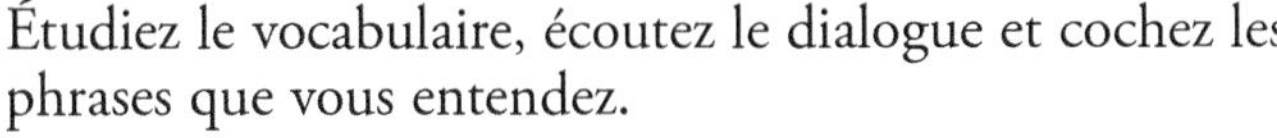

Étudiez le vocabulaire, écoutez le dialogue et cochez les phrases que vous entendez.

Tick the phrases you hear. (Le dialogue se trouve à la page 170.)

2.21

1 soixante-dix-huit euros quarante ☐
2 il va faire chaud demain ☐
3 vous venez de loin? ☐
4 nous prenons notre temps ☐
5 il n'y a pas trop de touristes ☐
6 les routes sont encombrées ☐
7 il y a un distributeur automatique ☐
8 pour l'autoroute vous pouvez continuer tout droit ☐
9 il n'y a pas d'erreur possible ☐

À la station-service

la pompe • the pump
sans plomb • unleaded, without lead
loin • far
prendre votre temps • to take your time
d'abord • first of all
pittoresque • picturesque, attractive
un embouteillage • a traffic jam
retirer • (here) to remove
la pression • the pressure
le pneu • the tyre
la carte routière • the road map
frais (m.), fraîche (f.) • cool, fresh
laver • to wash
le pare-brise • the windscreen
un sens unique • a one-way street
retourner • to return

info FRANCE

LE RÉSEAU ROUTIER EN FRANCE

La longueur totale du réseau routier français est de 950 000 km. Les autoroutes comptent 11 300 km dont 8 500 km sont exploités par des sociétés concessionnaires. Les routes nationales ont une longueur d'environ 11 800 km.

Le reste du réseau est constitué de routes départementales, de chemins communaux et enfin de chemins ruraux (CR) dont 80% ne sont pas revêtus d'asphalte. Les chemins ruraux sont parfaits pour les vacances à vélo.

Jacqueline Bonjour! La pompe numéro 4, s'il vous plaît.
Caissière Alors, sans plomb, soixante-dix-huit euros quarante. … Il fait chaud pour voyager aujourd'hui … vous allez loin?
Jacqueline Nous allons à Sarlat, mais nous prenons notre temps; nous allons visiter l'Auvergne d'abord, c'est une région très pittoresque.
Caissière Ah oui, et il n'y a pas trop de touristes, si vous prenez les départementales. Les routes sont calmes, il n'y a pas d'embouteillages! … Si vous voulez retirer votre carte de crédit.
Jacqueline Est-ce que je peux vérifier la pression des pneus?
Caissière Oui, tout est là-bas à droite, madame. Attendez, je vais laver votre pare-brise.
Jacqueline Vous vendez des cartes routières et des boissons fraîches?
Caissière Il y a un distributeur automatique à l'entrée du supermarché et nous vendons aussi des cartes.
Jacqueline Et où sont les toilettes?
Caissière Là-bas, à droite aussi.

quelques minutes plus tard:
Jacqueline Pour rejoindre l'autoroute, quelle est la meilleure route?
Caissière Vous ne pouvez pas continuer tout droit, c'est un sens unique. Vous devez retourner en ville. C'est indiqué au premier rond-point, il n'y a pas d'erreur possible.
Jacqueline Merci!

info FRANCE

LES STATIONS-SERVICE

Outside the main towns and cities France is quite sparsely populated. There has been a steady flow of population from the country to the towns (**l'exode rural**) over the last hundred years. Since World War II, more and more villages have lost their inhabitants (**la désertification de la France**), in some cases becoming completely abandoned. As a result, small shops (**les petits commerces**) and service stations (**les stations-service**) are disappearing. Once you leave the motorway and travel on a **route départementale** or even some **routes nationales**, you may find that service stations are very far apart – beware when travelling at night!

Most service stations are self-service (**les stations self**) but you can still expect to find some where an attendant serves you and takes the money. These attendants (often students in the summer) will often wash your windscreen for you as well but will expect a small tip for doing so. In the countryside, most small service-station owners will be very happy to see you and to help with advice, directions, etc.

Prendre de l'essence is *to get some fuel* (don't use **le pétrole** which means either *crude oil* or *paraffin*). Unleaded is **sans plomb**, and **gazole** or **gasoil** is diesel.

If you break down, look for a garage that offers a repair service (**la réparation**; or **la réparation toutes pièces**, *repair of any part*). In France, a garage generally repairs any French make (**toutes marques**). If things are really bad, a tow is **un dépannage** or **un remorquage** and a breakdown truck is generally referred to as **une dépanneuse**. An on-the-spot repair would be **une réparation sur place**.

F Ma voiture est en panne!

Activité 11

Étudiez le dessin, complétez les deux étiquettes.

La voiture: les parties visibles

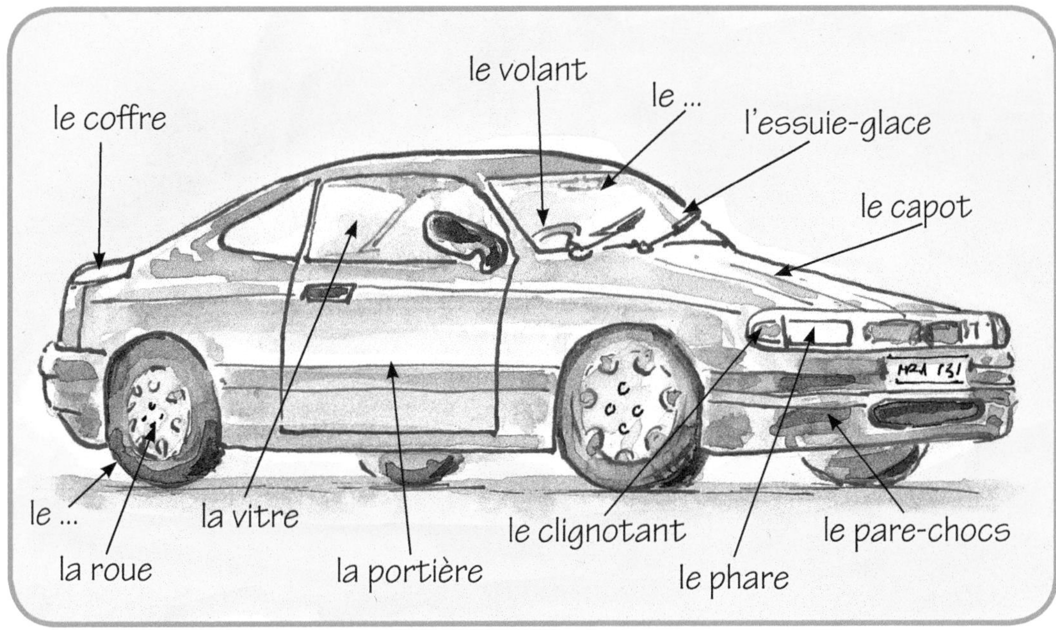

Activité 12

Et les parties moins visibles: pouvez-vous deviner?

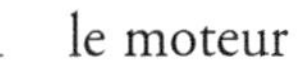

1	le moteur	a)	the brakes
2	les freins (m. pl.)	b)	the spark plug
3	le radiateur	c)	the carburettor
4	la bougie	d)	the battery (car)
5	le carburateur	e)	the engine
6	la batterie	f)	the radiator

Activité 13

Cherchez la panne! Étudiez le vocabulaire et la note sur **croire** et **Il faut**. Écoutez le dialogue et trouvez la panne.

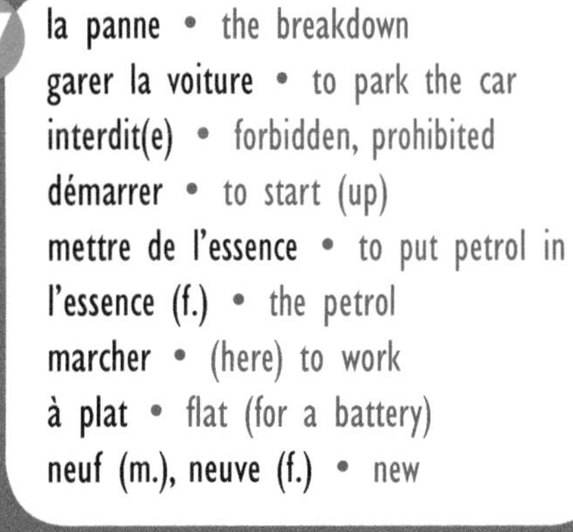

V

la panne • the breakdown
garer la voiture • to park the car
interdit(e) • forbidden, prohibited
démarrer • to start (up)
mettre de l'essence • to put petrol in
l'essence (f.) • the petrol
marcher • (here) to work
à plat • flat (for a battery)
neuf (m.), neuve (f.) • new

Troubleshooting	True	False
1 The car starts.	☐	☐
2 There is enough fuel.	☐	☐
3 The battery is flat.	☐	☐
4 It might be the carburettor.	☐	☐

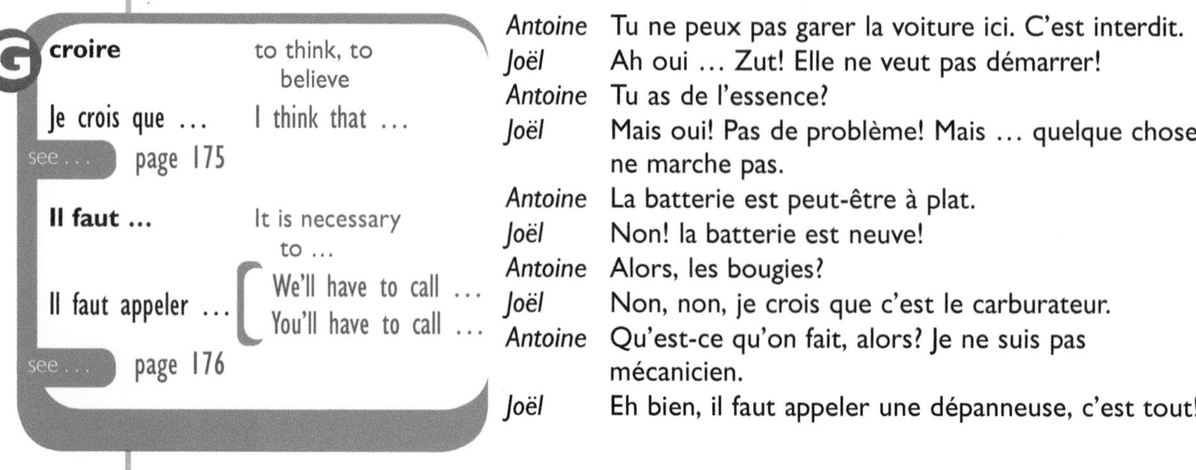

G

croire — to think, to believe

Je crois que … — I think that …

see … page 175

Il faut … — It is necessary to …

Il faut appeler … — We'll have to call … / You'll have to call …

see … page 176

Antoine Tu ne peux pas garer la voiture ici. C'est interdit.
Joël Ah oui … Zut! Elle ne veut pas démarrer!
Antoine Tu as de l'essence?
Joël Mais oui! Pas de problème! Mais … quelque chose ne marche pas.
Antoine La batterie est peut-être à plat.
Joël Non! la batterie est neuve!
Antoine Alors, les bougies?
Joël Non, non, je crois que c'est le carburateur.
Antoine Qu'est-ce qu'on fait, alors? Je ne suis pas mécanicien.
Joël Eh bien, il faut appeler une dépanneuse, c'est tout!

Activité 14

Qu'est-ce qu'on fait? Choisissez la solution.

1 Il faut changer la roue!
2 Il faut mettre de l'essence!
3 On doit remplacer l'essuie-glace!
4 Je crois qu'il faut appeler une dépanneuse!

Activité 15

En panne! Travaillez avec un(e) partenaire. Partenaire A, vous êtes en panne sur une route française. Partenaire B, vous êtes un garagiste français, vous posez des questions. Tournez à la page 244.

EXPRESSIONS UTILES

Partenaire A

Le/La/Les … ne marche(nt) pas
démarrer
à plat
Il n'y a pas d'essence
Je crois que …

À vous!

Vous avez un problème avec votre voiture? Expliquez à un(e) ami(e).

G Stationnement interdit

Activité 16

Des problèmes! Vous voulez garer votre voiture, mais où?

Ici?

1 Why can't you park here?

PRIÈRE DE NE PAS STATIONNER
SORTIE DE VOITURES

STATIONNEMENT
GÊNANT
SAUF
HANDICAPÉS
ET
LIVRAISONS
SUR
2 EMPLACEMENTS

… ou ici?

2 Why might your car be towed away?
3 Can some types of driver park here?
4 What are the two parking spaces provided for?

P PAYANT
LIMITÉ À 1H30
DE 9H À 12H
14H À 19H
SAUF DIMANCHE
ET JOURS FÉRIÉS
TICKET

… ou alors ici?

5 How long can you park here?
6 Do you always have to pay to park here?

MARCHE
HEBDOMADAIRE
Stationnement
Interdit
le MARDI de 0H à 13H
A.M du 5 Avril 1978

… et ici alors?

7 When must you not park here?

Grammaire

Sortir

The verb **sortir** is irregular and its forms are:

sortir *to leave, to go out*

Singular		Plural	
je sor**s**	*I leave*	nous sort**ons**	*we leave*
tu sor**s**	*you leave (familiar)*	vous sort**ez**	*you leave (plural or polite singular)*
il / elle / on } sor**t**	*he, it / she, it / one } leaves*	ils / elles } sort**ent**	*they leave*

Depending on the context, **sortir** can be translated as *to go out*, *to come out* or *to leave*. Use **de** after **sortir** when the verb is followed by a word indicating a place:

Je sors de l'hôtel. *I am going/coming out of the hotel.*

Rejoindre

This is another irregular verb meaning *to join*, *to rejoin*, or *to get (back) to*.

rejoindre *to join*

Singular		Plural	
je rejoin**s**	*I join*	nous rejoi**gnons**	*we join*
tu rejoin**s**	*you join (familiar)*	vous rejoi**gnez**	*you join (plural or polite singular)*
il / elle / on } rejoin**t**	*he, it / she, it / one } joins*	ils / elles } rejoi**gnent**	*they join*

The imperative

The imperative (e.g. **regarde**, **demandons**) is used for giving commands or instructions. There are only three conjugated forms. For the verb **demander**, *to ask*, these are:

Demande!	*Ask!*	from the **tu** form of the verb (familiar)
Demandons!	*Let's ask!*	from the **nous** form of the verb
Demandez!	*Ask!*	from the **vous** form of the verb (plural and polite sing.)

Here are the imperative forms of the three main families of verbs:

demander	**finir**	**attendre**
demande	finis	attends
demandons	finissons	attendons
demandez	finissez	attendez

The forms of the imperative are the same as the present tense, for regular and irregular verbs, with one exception: with **-er** verbs, the **tu** form loses the final **s**:

Tu demand**es** le chemin? — *Are you asking the way?*
Demand**e** le chemin! — *Ask the way!*

This rule applies also to the irregular verb **aller**:

Va voir le château! — *Go and see the castle!*

However, the imperative **va** takes an **s** (pronounced **z**) when used with **y** for ease of pronunciation.

Vas-y! — *Go there!* or *Go on!*

In the negative, **ne … pas** is used in the same way as for the present tense:

Ne tournez pas à gauche! — *Don't turn left!*
Ne pars pas tout de suite! — *Don't leave straight away!*

Venir

You have already met the verb **venir**, *to come*, in Unit 2 (**Je viens de Manchester**, *I come from Manchester*). This is another irregular verb, and is in frequent use. Here are its forms:

venir *to come*			
Singular		**Plural**	
je **viens**	*I come*	nous **venons**	*we come*
tu **viens**	*you come (familiar)*	vous **venez**	*you come (plural or polite singular)*
il / elle / on **vient**	*he, it / she, it / one comes*	ils / elles **viennent**	*they come*

Croire

The verb **croire** means *to believe* but it often translates as *to think*:

Je crois qu'elle est en réunion. — *I think she's in a meeting.*
Tu crois?/Vous croyez? — *Do you think so?*

croire *to believe*			
Singular		**Plural**	
je **crois**	*I believe*	nous **croyons**	*we believe*
tu **crois**	*you believe (familiar)*	vous **croyez**	*you believe (plural or polite singular)*
il / elle / on **croit**	*he, it / she, it / one believes*	ils / elles **croient**	*they believe*

Note that the **i** changes to **y** in the **nous** and **vous** forms.

Il faut …

This is a set expression which means, literally, *It is necessary to …* . **Il faut** is often used instead of any of the forms of the verb **devoir**, *must, to have to*. It is followed by a verb in the infinitive, in the same way as **devoir**:

Il faut appeler une dépanneuse. Tu dois appeler une dépanneuse.	*You'll have to call a breakdown truck.*
Il faut changer la roue. Nous devons changer la roue.	*We need to change the wheel.*

EN PRATIQUE

1 **Sortir**, **rejoindre**, **croire**, **devoir**, **partir**, **aller**, **venir**, **faire**, **voir**. We have come across quite a few common irregular verbs in the last three units. Can you remember all their forms?

a) il (**voir**)
b) vous (**venir**)
c) je (**partir**)
d) ils (**aller**)
e) nous (**aller**)
f) je (**faire**)
g) tu (**rejoindre**)
h) nous (**voir**)
i) elles (**faire**)
j) il (**venir**)
k) tu (**sortir**)
l) vous (**sortir**)
m) elle (**partir**)
n) tu (**aller**)
o) je (**devoir**)
p) il (**croire**)
q) nous (**faire**)
r) nous (**devoir**)
s) nous (**rejoindre**)
t) elles (**partir**)

2 Turn the following sentences into instructions or commands:
e.g. Vous devez tourner à gauche. **Tournez à gauche!**
a) Tu dois aller voir le médecin.
b) Nous devons continuer tout droit.
c) Vous devez prendre la première rue à droite.
d) Tu dois quitter l'autoroute à la sortie 9.
e) Vous devez demander à la dame.
f) Nous devons garer la voiture ici.

3 Turn the following commands into the negative form.
e.g. Partez tout de suite! **Ne partez pas tout de suite!**
a) Passons par Melun!
b) Quittez l'A1 à Senlis!
c) Prends le périphérique!
d) Tournez à droite!
e) Contournons Paris!
f) Va au supermarché!

4 Change the following commands into sentences starting with **Il faut**.
e.g Change la roue! **Il faut changer la roue!**
a) Sors à la Porte d'Italie!
b) Va au garage!
c) Rejoignez l'A1 à Nemours!
d) Pars tout de suite!
e) Faisons le plein!
f) Viens demain!

5 Choose a verb from this list to complete the sentences below:
vient, **crois**, **devez**, **sommes**, **venez**, **allons**, **aller**, **rejoignez**.
– Vous … d'où exactement?
– On … de la zone industrielle et nous … maintenant à Longueau mais je … que nous … perdus.
– Eh bien, pour … à Longueau, vous … tourner à gauche et vous … la D934 au premier rond-point.

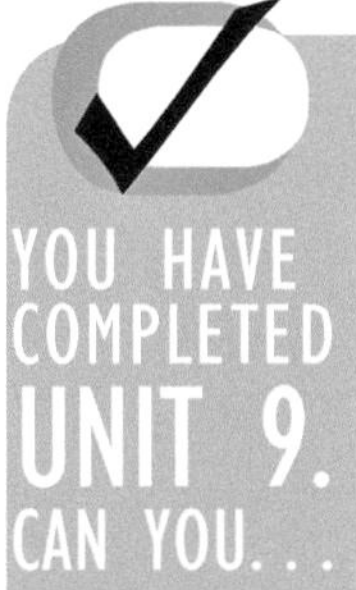

YOU HAVE COMPLETED UNIT 9. CAN YOU...

1 Tell someone which route you are going to follow?
See pages 161–2.
2 Ask your way on the road?
See pages 163–4.
3 Give simple directions?
See pages 163–4.
4 Explain what is wrong with your car?
See pages 171–3.

VOCABULAIRE

FINDING YOUR WAY

le nord *the north*
le sud *the south*
l'est (m.) *the east*
l'ouest (m.) *the west*
vers le nord *towards the north*
à gauche *to/on the left*
à droite *to/on the right*
vers la droite *towards the right*
tout droit *straight on*
direct(e) *direct*
l'itinéraire (m.) *the route*
encombré(e) (here) *busy, very busy*
la route *the road*
l'autoroute (f.) *the motorway*
l'embouteillage (m.) *the traffic jam*
la carte *the map*
le chemin *the way*
la circulation *the traffic*
la vitesse *the speed*
la voie de rocade *the bypass*
le panneau (here) *the sign*
le périphérique *the ring road*
le pont *the bridge*
le carrefour *the junction, the crossroads*
le rond-point *the roundabout*
un sens unique *a one-way street*
le péage *the toll*
contourner *to go round, to bypass*
indiquer *to indicate, to show*
passer par … *to go via …*
quitter *to leave* (a place)
retourner *to return*
tourner *to turn*
conduire *to drive*
rejoindre *to (re)join*

THE CAR

l'automobiliste (m./f.) *the motorist*
l'essence (f.) *the petrol*
sans plomb *unleaded, lead-free*
la batterie *the battery*
à plat *flat* (for a battery)
la bougie (here) *the spark plug*
le coffre *the boot, the trunk*
le capot *the bonnet*
le phare *the headlight*
le clignotant *the indicator light*
le pare-chocs *the bumper*
l'essuie-glace (m.) *the windscreen wiper*
le volant *the steering wheel*
la portière *the car door*
la vitre *the car window*
la roue *the wheel*
le moteur *the engine*
les freins (m. pl.) *the brakes*
le carburateur *the carburettor*
le pare-brise *the windscreen*
le pneu *the tyre*
la dépanneuse *the breakdown truck*
la panne *the breakdown*
être en panne *to break down*
la pression *the pressure*
la station-service *the service station*
le gasoil/gazole *diesel*
la pompe *the pump*
plein(e) *full*
faire le plein *to fill up* (with fuel)
la réparation *the repair*
garer *to park* (car)
démarrer *to start up*
marcher (here) *to work*
ralentir *to slow down*

OTHER USEFUL WORDS

entendre *to hear*
entendu(e) *heard*
croire *to believe, to think*
je crois que … *I think that …*
la dame *the lady*
la sécurité *safety*
prendre votre temps *to take your time*
demander à quelqu'un *to ask someone*
où *where*
pendant dix kilomètres *for ten kilometres*
jusqu'à … *as far as …*
le cycliste *the cyclist*
d'abord *first of all*
dès que … *as soon as …*
frais (m.), fraîche (f.) *fresh, cool*
laver *to wash*
neuf (m.), neuve (f.) *new*
interdit(e) *forbidden, prohibited*
loin *far*
perdu(e) *lost*
sortir *to go out*
ensuite *after that, then*

FAISONS LE POINT!

Où en sommes-nous? *Let's see where we've got to.*

Check that you can do the following in French. You have seen all the vocabulary and grammar in the preceding three units.

1 Can you write and then say the following times in French, first using the 24-hour clock, then using the 12-hour clock?

	24-hour clock	*12-hour clock*
a. 21h15		
b. 06h30		
c. 23h45		
d. 22h10		
e. 11h45		

2 Can you do the following?

a. Ask for a return ticket to Dijon.
b. Ask if the 16h30 train for Paris is running today.
c. Ask if the 16h30 train for Paris is late.
d. Ask which platform the train for Dijon leaves from.
e. Ask if there is a buffet car.
f. Ask how long the flight from Paris to Bordeaux is.
g. Ask how much a ticket for Bordeaux costs.

3 How would you:

a. Ask someone for their phone number.
b. Say that you would like some information about campsites.
c. (on the telephone) Say the line is bad, ask the person you are talking to if they would please repeat what they have said.
d. Ask if they have less expensive rooms.
e. Say that you would prefer a room that is more comfortable.
f. Say that the TGV is as fast as the plane.
g. Agree with a friend that it is the best package.

4 Now use the correct expression to:

a. (on the telephone) Ask to be put through to Monsieur Dupont.
b. (on the telephone) Ask who is calling.
c. Say that you are going to phone Monsieur Dupont.
d. Say that you (a group) are going to have lunch at the restaurant.
e. Say that you have to go to Paris tomorrow.
f. Say that it is necessary to book the (bed)room.

5 Now see if you can:

a. Ask for a double room with bath.
b. Indicate how long you want to stay and give the dates.
c. Ask for the price of the room and ask if breakfast is included.
d. Enquire about the facilities of a campsite.

6 Can you:

a. Ask your way to the station.
b. Give simple directions (turn right, turn left, carry straight on …).
c. Explain a route to somebody (take the A21, leave it at …, bypass … join the B3145 at …).
d. Ask where the toilets are.

7 On the road would you be able to:

a. Understand common road signs.
b. Get some petrol.
c. Comment on how busy or quiet the roads are.
d. Explain where you are going.

- Locations and positions
- Asking for, and giving, directions in town
- The Internet
- Parts of the body and health problems

UNITÉ DIX
Où ça?

A C'est en haut de l'escalier

Activité 1

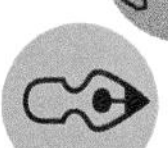

Étudiez le vocabulaire et la note sur **les prépositions**. Écoutez la première partie du dialogue et complétez la **fiche de réservation**. Puis, écoutez la deuxième partie du dialogue et complétez le **plan d'occupation deuxième étage**.

FICHE DE RÉSERVATION

Nom

Nombre de personnes

Nombre de chambres

Type de chambre

Numéro(s) de(s) chambre(s)

Plan d'occupation:
2e étage

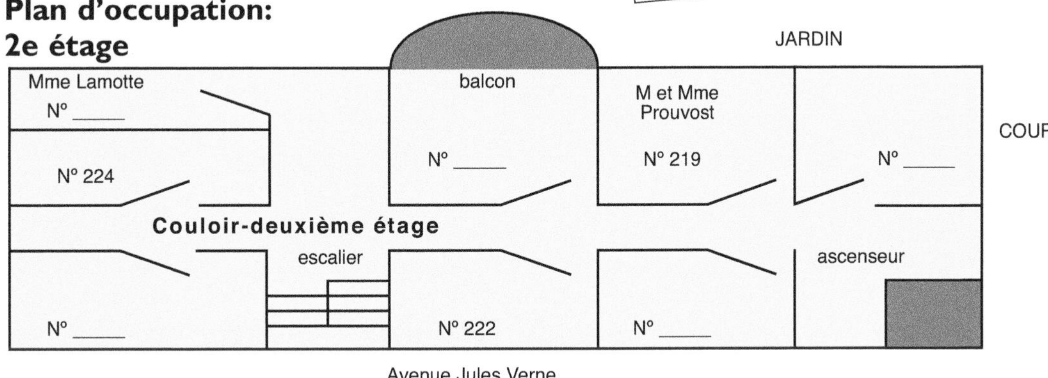

Activité 2

Travaillez avec un(e) partenaire. Partenaire A, vous êtes le/la réceptionniste. Regardez le plan et expliquez où sont les chambres. Partenaire B, posez des questions à Partenaire A.

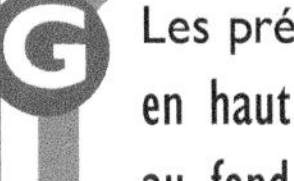

V

au nom de • in the name of
en effet • (here) that's right
la cour • the yard
l'ascenseur (m.) • the lift, the elevator

G

Les prépositions	Prepositions
en haut de	at the top of
au fond de	at the bottom/end of
au-dessus de	above
à côté de	beside, next to
en face de	opposite, facing

see ... page 195

EXPRESSIONS UTILES

C'est au deuxième étage?
Mme ... , s'il vous plaît
La chambre ... , s'il vous plaît
donne sur ...
en face de ...

Activité 3

B Faisons le tour du département!

Au département de production de la société Mermaz SA, la secrétaire, Madame Labègue, accueille Monsieur Gillet, le nouveau technicien. Étudiez le vocabulaire et la note sur **de** et **premier**. Écoutez l'enregistrement et complétez les étiquettes sur le plan.

2.24

V

- montrer • to show
- la secrétaire de direction • the director's secretary
- adjoint(e) • assistant, deputy
- le couloir • corridor
- l'informatique (f.) • computing
- le magasin • (here) the store room
- la photocopieuse • the photocopier
- le télécopieur • fax machine
- le distributeur de boissons • the vending machine (drinks)
- la détente • relaxation

Plan du département de production

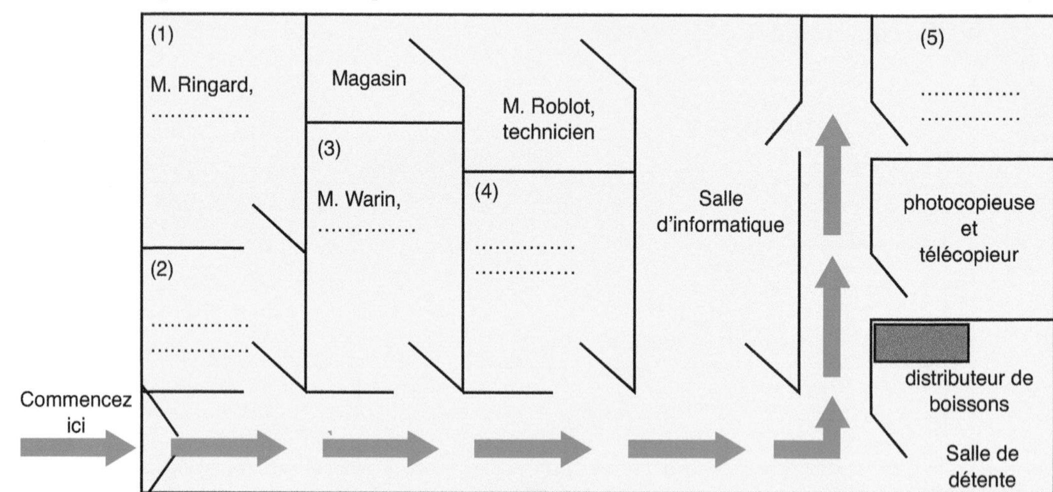

À vous!

Continuez la visite avec un(e) partenaire. Partenaire A, vous êtes Madame Labègue. Partenaire B, vous êtes Monsieur Gillet et vous posez des questions.

G

de

le bureau **de** Mme Lyon	Mme Lyon's office
le distributeur **de** boissons	the drinks dispenser

see ... page 196

premier, deuxième ...

le premier bureau (m.)	the first office
la première salle (f.)	the first room
le/la deuxième ...	the second ...
le/la troisième ...	the third ...

see ... page 196

EXPRESSIONS UTILES

A

Nous avons/On a
entre = *between*
Ici/Là, c'est ...
Cette salle ...
à droite/à gauche
au fond

EXPRESSIONS UTILES

B

en face?
à côté ...
la salle
Qu'est-ce que c'est ... ?
Qu'est-ce qu'il y a ... ?
Où est ... ?

C Est-ce que vous savez où est l'église gothique?

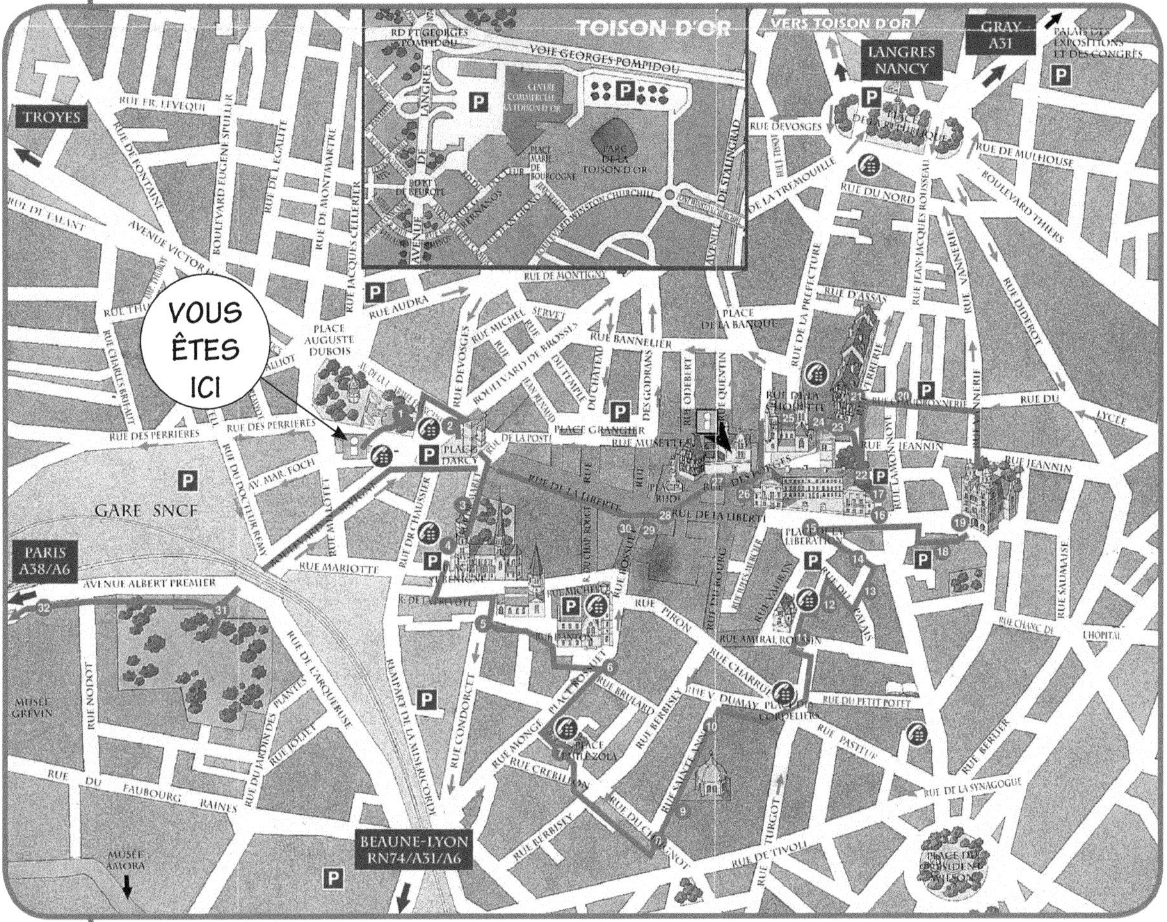

Activité 4

Étudiez le vocabulaire et la note sur **savoir** et **à … d'ici**. Regardez le plan de Dijon. Écoutez le dialogue (page 184) et répondez aux questions.

1 What does the employee advise the tourists to do?
2 Where is the car park situated?
3 Why is it better to walk to the church?
4 How far do they have to walk along the Rue de la Liberté?
5 How long will it take the tourists to walk to the church from the tourist office?

V

vous savez • you know
en voiture • in a car
le plan (de la ville) • the (town) map
l'avenue (f.) • the avenue
juste à côté de • just next to
aller à pied • to go on foot
la voie • the way, the thoroughfare
le piéton • the pedestrian
la voie piétonne • the pedestrian street
la zone piétonne • the pedestrian zone
le feu • (here) the traffic light
les feux • the traffic lights
traverser • to cross

Touriste Est-ce que vous savez où est l'église gothique, s'il vous plaît? C'est loin d'ici? Nous sommes en voiture.

Employée Non, non, regardez sur le plan de la ville. Nous sommes ici, sur l'avenue du Maréchal Foch, et l'église est là, c'est le numéro vingt-cinq sur le plan, vous voyez? Vous garez votre voiture au parking, il est juste à côté d'ici, sur la place Darcy.

Touriste Et nous allons à pied. Oui, je vois, c'est préférable. Il y a des voies piétonnes dans le centre-ville.

Employée Oui, alors prenez la rue de la Liberté, passez le carrefour avec les feux et continuez tout droit pendant deux cents, trois cents mètres; après, traversez la place Rude et prenez vers la gauche la rue des Forges et là vous avez l'église, juste en face de vous … c'est à environ vingt minutes d'ici. Prenez le plan, il va vous aider.

G

savoir	to know (a fact)
connaître	to know (a person, place or thing)
Est-ce que vous savez où est l'église gothique?	Do you know where the Gothic church is?
Tu connais Jean?	Do you know Jean?

see … page 197

G

à … d'ici

You can use this structure with time or distance:

C'est à vingt minutes d'ici	It's twenty minutes from here
C'est à cinq kilomètres d'ici	It's five kilometres from here

Activité 5

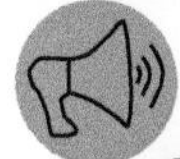

Vous avez le plan, vous êtes à la place Rude, numéro 28 sur le plan. Des touristes français vous demandent des renseignements. Répondez et montrez sur le plan.

1 Pour aller à la rue Vauban, s'il vous plaît?
2 Je veux aller à la place Darcy.
3 Nous voulons aller au Jardin Botanique.
4 Pour aller à la gare, s'il vous plaît?

EXPRESSIONS UTILES

Prenez …
tout droit
Ce n'est pas loin
C'est à 100 mètres
à droite, à gauche
C'est à … minutes d'ici
à pied/en voiture
Passez … Continuez …
en face
le carrefour, les feux,
le magasin, l'église

Activité 6

À vous!

Travaillez avec un(e) partenaire. Vous avez un plan de votre ville, vous renseignez un collègue.

Donnez des directions pour:

1 la piscine
2 les cinémas
3 une pharmacie
4 un supermarché

Activité 7

Vos amis français viennent bientôt dans votre ville. Vous écrivez pour expliquer le chemin …

1 de la gare à votre maison
2 du centre-ville à votre bureau
3 du centre-ville à votre maison.

info FRANCE

LES SITES HISTORIQUES

Le classement d'un site est prononcé par le ministère de la Culture; autour des sites classés, l'administration peut interdire construction, démolition ou exécution de certains travaux. Il y a quelque 43 000 monuments protégés en France. Il y a aussi près de 6 000 châteaux et manoirs, classés ou non. La région qui renferme le plus grand nombre de monuments classés est l'Île de France. Viennent ensuite la Bretagne, l'Aquitaine et le Centre.

info FRANCE

LES MAISONS DE LA CULTURE

The **Maisons de la Culture** were developed under the impetus of the writer, André Malraux, when he was Minister of Culture in de Gaulle's government from 1959 to 1969. The **Maisons de la Culture** flourished in the 1970s and are still the heart of cultural life in the provinces. In 1991 they merged with the **Centres d'animation culturelle** and the **Centres de développement culturel** and became **Scènes nationales**. There are now 70 of them throughout the country. Only a few are still called **Maisons de la Culture**, such as Amiens, Grenoble and Nevers.

D Lisez le guide – les sites historiques de Dijon!

a

b

c

d

e

1

Vous êtes dans la rue de la Liberté, grande rue commerçante de la ville. Vous arrivez maintenant à la place François-Rude: la fontaine, située au centre, est surmontée d'une statue qui, selon la tradition, foule le raisin avec les pieds.

2

De la place de la Libération, vous avez une belle vue sur le Palais des Ducs et des États de Bourgogne surmonté de la Tour Philippe-le-Bon, témoin de l'époque ducale. Le Palais est composé de trois corps qui entourent une place spacieuse.

3

C'est le point de départ de votre visite dans le centre historique de Dijon. Vous êtes devant l'Office de Tourisme et vous voyez la Porte Guillaume édifiée en souvenir de Guillaume de Volpiano, réformateur de l'abbaye bénédictine St-Bénigne au XI ^{ème} siècle.

4

La cathédrale gothique St-Bénigne est un chef d'œuvre de l'art roman de la région. Admirez tout particulièrement les magnifiques toits de tuiles. La cathédrale se trouve sur la place St-Bénigne, près de l'église St-Philibert.

5

Au coin des rues Vauban et Jean-Baptiste Liégeard, vous découvrez l'Hôtel Legouz-Gerland, une des maisons très pittoresques de Dijon, construites aux périodes médiévale et Renaissance.

Activité 8

Étudiez le vocabulaire et la note sur **se trouver**. Découvrez les sites historiques de Dijon. Quelle photo pour quelle description?

info FRANCE

L'HÔTEL LEGOUZ-GERLAND

The word **hôtel** can refer to several things in French. Here it means a large town residence built for the well-to-do in times past, and might be translated as *mansion*. Many of these **hôtels** are now public buildings or offices. The **Hôtel de Ville** is the Town Hall.

V

la rue commerçante • the shopping street
la fontaine • the fountain
selon • according to
fouler • to crush, to trample
le corps • (here) the main part
entourer • to surround
le point de départ • the departure point
devant • in front of
le souvenir • (here) the memory
au coin de • at the corner of
le toit • the roof
la tuile • the tile, the roof tile

G

se trouver	to be found

This verb is often used when requesting or giving directions:

Où se trouve la cathédrale?	Where is the cathedral?
Elle est (située) à ... Elle se trouve à ...	It is at ...

Activité 9

À vous!

Où se trouve la pharmacie? Où se trouve le cinéma? Décrivez le centre de votre ville. Parlez ou écrivez.

info FRANCE

LES TECHNOLOGIES DE L'INFORMATION ET DE LA COMMUNICATION (TIC)

Après l'énorme succès du Minitel dans les années 80, internet est lent à se généraliser en France: en 2001 seulement 17% des foyers sont connectés. Mais en 2006, plus de 50% des Français sont des internautes et en 2012 83% ont accès à internet.

Les principaux fournisseurs d'accès (*internet providers*) sont Orange, Free et SFR. La fibre optique révolutionne les nouvelles technologies en permettant le très haut débit (*super fast broadband*). Ainsi des applications telles que le télétravail, la domotique et la télémédecine sont possibles.

L'internaute est de plus en plus mobile grâce à l'apparition des smartphones, tablettes, netbooks etc. L'utilisation des terminaux devient aussi plus facile: écran tactile et commande vocale ou par gestes. Enfin, l'informatique en nuage (*cloud computing*) est une nouvelle manière d'accéder en libre-service à des ressources informatiques partagées.

E Tu n'es pas sur Facebook!

Activité 10

Étudiez le vocabulaire et la note sur **recevoir** à la page 189. Écoutez le dialogue et répondez Vrai ou Faux.

2.26

		Vrai	Faux
1	Facebook est utile pour rester en contact avec beaucoup de gens.	☐	☐
2	Tu dois téléphoner pour t'inscrire.	☐	☐
3	Il faut un mot de passe pour avoir accès à Facebook.	☐	☐
4	Pour finaliser l'inscription, tu cliques sur le lien.	☐	☐
5	Tout le monde peut toujours avoir accès à tes infos.	☐	☐

Lisez le vocabulaire de l'Internaute et l'article 'Internet pour quoi faire?' et répondez aux questions.

Internet pour quoi faire?

L'activité de communication en ligne la plus répandue reste l'envoi de courriels. D'autres méthodes incluent les messageries instantanées de type Skype, Twitter pour de brefs messages ainsi que les forums de discussion où on peut échanger idées et opinions. Les jeunes sont particulièrement intéressés par les réseaux sociaux (*social networks*) et par les jeux en réseaux (*network gaming*). Ils sont aussi grands amateurs de téléchargement (*downloading*): musique, films ou jeux.

Les internautes naviguent d'abord sur internet pour obtenir des informations. Google, l'un des moteurs de recherche les plus puissants, permet d'accéder rapidement à des millions de sites. Avec ses services dérivés, Google Maps et Street View, il devient possible de faire des voyages virtuels dans une grande partie du monde sans quitter son fauteuil! Une sophistication grandissante des logiciels et de la sécurité permettent à d'autres usages de se développer: achat de biens et services, vente aux enchères (*auction*) et gestion (*management*) des comptes bancaires, par exemple.

1 Quote three methods of on-line communication.
2 What do Web surfers seek first of all?
3 What can you do with Street View?
4 What do advanced software and on-line security allow Web users to do?

V

être connecté • to be connected
en ligne • on line
commode • convenient
un moteur de recherche • search engine
s'inscrire • to register
des tas de • loads of
l'écran (m) • the screen
le mot de passe • password
naviguer • to surf (the net)
cliquer • to click
le lien • the link
commander • to order

À vous!

Parlez avec votre partenaire.
Etes-vous un(e) Internaute?
Qu'est-ce que vous faites sur Internet?

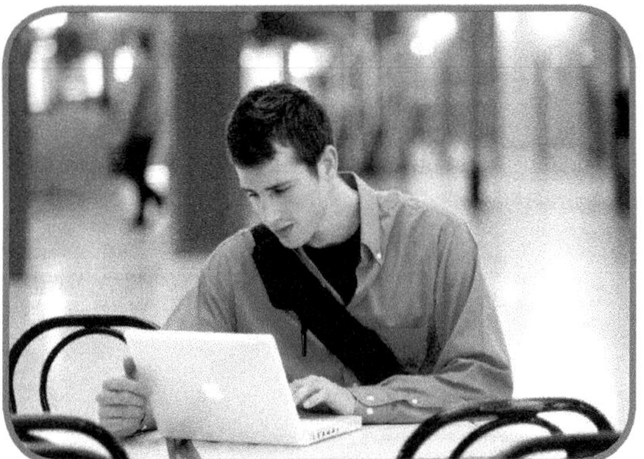

recevoir	to receive
je reçois	I receive

see… page 197

F Montons au premier étage

Activité 13

Étudiez le vocabulaire. Écoutez le dialogue et complétez le plan du gîte en français.

M. Senet Entrez, je vous prie … Alors, à gauche vous avez la cuisine, et derrière il y a une arrière-cuisine.

Annick La cuisine est bien équipée …

M. Senet Oui, elle est tout confort. Regardez! Le lave-linge est dans l'arrière-cuisine en dessous du séchoir et le lave-vaisselle est à côté de l'évier dans la cuisine.

Annick Et à droite, c'est la salle à manger?

M. Senet C'est ça, et à côté, la salle de séjour. Au fond du couloir à gauche vous avez la première chambre. Venez, montons au premier étage … Sur votre droite se trouve la salle de bains.

Annick Elle est spacieuse et claire, très agréable.

M. Senet Oui, elle est grande … et la douche fonctionne! Ensuite vous avez ici à gauche la deuxième chambre avec un lit deux places et au fond du couloir deux chambres, l'une avec des lits jumeaux et l'autre avec un lit une place.

Ground floor

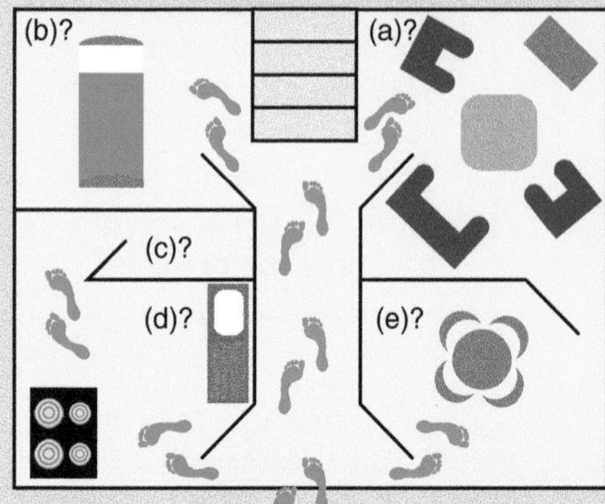

First floor

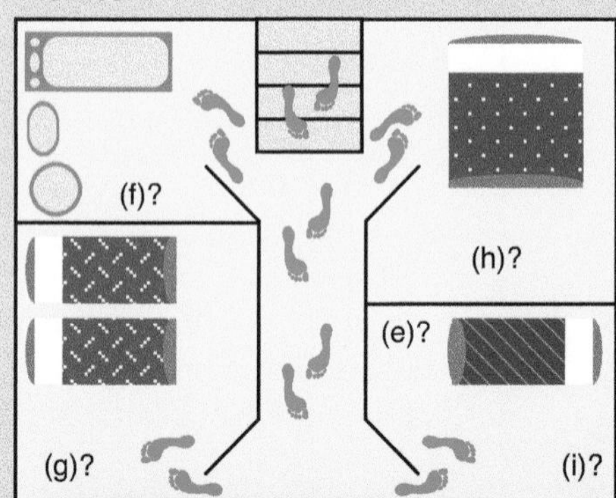

- l'arrière-cuisine (f.) • the utility room
- le lave-linge • the washing machine
- en dessous de • below
- le séchoir • (here) the tumble drier
- le lave-vaisselle • the dishwasher
- monter • to go up
- spacieux (m.), spacieuse (f.) • spacious
- clair(e) • bright, light
- agréable • pleasant
- fonctionner • to work, to function
- à votre gauche • on your left

Activité 14

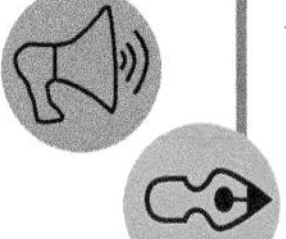

Vous voulez louer votre maison/votre appartement. Faites un plan et présentez les pièces et les équipements à un visiteur.

EXPRESSIONS UTILES
Entrez, je vous prie
à votre gauche/sur votre gauche
à votre droite/sur votre droite
derrière
monter
en dessous de
équipé(e)

G Le troisième rayon à droite

Activité 15

Trouvez l'équivalent des mots français dans la liste Nos Rayons.

NOS RAYONS

Tout pour la maison, tout pour la famille

a spiritueux	1 butter
b lait	2 cakes
c beurre	3 fresh fish
d conserves	4 spirits
e produits surgelés	5 milk
f poisson frais	6 cooked meat
g viande	7 household cleaning goods
h vêtements messieurs	8 bread
i charcuterie	9 tinned food
j pain	10 deep-frozen food
k gâteaux	11 pasta
l produits ménagers	12 meat
m pâtes	13 men's clothing

info FRANCE

LES MAGASINS LIBRE-SERVICE

To protect small shops, the development of supermarkets in France is tightly controlled by the *loi Royer* (**la loi** = *the law*). Under this law, new supermarkets are built on carefully selected sites. A little known part of the law also provides for part of supermarket profits to support small village shops in more remote rural areas. These days, most small towns have a **supérette** or larger **supermarché**. (**Un magasin libre-service** = *a self-service shop*.) Hypermarkets (**les hypermarchés**) are generally found on the outskirts of larger towns. Town centres have the larger department stores (**les grands magasins**) and perhaps a shopping centre (**un centre commercial**). All the larger shops have specialised areas or sections of shelves (**les rayons**). The cheese section (**le rayon fromages**) can contain a very impressive display of some of France's hundreds of types of cheese. Sales of medicines are tightly controlled. The supermarket may sell general products for personal hygiene (**les produits d'hygiène**) and cosmetics (**les produits de beauté**) but only basic items for sore throats, headaches, etc. All other medicines are found at the chemist's.

Activité 16

Vous cherchez … ? Travaillez avec un(e) partenaire. Partenaire B, vous cherchez dans un supermarché. Regardez votre liste d'achats à la page 245 et demandez.

Partenaire A, vous travaillez à l'accueil d'un supermarché, vous renseignez les clients. Regardez le plan du supermarché et répondez.

EXPRESSIONS UTILES

Vous cherchez … ?/Vous désirez?
Est-ce que je peux vous aider?
C'est … / Il(s)/Elle(s) est/sont
le troisième/quatrième rayon
à droite/à gauche
à votre service
je vous en prie

Partenaire A
Partenaire B: vous êtes ici
entrée
les caisses
accueil
vins, bières, spiritueux
boissons non alcoolisées, jus de fruit
conserves
farine, pâtes, riz
produits ménagers
vêtements dames
fruits
vêtements messieurs
légumes
vêtements enfants
lait, fromages, yaourts, beurre
produits surgelés
desserts
poissons frais
viande, charcuterie
pain, gâteaux

H J'ai mal

Activité 17

Lisez et écoutez les deux parties du dialogue. Répondez aux questions.

1. What part of the supermarket does Alice want to go to?
2. Where does Alice have to go to buy medicines?
3. Where is the chemist's?

À l'accueil du supermarché …

Alice Est-ce qu'il y a un rayon pharmacie, s'il vous plaît?
Employé Non, madame. Pour les médicaments, il faut aller à la pharmacie. À la sortie, c'est à gauche, au coin de la rue.
Alice Merci beaucoup.

Comment décrire les symptômes	How to describe symptoms
avoir mal	to have a pain
avoir mal au ventre	to have a stomachache
avoir la diarrhée	to have diarrhoea
vomir	to be sick, to vomit
avoir mal aux dents	to have toothache
avoir mal au cœur	(colloquial) to feel sick
avoir mal à la tête	to have a headache
avoir un coup de soleil	to have sunstroke
avoir une piqûre d'insecte	to have been stung/bitten by an insect
avoir un virus	to have a virus

Plus tard, à la pharmacie ...

Alice	Je voudrais de l'aspirine, s'il vous plaît.
Pharmacien	Voici, c'est tout?
Alice	Non, avez-vous quelque chose pour la diarrhée?
Pharmacien	Oui, nous avons des comprimés ou un sirop.
Alice	Je préfère les comprimés.
Pharmacien	Alors, voici, vous devez prendre deux comprimés toutes les trois heures ... Et allez voir le médecin s'il n'y a pas d'amélioration après trois jours.

4 What medicines does Alice want?
5 What choice of medicine is there?
6 What form of medicine does Alice prefer?
7 What is the recommended dose?
8 What is the chemist's final advice?

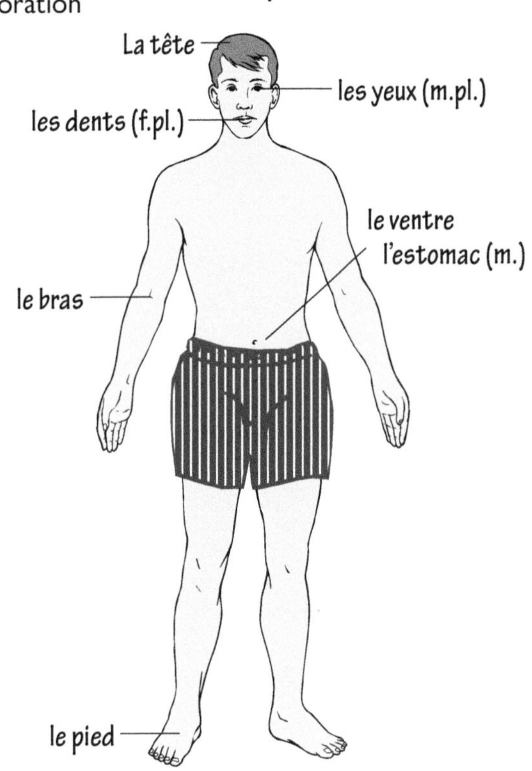

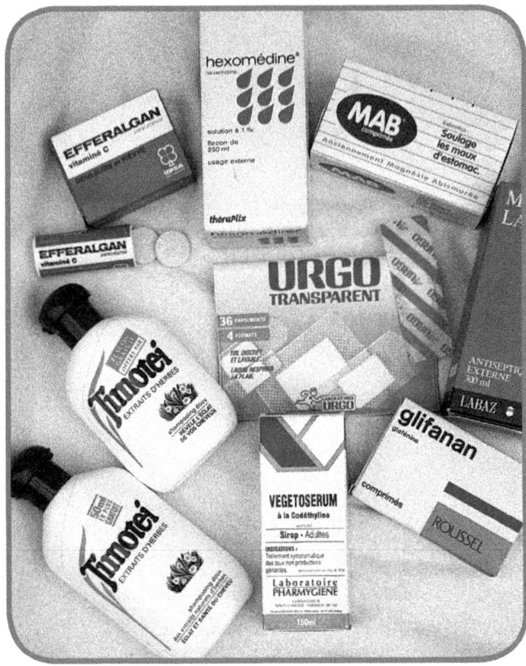

V

des vitamines (f. pl.) • vitamins
des comprimés (m. pl.) • tablets
l'antiseptique (m.) • antiseptic
le sirop • syrop, mixture
le shampooing • shampoo
des pansements (m. pl.) • plasters, dressings
la crème • cream
la pommade • ointment
les suppositoires (m. pl.) • suppositories

info FRANCE

ÊTRE MALADE EN FRANCE

In France, the chemist (**le pharmacien** or **la pharmacienne**) at the local chemist's will be a well-qualified person, able to advise you on treatment for minor ailments. Many chemists also stock homeopathic remedies (**des remèdes homéopathiques**) as well as the common medicines (**les médicaments**). Medicines may be intended to be taken through the mouth (**par voie buccale**) but a wide range is available in the form of suppositories (**les suppositoires**).

In general, it will be necessary to see a doctor (**un médecin**) in order to obtain a prescription (**une ordonnance**) for more serious problems. It is possible to visit most country doctors without an appointment (**un rendez-vous**). The local telephone directory is available through the Internet and this may be used to find the address of the nearest chemist, doctor or hospital. Patients usually pay the doctor directly for medical examinations and are refunded by the health service (**la Sécurité Sociale**). Most French citizens also expect to pay for their prescriptions although they may later be able to claim all or part of the cost of the medicine back from the state and private health insurance schemes. The French are among the biggest consumers of antibiotics and sleeping pills in the world.

Don't expect to find films and photographic equipment at a **pharmacie** or medicines at a **droguerie. La droguerie** sells polishes, cleaning products and other items for the home. **Le droguiste** is a specialist in paints! But some large French towns now have a **drugstore**, a shop which offers roughly the same range of products as drugstores in Britain or in the USA.

Activité 18

Travaillez avec un(e) partenaire. Partenaire A, vous avez mal. Expliquez le problème. Partenaire B, vous êtes le/la pharmacien(ne). Donnez une réponse possible.

Partenaire A		**Partenaire B**	
J'ai …	mal au ventre	Vous devez …	des comprimés
Mon fils a …	mal aux yeux	Il doit …	de l'aspirine
Ma fille a …	mal aux pieds	Elle …	un sirop
Mon ami(e) a …	la diarrhée	Il faut …	toutes les … heures
	mal au bras	prendre …	la crème
	un coup de soleil	continuer …	le médecin
		aller voir …	le dentiste

Grammaire

Prepositions and adverbs

This unit includes many words and phrases which explain where things are; these are *prepositions* or *adverbs*. As well as those listed on page 181, such phrases include:

au bout de	*at the end of*
en bas de	*at the bottom of*
en dessous de	*underneath, below*
au coin de	*at the corner of*
à l'arrière de	*at the back of*
près de	*near*
à droite de	*to the right of*

There are much simpler prepositions:

à	*at/to*
en	*in*
entre	*between*
derrière	*behind*
devant	*in front of*
sur	*on*
sous	*under*
dans	*in*
vers	*towards*

Prepositions are important words which cover many ideas in addition to position and location:

sans	*without*
avec	*with*
par	*by*
après	*after*
pour	*for*
selon	*according to*

Remember that prepositions do not always translate directly:

Je vais **à** pied.	*I'm going **on** foot.*
Il arrive **vers** neuf heures.	*He's arriving **at about** nine o'clock.*
Nous allons **en** voiture.	*We're going **by** car.*

The word **tout** can be added to many phrases indicating direction or location, giving an extra emphasis to the phrase:

tout au bout de la rue	*right at the end of the street*
tout en bas du frigo	*right at the bottom of the fridge*
tout en haut	*right at the top*

De

De (and **de la**, **du**, **des**, etc.) has several different meanings:

1	*some/any*	Il y a **de la** bière	*There is some beer*
2	*of*	au coin **de**	*at the corner of*
3	to indicate a type (here **de** is not translated in English)	le département **de** production les services **d'**information	*the production department* *the information services*
4	to indicate possession	le bureau **de** Mme Lyon	*Mme Lyon's office*

Note that in (3) and (4), the order of the words in French is different from the English.

Premier, deuxième, troisième

These are ordinal numbers, and are used to classify things into order: *first*, *second*, *third*, etc.

premier (m.)	1er	*first*
première (f.)	1ère	*first*
deuxième	2ème	*second*
troisième	3ème	*third*
quatrième	4ème	*fourth*
cinquième	5ème	*fifth*
sixième	6ème	*sixth*
septième	7ème	*seventh*
huitième	8ème	*eighth*
neuvième	9ème	*ninth*
dixième	10ème	*tenth*
onzième	11ème	*eleventh*
douzième, etc.	12ème, etc.	*twelfth*, etc.
vingt et unième		*twenty-first*
vingt-deuxième, etc.		*twenty-second*, etc.

Except for **premier** and **première**, ordinal numbers are formed by removing any final **e** and adding **-ième** to the number. Note some exceptions: **neuf** and all numbers ending in **neuf** change the **f** to **v**: **neuvième**, **dix-neuvième**, **vingt-neuvième**, etc. **Quatre-vingtième** loses the final **s** of **quatre-vingts**. And **u** is added to **cinq** to give **cinquième**.

Ordinal numbers can be abbreviated as in the middle column, or with ^{e}:
2e, 3e (except for 1er and 1ère)

When ordinal and cardinal numbers are used together, the order is the reverse of that in English:

les deux premières années *the first two years*

Savoir and *connaître*

Savoir and **connaître** both translate the verb *to know*. They are irregular.

savoir *to know*			
Singular		**Plural**	
je **sais**	*I know*	nous **savons**	*we know*
tu **sais**	*you know (familiar)*	vous **savez**	*you know (plural or polite singular)*
il / elle / on **sait**	*he, it / she, it / one knows*	ils / elles **savent**	*they know*

connaître *to know*			
Singular		**Plural**	
je conn**ais**	*I know*	nous conn**aissons**	*we know*
tu conn**ais**	*you know (familiar)*	vous conn**aissez**	*you know (plural or polite singular)*
il / elle / on conn**aît**	*he, it / she, it / one knows*	ils / elles conn**aissent**	*they know*

Savoir is used for facts and is often followed by **si** (*if*), **où** (*where*), or **que** (*that*):

Est-ce que tu sais si le musée est ouvert le dimanche? *Do you know if the museum is open on Sundays?*

Remember the useful phrase**, je ne sais pas** = *I don't know.*

Connaître is used for persons, places or things.

Est-ce que vous connaissez notre nouveau directeur? *Do you know our new manager?*
Vous ne connaissez pas mon fils. *You do not know my son.*
Tu connais la cathédrale d'Orléans? *Do you know Orléans Cathedral?*

Recevoir

This is an irregular verb.

recevoir *to receive*			
Singular		**Plural**	
je **reçois**	*I receive*	nous **recevons**	*we receive*
tu **reçois**	*you receive (familiar)*	vous **recevez**	*you receive (plural or polite singular)*
il / elle / on **reçoit**	*he, it / she, it / one receives*	ils / elles **reçoivent**	*they receive*

Note that the **c** takes a cedilla (**ç**) when it is followed by **o**. This is because **c** is pronounced soft (like **s**) before **e**, **i** and **y**, and hard (like **k**) before **a**, **o**, **u**. Adding the cedilla makes the **c** soft when it would otherwise be hard.

Note, too, that these endings are the same as for **devoir** (page 158).

Appuyer

Here are all the forms of **appuyer**, *to press* or *to lean*, in the present tense.

appuyer *to press*			
Singular		**Plural**	
j'**appuie**	*I press*	nous **appuyons**	*we press*
tu **appuies**	*you press (familiar)*	vous **appuyez**	*you press (plural or polite singular)*
il / elle / on **appuie**	*he, it / she, it / one presses*	ils / elles **appuient**	*they press*

Note that the **y** becomes **i** in all but the **nous** and **vous** forms of the verb. Apart from this, **appuyer** follows the regular **-er** pattern.

EN PRATIQUE

1 **Le bureau de Mme Lyon**, *Mme Lyon's office.* Using the same pattern, how would you say:

a) my son's car
b) his wife's friends
c) the manager's flat
d) the student's rooms
e) the employees' relaxation room
f) Mr Gillet's office
g) the secretary's telephone number

2 Use the prompt given in English to complete the sentences. (Don't forget to check the genders of the nouns!)

a) (*opposite*) La banque se trouve ______________________ Hôtel de Ville.
b) (*at the corner*) Vous prenez la rue ______________________ la place.
c) (*at the end*) Vous cherchez les WC? Ils sont ______________________ couloir.
d) (*next to*) Le rayon poissons est ______________________ rayon fromages.
e) (*to the left of*) Le supermarché Casino est situé ______________________ magasin de sports.
f) (*to the right of*) Le parc se trouve ______________________ maisons rouges là-bas.

3 Using the correct form of **savoir** or **connaître**, complete the following sentences.
a) __________________ -vous où se trouve la Maison de la Culture?
b) Je ne __________________ pas la ville de Lyon.
c) Est-ce que vous __________________ son mari?
d) On ne __________________ pas s'il y a un train cet après-midi.
e) Tu __________________ le nouveau jeu vidéo (*video game*)?
f) Ils ne __________________ pas où sont les documents.

4 Using **de** to link the two words, give the French equivalent of the English phrase:
e.g. the production department
production = production (f.)
department = département (m.)
→ **le** département **de** production

a) the information office

information = information (f.)
office = bureau (m.)

b) the language laboratory

language = langues (f. pl.)
laboratory = laboratoire (m.)

c) a holiday house

holiday = vacances (f. pl.)
house = maison (f.)

d) the marketing manager

marketing = marketing (m.)
manager = directeur (m.)

e) a sports car

sports = sport (m.)
car = voiture (f.)

5 How would you express the following in French?
a) The church is 20 minutes from here.
b) The dishwasher is between the sink and the washing machine.
c) The manager's office is at the bottom of the corridor.
d) I do not know where the keys are.
e) We know her husband.

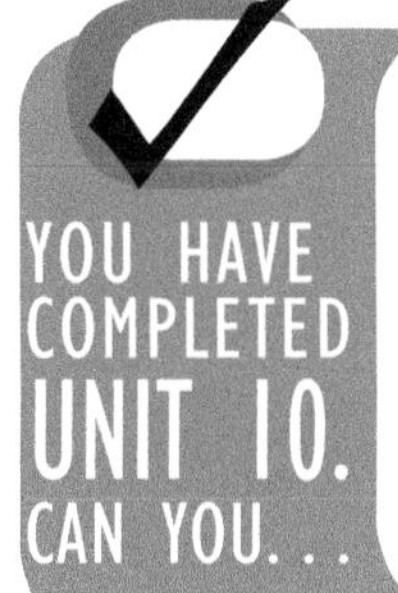

YOU HAVE COMPLETED UNIT 10. CAN YOU...

1. Describe the layout of a room or a building that you know? See pages 181–2.
2. Ask for directions in a town? See pages 183–4.
3. Give directions? See pages 185–7.
4. Explain how the Internet works? See pages 188–9.
5. Explain where you have a pain? See pages 192–4.

VOCABULAIRE

DIRECTIONS AND POSITIONS

à côté de	*beside, next to*
juste à côté de	*just next to*
au fond de	*at the end/bottom of*
au-dessus de	*above*
derrière	*behind*
en face de	*facing, opposite*
en haut de	*at the top of*
en dessous de	*below, underneath*
entre	*between*
à votre gauche	*on your left*
aller à pied	*to go on foot*
le bâtiment	*building*
c'est à 20 minutes d'ici	*it's 20 minutes from here*
la rue commerçante	*the shopping street*
l'avenue (f.)	*the avenue*
la carte	*the map*
le plan	*the plan, the map*
le plan (de la ville)	*the (town) map*
la voie	*the way, the thoroughfare*
le coin	*the corner*
au coin de	*at the corner of*
le feu	(here) *the traffic light*
les feux	*the traffic lights*
le piéton	*the pedestrian*
la voie piétonne	*the pedestrian street*
le point de départ	*the departure point*
nous sommes en voiture	*we are in a car*
se trouver	*to be found*
Où se trouve(nt) … ?	*Where is/are … ?*
traverser	*to cross*

IN THE OFFICE

l'adjoint (m.) l'adjointe (f.)	*the assistant, deputy*
l'informatique (f.)	*computing*
la photocopieuse	*the photocopier*
le couloir	*the corridor*
le distributeur de boissons	*the vending machine* (drinks)
le télécopieur	*the fax machine*
l'entrée (f.)	(here) *the entrance*

HOTELS AND RENTED ACCOMMODATION

au nom de	*in the name of*
l'ascenseur (m.)	*the lift, the elevator*
équipé(e)	*equipped*
l'arrière-cuisine (f.)	*the utility room*
le lave-linge	*the washing machine*
le séchoir	(here) *the tumble drier*
le lave-vaisselle	*the dishwasher*
la cour	*the yard*
spacieux (m.), spacieuse (f.)	*spacious*

HEALTH AND THE BODY

le corps	*the body*
la tête	*the head*
les yeux (m. pl.)	*the eyes*
les dents (f. pl.)	*the teeth*
le cou	*the neck*
le bras	*the arm*
la jambe	*the leg*
le ventre, l'estomac (m.)	*the stomach*
la main	*the hand*
le pied	*the foot*
le dos	*the back*
le sirop	*the syrup, the mixture*
le comprimé	*the tablet*
le médicament	*the medicine*
l'ordonnance (f.)	*the prescription*
avoir mal	*to have a pain*
vomir	*to be sick, to vomit*

OTHER USEFUL WORDS AND PHRASES

la détente	*relaxation*
en effet	(here) *that's right*
monter	*to go up, to come up*
montrer	*to show*
la fontaine	*the fountain*
selon	*according to*
la vue	*the view*
entourer	*to surround*
le toit	*the roof*
le souvenir	*the memory*
utiliser	*to use*
compliqué(e)	*complicated*
en ligne	*on line*
naviguer	*to surf* (the net)
l'annuaire (m.)	*the directory*
recevoir	*to receive*
appuyer	*to press, to lean*
partout	*everywhere*
entier (m.), entière (f.)	*whole, entire*
agréable	*pleasant*
fonctionner	*to function, to work*
la loi	*the law*
clair(e)	*bright, light*
composé(e) de	*made up of, comprising*
s'inscrire	*to register*
des tas de	*loads of*
le mot de passe	*password*
le lien	*the link*

- Describing holidays and weekends
- Preparing a CV
- Job interviews
- Talking about things you have done

UNITÉ ONZE
Le temps passe

A J'ai téléphoné ce matin

Activité 1

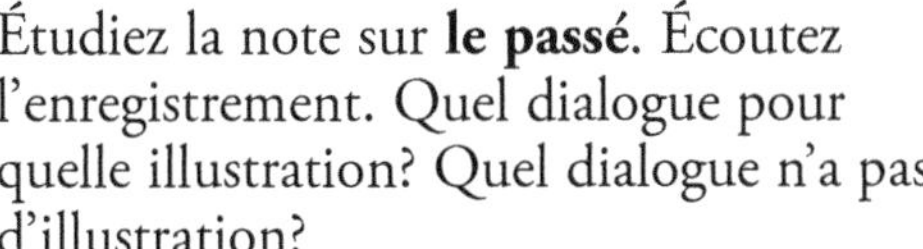

Étudiez la note sur **le passé**. Écoutez l'enregistrement. Quel dialogue pour quelle illustration? Quel dialogue n'a pas d'illustration?

2.29

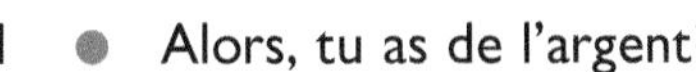

1
- Alors, tu as de l'argent?
- Oui, j'ai retiré 150 euros à la banque ce matin.

2
- Bonjour, ça va?
- Non, j'ai mal aux jambes! J'ai marché tout le week-end.

3
- Vous désirez, monsieur?
- J'ai réservé une table pour quatre personnes cet après-midi.

4
- Bonne nuit?
- Non, j'ai travaillé jusqu'à deux heures du matin!

5
- Est-ce que je peux vous aider?
- Oui, j'ai téléphoné ce matin, j'ai rendez-vous avec le directeur du personnel à 15 heures.

a

b

c

d

G

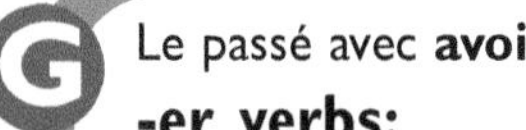

Le passé avec **avoir**	The past with **avoir**
-er verbs:	
j'ai retir**é**	I have withdrawn, I withdrew
j'ai march**é**	I have walked, I walked
j'ai réserv**é**	I have reserved, I reserved
j'ai travaill**é**	I have worked, I worked
j'ai téléphon**é**	I have telephoned, I telephoned
j'ai rang**é**	I have tidied up, I tidied up
j'ai écout**é**	I have listened, I listened

see . . . page 215

Activité 2

Nous sommes lundi! Un weekend agréable, Philippe?
Choisissez Vrai ou Faux.

	What did Philippe do?	Vrai	Faux
1	He played football.	☐	☐
2	He worked in the garden.	☐	☐
3	He bought a hi-fi.	☐	☐
4	He listened to his new CD.	☐	☐
5	He tidied up the house.	☐	☐
6	He danced with some friends.	☐	☐

Samedi …

D'abord j'ai travaillé dans le jardin.
Puis j'ai acheté une hi-fi.
L'après-midi, j'ai regardé un match de foot à la télé.

Dimanche …

J'ai préparé un grand repas pour mes amis, après j'ai rangé la maison.
… et le soir, j'ai écouté mon nouveau CD.

Activité 3

Cécile parle de son week-end. Complétez ses phrases.

EXEMPLE: J'ai déjeuné dans le jardin.

1 _______ ___________ un bon film.
2 _______ ___________ une soirée avec des amis.
3 _______ ___________ ma chambre.
4 _______ ___________ un nouveau jean.
5 _______ ___________ sur l'ordinateur.

choisissez
ranger
travailler
regarder
acheter
organiser

B Nous avons fait bon voyage

le 3 août 20—

Nous voici enfin arrivés en Corse! Nous avons fait bon voyage malgré une chaleur torride. Nous avons trouvé un hôtel charmant dans les Alpes du Sud où nous avons passé deux nuits. Les enfants ont adoré ce petit village pittoresque et Philippe a apprécié la cuisine régionale. On a visité la région avant de prendre le bateau pour Ajaccio et j'ai photographié des coins sensationnels.

On a ici une vue magnifique sur la mer et le temps est splendide.

Bons baisers à tous!

Monique

MONSIEUR ET MADAME LEGROS
23, RUE DU BAC
62000 – CALAIS

Activité 4

Lisez la carte, étudiez le vocabulaire et la note de grammaire. Répondez aux questions.

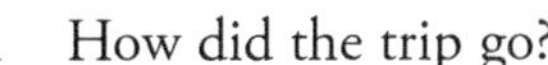

1. How did the trip go?
2. How long did they stay in the Alps?
3. What did the children like?
4. What did Philippe like?
5. What did they do before catching the boat?

Activité 5

Regardez la carte postale. Vous êtes Monsieur ou Madame Legros. Répondez aux questions du voisin sur les vacances de Monique et sa famille.

1 ● Monique est en Corse?
 ● Oui, elle . . . . . .
2 ● Est-ce qu'ils ont fait le voyage en une journée?
 ● Non, ils . . . . . . et . . . . . .
3 ● Qu'est-ce qu'ils ont visité?
 ● Ils . . . . . .
4 ● Est-ce qu'ils ont aimé?
 ● Oui, les enfants . . . . . . et Philippe a . . . . . .
5 ● Et Monique, qu'est-ce qu'elle a fait?
 ● Elle . . . . . .

V

- la Corse • Corsica
- faire bon voyage • to have a good journey
- malgré • in spite of, despite
- la chaleur • the heat
- torride • very hot
- le bateau • the boat
- un coin sensationnel • (here) a wonderful place
- splendide • wonderful
- le voisin (m.) / la voisine (f.) • the neighbour

G

avant de (+ verbe)	before (+ ...ing)
avant de prendre	before taking
Le *passé* avec **avoir**	The past with **avoir**
nous avons fait	we have made, we made, (here) we had
nous avons trouvé	we have found, we found
ils ont adoré	they have adored, they adored
il a apprécié	he has appreciated, he appreciated
on a visité	(here) we have visited, we visited

see . . . pages 215–16

C Elle a attendu le bus

Activité 6

2.30

Étudiez le vocabulaire et la note de grammaire. Écoutez et lisez le dialogue. Cochez Vrai.

		Vrai
Hélène a …	rencontré son chef.	☐
	attendu le bus.	☐
	choisi son bureau.	☐
	travaillé beaucoup.	☐
	mangé.	☐

		Vrai
Hélène n'a pas …	rencontré son chef.	☐
	attendu le bus.	☐
	choisi son bureau.	☐
	travaillé beaucoup.	☐
	mangé.	☐

Gilles Alors, cette première journée, raconte!

Hélène Eh bien, j'ai rencontré mes collègues, mais je n'ai pas travaillé beaucoup.

Gilles Le cadre est agréable?

Hélène Oui, j'ai choisi le bureau près de la fenêtre, j'ai le soleil le matin.

Gilles Tu as rencontré ton chef?

Hélène Non, je n'ai pas rencontré Monsieur Caron, notre chef.

Gilles Et le bus? Pas de problème pour revenir?

Hélène J'ai attendu … vingt minutes peut-être, le service n'est pas très bon sur cette ligne.

Gilles Alors, tu es contente?

Hélène Oui, mais je suis très fatiguée ce soir et je n'ai pas mangé!

V

raconter • to tell
le cadre • (here) the surroundings
revenir • to come back
la ligne • the line, (here) the route
content(e) • happy
fatigué(e) • tired
hier • yesterday

G

Notice the position of **ne … pas** in the negative statements:

je **n'**ai **pas** travaillé	I haven't worked, I didn't work
je **n'**ai **pas** rencontré	I haven't met, I didn't meet

-ir verbs:

j'ai choisi	I've chosen, I chose

-re verbs:

j'ai attendu	I've waited, I waited

see … pages 215, 217

Activité 7

Complétez le courriel de Gilles.

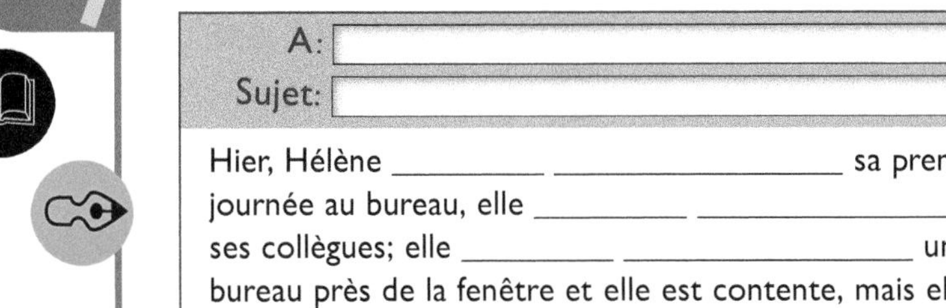

A:
Sujet:

Hier, Hélène _________ _________________ sa première journée au bureau, elle _________ _________________ ses collègues; elle _________ _________________ un bureau près de la fenêtre et elle est contente, mais elle _________ _________________ le bus pour revenir.

choisissez
a rencontré
a fait/a passé
a attendu
a choisi

Activité 8

Faites un sondage! **Des vacances à la maison: qu'est-ce que vous avez fait?**

Travaillez en groupes de trois ou quatre. Écrivez un questionnaire sur les vacances.

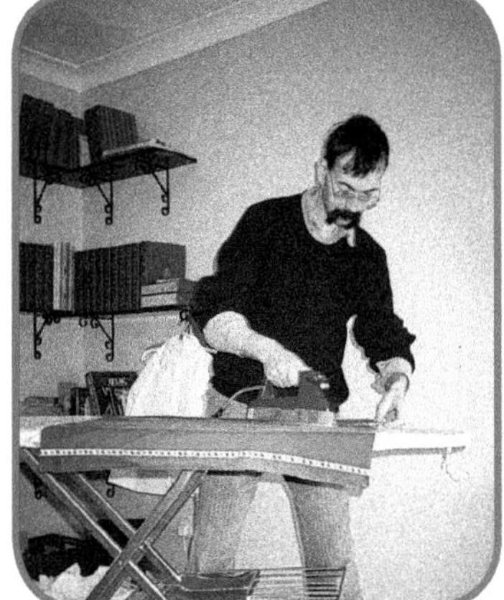

SONDAGE

Les vacances	Oui	Non
1) Est-ce que vous avez travaillé dans le jardin?	✓✓✓	✓
2) Avez vous …		
3) Est-ce que vous avez …		

Activité 9

Maintenant, posez vos questions à un autre groupe. Écrivez les réponses.

QUELQUES IDÉES POUR VOTRE QUESTIONNAIRE

travailler / jardin?
réparer / voiture?
écouter / de la musique?
organiser / dîner?
faire du bricolage? (*to do some DIY*)
jouer / enfants?
regarder / télé?
faire des promenades? (*to go for walks*)
écouter / la radio?
faire du sport?
dormir / l'après-midi?
attendre / des amis?
finir / un travail?

Activité 10

Vous êtes le rapporteur (*the group spokesperson*). Discutez les résultats du sondage avec votre professeur.

EXEMPLES: Monsieur X a organisé un dîner pour ses amis.
Trois personnes ont fait du bricolage.
Quatre personnes n'ont pas regardé la télé.

Activité 11

Vous avez visité le Futuroscope, 'le Parc européen de l'image', près de Poitiers. Vous envoyez une carte. (Utilisez **nous**, **je** et **on**).

Conçu, réalisé et financé par le département de la Vienne, le FUTUROSCOPE est la seule réalisation s'appuyant sur les trois activités principales de l'homme : les loisirs, la formation, le travail.

EXPRESSIONS UTILES

(**voyager**) toute la nuit
(**visiter**) tous les endroits intéressants
(**déjeuner**) dans un des cafés
(**aimer**) les cinémas
Marie (**aimer**) l'architecture
(**finir**) la visite à sept heures
(**dîner**) dans un excellent restaurant

LA GYROTOUR
D'une hauteur de 45 m, vous avez une vision panoramique de l'architecture superbe de l'ensemble du FUTUROSCOPE :
parc de loisirs, palais des congrès, aire technologique, aire de formation.

L'OMNIMAX

L'image hémisphérique. Dans cette salle, l'image est projetée sur une gigantesque coupole, grâce à un objectif particulier dit "fish-eye". Elle occupe ainsi tout votre champ de vision et vous plonge totalement au cœur de scènes spectaculaires avec de nouvelles images cette saison.

Restauration

Régalez-vous comme bon vous semble

EN FAMILLE

SANS RÉSERVATION

La restauration traditionnelle :
l'Entracte, l'Europe, la Vienne, le Cristal : des cartes et des menus variés de 15 à 25€

La restauration rapide :
La Cafétéria et le Resto'Vite

La restauration à emporter :
Sandwicherie, Viennoiserie, Saladerie, Pizzéria, Pâtes fraîches, Glaces, Crêpes, Gaufres,...

D J'ai obtenu mon diplôme

Activité 12

Étudiez le vocabulaire (page 208) et la note de grammaire. Écoutez le dialogue et complétez les notes de M. Blin.

NOTES: entretien avec J. SELLET

Études:

19 ______ à 1989	DUT: techniques de commercialisation, IUT Le Havre
1984 à 19 ______	BTS (Rouen)
1981 à 1984 (Rouen)	Lycée Édouard Gand

Expérience professionnelle:

1997 à ce jour	Société Pernod-Ricard
19 ______ à 1997	Société Danone

mille sept cent quatre-vingt-neuf

mille neuf cent soixante-huit

info FRANCE

PROFESSIONAL QUALIFICATIONS IN FRANCE

At the end of their secondary studies (**les études secondaires**), French students take **le baccalauréat**, often referred to as **le Bac**. If they pass they can then proceed to university (**l'université**) or an IUT (**Institut Universitaire de Technologie**). The brightest can go to special preparatory schools (**les écoles préparatoires**) to study for the competitive entrance examinations (**les concours d'entrée**) which select for entry to the small number of specialised **Grandes Écoles**. These prestigious schools train future top business people, engineers and civil servants.

Among the many diplomas that a French student can take after the **Bac** are:

- **le BTS** (**le Brevet de Technicien Supérieur**), two years of study after the **Bac**
- **le DUT** (**le Diplôme Universitaire de Technologie**), equivalent to an ordinary degree
- **la licence**, a university degree
- **la maîtrise**, a master's degree
- **le doctorat**, a doctorate.

G Some verbs are irregular in the past tense.

prendre:
j'ai **pris** — I took, I have taken

obtenir:
j'ai **obtenu** — I obtained, I have obtained

faire:
j'ai **fait** — I made/did, I have made/done

lire:
j'ai **lu** — I read, I have read

écrire:
j'ai **écrit** — I wrote, I have written

see . . . page 215

Entretien avec Josiane Sellet

Josiane Bonjour, monsieur, je suis Josiane Sellet.

M. Blin Entrez, je vous prie, Mademoiselle Sellet, asseyez-vous!
Vous avez fait bon voyage?

Josiane Excellent, merci.

M. Blin Vous venez de loin?

Josiane Oui, de Lyon, j'ai pris le TGV ce matin à six heures.

M. Blin Très bien. J'ai étudié votre CV, il est impressionnant. Vous avez commencé vos études secondaires à Rouen en mille neuf cent quatre-vingt-un.

Josiane C'est cela, j'ai obtenu mon diplôme de BTS en mille neuf cent quatre-vingt-six. J'ai préparé un diplôme universitaire de techniques de commercialisation de mille neuf cent quatre-vingt-huit à mille neuf cent quatre-vingt-neuf.

M. Blin Ensuite vous avez passé six ans chez Danone …

Josiane Oui, j'ai commencé en mille neuf cent quatre-vingt-onze; j'ai travaillé au département des ventes, puis au département de marketing.

V

l'entretien (m.) • the interview
asseyez-vous • take a seat, sit down
les études (f. pl.) • studies (at school, university)
le diplôme • the diploma, degree
préparer (un examen) • to prepare for (an exam)
en 2003 • in 2003
la technique • the technique
les techniques de commercialisation • (here) sales techniques
chez • (here) at (see p.217)
impressionnant • impressive
les ventes (f. pl.) • sales
la connaissance • knowledge
la langue • language
l'informatique (f.) • computing
l'équipe (f.) • team
le stage • training period, work experience
la traduction • translation
à temps partiel • part-time
financer • to finance
courant • (here) fluent
les centres d'intérêt (m. pl.) • interests
faire du cyclisme • to cycle (regularly)
faire de la natation • to swim (regularly)

Activité 13

Un entretien. Travaillez avec un(e) partenaire. Étudiez le Curriculum Vitae et le vocabulaire. Partenaire A, vous êtes l'employeur. Regardez vos notes et posez des questions à Emma Thelwell. Partenaire B, vous êtes Emma Thelwell. Répondez aux questions.

EXPRESSIONS UTILES
Partenaire A

Parler une langue étrangère
Quand avez-vous obtenu … ?
Est-ce que vous avez travaillé … ?
Où avez-vous fait … ?
Qu'est-ce que vous avez fait … ?
Vous aimez … ?
Vous parlez … ?

Partenaire A

Ask Emma:
- where she did her secondary education.
- when she got her A-levels.
- if she worked in the States and what she did there.
- what she has done to finance her studies.
- if she speaks foreign languages?
- whether she likes sport.

EXPRESSIONS UTILES
Partenaire B

j'ai travaillé
j'ai passé
j'ai obtenu
j'ai été
j'ai préparé
j'ai étudié
j'ai fait
je fais (du …, de la …)
j'aime

EMMA THELWELL

Date de naissance	le 4 janvier 1992
Adresse	45 Water Lane, Parbury Park, Rudgeworth, Dorset, BH11 5LD, Grande-Bretagne
Adresse électronique	emthel@hotmail.com
Téléphone	(1202) 478 920
Portable	07977 754123

- Connaissance de trois langues, peut travailler dans un contexte international.
- Bonnes techniques d'informatique.
- Expérience professionnelle avec le public et travail d'équipe.

Objectif	Diplômée de l'Université de Bournemouth, je recherche un poste à responsabilités dans une entreprise internationale.

EXPÉRIENCE PROFESSIONNELLE

juillet 2012–juin 2013	Stage en entreprise, responsable des relations clients avec les pays anglo-saxons, traductions: Société Meubléna, Bordeaux.
2010 à ce jour	Travail à temps partiel pour financer mes études universitaires: vendeuse à Greba Stores, Bournemouth, G.B.
juin–sept 2010	Travail temporaire: animatrice de camp de vacances (Summer Camp), Pikewater, Pennsylvania.
mai 2009	Stage professionnel, assistante dans une école de langues, travail de bureau et de réception avec les étudiants étrangers: Albion English Academy, Bournemouth, G.B.

FORMATION

2010 à ce jour	Licence de marketing international, Université de Bournemouth.
2008–2010	A-levels (équivalence Bac): Anglais, Français, Histoire. Truro Sixth Form College, Truro, Cornwall, G.B.

LANGUES	anglais: langue maternelle français: courant (neuf ans d'études) espagnol: lu, écrit, et parlé (deux ans à l'université, plusieurs séjours à Madrid)
CENTRES D'INTÉRÊT	Cyclisme, natation, volleyball, canoë-kayac, lecture, musique, cinéma. Fréquents voyages aux États-Unis et en France.
RÉFÉRENCES	Monsieur C. Lamayé, professeur de Français, Bournemouth University, Talbot Campus, Fern Barrow, Bournemouth, Dorset, BH12 5BB, G.B. Madame B. Carling, directrice du personnel, Greba Stores, 23 Old Christchurch Road, Bournemouth, BH1 2AA, G.B.

E Je suis allée aux États-Unis

Activité 14

L'entretien continue. Étudiez le vocabulaire et la note sur le passé. Écoutez le dialogue et complétez le résumé.

2.32

What did Josiane do between 1986 and 1988?

She (1) ____________________ because she liked the country.
She (2) ____________________ years in Chicago.
She stayed (3) ____________________ as an au-pair girl then she worked (4) ____________________ in a large company. She (5) ____________________ in September 1988 and went back to (6) ____________________.

Josiane Après mes études je n'ai pas trouvé de poste intéressant en France, alors je suis partie pour les États-Unis.
M. Blin Pourquoi les États-Unis?
Josiane Je suis allée aux États-Unis parce que j'aime le pays mais aussi pour améliorer mon anglais … j'ai étudié les techniques de vente américaines.
M. Blin Vous avez passé deux ans à Chicago?
Josiane Oui, je suis restée six mois au pair dans une famille et ensuite j'ai travaillé dix-huit mois dans une grande société. Je suis revenue en France en septembre quatre-vingt-huit et je suis retournée à l'université.

G Le passé avec **être** — The past with **être**

Some verbs take **être** instead of **avoir** in the past. Like adjectives, these verbs agree with the subject, adding **e**, **s**, or **es**.

je suis parti(e)	I left
je suis allé(e)	I went
il est allé	he went
elle est allé**e**	she went
nous sommes allé(e)**s**	we went
je suis resté(e)	I stayed
vous êtes resté(e)**s**	you stayed
je suis revenu(e)	I came back
je suis retourné(e)	I went back
je suis rentré(e)	I came back
vous êtes rentré(e)**s**	you came back

Note that **revenu** is the irregular past of **revenir**.

see … pages 216–7

V

- le poste • post, position, job
- intéressant • interesting
- améliorer • to improve
- rester • to stay
- retourner • to return, to go/come back
- la semaine dernière • last week
- la chose • the thing
- la boutique • the shop
- rentrer • to come back

Activité 15

Caroline et Julien parlent de leurs vacances avec Guillaume. Étudiez le vocabulaire, écoutez le dialogue et complétez les phrases.

2.33

1 Nous …
2 Nous …
3 Julien …
4 Caroline …

info FRANCE

PARIS: VILLE-LUMIÈRE ET CAPITALE DE LA FRANCE

Comparée à Londres, par exemple, la capitale française est petite (78 km^2 seulement), avec une population de 2,7 millions. Cependant, la densité est une des plus élevées du monde. Paris est constitué de 20 arrondissements: à l'ouest, les quartiers sont résidentiels et riches (en particulier les 16e et 17e), à l'est (les 13e, 19e et 20e arrondissements) se trouve le Paris des quartiers populaires où dominent les habitations modestes.

La rive gauche de la Seine et le Quartier Latin représentent des centres d'activités culturelles, la rive droite regroupe les grands magasins, les banques et les bureaux de firmes importantes.

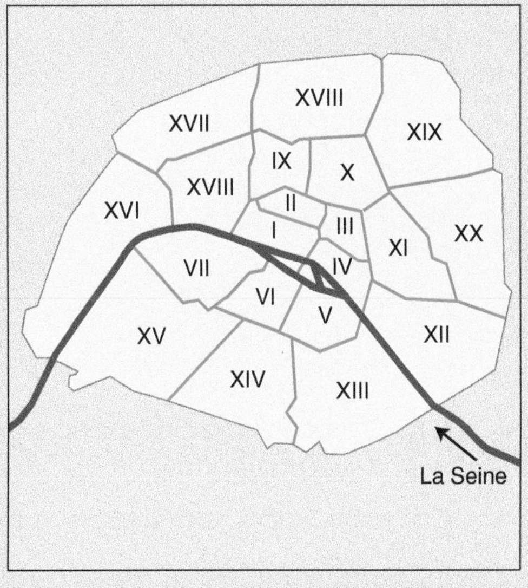

F Nous avons eu un temps splendide

Activité 16

2.34

Étudiez le vocabulaire et la note de grammaire. Écoutez et lisez le dialogue et écrivez **a**, **b** ou **c** pour compléter l'exercice.

Invitation à tous les francophiles!

Nous sommes heureux de vous inviter à la première réunion cette année de notre cercle français.
Venez rencontrer les nouveaux membres du cercle et discuter du programme des manifestations autour d'un verre de rouge!

Françoise Patrick! Comment ça va? Les vacances ont été bonnes?
Patrick Excellentes, merci, nous sommes allés à St-Tropez et nous avons eu un temps splendide! Voici Isabelle, ma nièce, elle est française et va passer une année ici.
Isabelle Enchantée, madame.
Françoise Bonjour! Quand êtes-vous arrivée?
Isabelle La semaine dernière; j'ai eu le temps de visiter la ville et les environs.
Patrick Son anglais est excellent. Isabelle a passé deux ans en Irlande.
Françoise Comme assistante?
Isabelle Non, je suis allée comme jeune fille au pair, pour six mois d'abord, et j'ai décidé de rester.
Patrick … Et toi, Françoise, qu'est-ce que tu as fait? Tu es allée en Bretagne?
Françoise Non, nous sommes descendus dans le Sud, nous sommes allés à Biarritz et nous avons passé deux semaines dans un gîte très confortable; nous sommes partis là-bas en juillet et nous avons eu un temps magnifique …

a = Françoise et sa famille
b = Patrick et sa femme
c = Isabelle

1 Elle a visité la ville. ____________
2 Ils sont allés à St-Tropez. ____________
3 Elle est arrivée la semaine dernière. ____________
4 Ils sont descendus dans le Sud. ____________
5 Elle est allée au pair. ____________
6 Ils sont partis à Biarritz en juillet. ____________
7 Elle a commencé son travail hier. ____________
8 Ils sont restés dans un gîte. ____________

G

Another irregular past tense:
avoir:
nous avons **eu** — we had, we have had

see … page 216

More past tenses with **être**:
vous êtes arrivé(e)(s) — you arrived
nous sommes descendu(e)s — we went down

see … pages 216–7

V

la manifestation • (here) the event
autour d'un verre de rouge • over a glass of red wine
les environs (m. pl.) • the surroundings
l'assistant(e) • (here) language assistant in a school
décider de • to decide to
descendre • to go/come down

G Qu'est-ce que vous avez fait hier soir?

Activité 17

Qu'est-ce que vous avez fait hier soir? Aidez Yves! Il doit répondre à l'inspecteur.

Inspecteur Nagret Le cambriolage de la banque a eu lieu à une heure du matin. Pouvez-vous nous donner votre emploi du temps d'hier soir?

Yves Eh bien …

EXPRESSIONS UTILES
Je suis allé/resté
J'ai rencontré/mangé/regardé
Nous avons rencontré/parlé/écouté
Ils/elles sont venu(e)s/resté(e)s
Nous sommes resté(e)s jusqu'à

À vous!
Trouvez des alibis pour Yves.

EXEMPLE:

aller, manger

1 À sept heures et demie je suis allé …

aller, regarder

2 … un film superbe, Inspecteur Nagret!

L'Inspecteur Est-ce que vous êtes allé seul au cinéma?

venir

3 …

L'Inspecteur Et ensuite?

aller, rester, rencontrer

4 …

L'Inspecteur Hum … et après, vous avez quitté le bar, vous êtes retourné à votre appartement et vous avez passé la nuit dans votre lit, c'est ça?

Yves Euh … non, pas exactement …

venir, écouter, parler, rester

5 … mes amis peuvent confirmer, je peux vous donner leurs noms.

V
le cambriolage • the burglary, the robbery
avoir lieu • to take place
l'emploi du temps (m.) • the timetable
hier soir • last night

Activité 18

Regardez les agendas de Françoise et de Robert. Qu'est-ce qu'ils ont fait la semaine dernière?

Lundi, Robert …; mardi, il …

DIARY

Monday
2 p.m. Meeting with marketing director

Tuesday
9–12 a.m. Visit factory in Rouen
3 p.m. See clients

Wednesday
2 p.m. Telephone Milan (organise visit in June)

Thursday
2–6 p.m. Go to conference

Robert

AGENDA FRANÇOISE

mardi
Cercle français 19h30

mercredi
Chez Pauline 18h00

jeudi
Chez moi

vendredi
Les Thibaut viennent dîner 20h00

Mardi, Françoise …; mercredi, elle …

EXPRESSIONS UTILES
(+ être) aller
(+ avoir) visiter
(+ être) venir
(+ avoir) avoir
(+ avoir) voir
(+ avoir) téléphoner
(+ avoir) organiser
(+ être) sortir

G Placing events in the past

hier	yesterday
hier soir	last night
la semaine dernière	last week
le mois dernier	last month
l'année dernière	last year
pendant les vacances	during the holidays

see … page 217

Another irregular past tense:
voir:
il a **vu** he saw

see … page 215

À vous!

Qu'avez-vous fait hier soir? Qu'avez-vous fait pendant les vacances? Parlez avec votre partenaire, avec votre professeur.

Grammaire

J'ai travaillé, j'ai vendu, j'ai dormi

These verbs are in the past. There are several tenses of the past. This one is the perfect tense or **passé composé**, literally the 'compound past', 'compound' because the conjugation is in two parts: **avoir** + the verb in the past participle, e.g **travaillé**.

Compare with the English:

j'ai travaillé can be translated as *I have worked*

auxiliary **avoir** + past participle — auxiliary *have* + past participle

It is not always easy to compare the French and the English like this and the translation will depend on the context. The verbs found in this unit can also often be translated into the 'simple past' in English: **J'ai travaillé**, *I worked.*

Here is the conjugation of the verb **travailler** in the perfect tense:

Singular		Plural	
j'**ai** travaillé	*I (have) worked*	nous **avons** travaillé	*we (have) worked*
tu **as** travaillé	*you (have) worked (familiar)*	vous **avez** travaillé	*you (have) worked (plural or polite singular)*
il / elle / on **a** travaillé	*he, it / she, it / one (has) worked*	ils / elles **ont** travaillé	*they (have) worked*

Note that when verbs are conjugated with **avoir**, the past participle does not change, whether it is used with **il/elle** or **nous**, **ils**, etc.

The past participles of regular verbs are formed as follows:

verbs ending in **-er**	**é**	travailler → travaillé
verbs ending in **-ir**	**i**	finir → fini
verbs ending in **-re**	**u**	vendre → vendu

There are a number of irregular past participles in French, and several appear in this unit:

faire, *to do, to make*	→	**fait**	vous avez fait
prendre, *to take*	→	**pris**	j'ai pris
obtenir, *to get, to obtain*	→	**obtenu**	j'ai obtenu
lire, *to read*	→	**lu**	il a lu
écrire, *to write*	→	**écrit**	nous avons écrit
être, *to be*	→	**été**	ils ont été
avoir, *to have*	→	**eu**	tu as eu
voir, *to see*	→	**vu**	vous avez vu

Note that the past participles of both **être** and **avoir** are irregular, and that they both take the auxiliary **avoir**:

j'ai été	j'ai eu
tu as été	tu as eu
il/elle a été	il/elle a eu
nous avons été	nous avons eu
vous avez été	vous avez eu
ils/elles ont été	ils/elles ont eu

Je suis partie, je suis allée

Most French verbs take **avoir** as the auxiliary in the perfect tense: **j'ai attendu**, **j'ai travaillé**. But a few verbs use **être**:

je **suis** allé	*I have gone, I went*
tu **es** resté	*you have stayed, you stayed*

Here is a list of verbs which are formed with **être** in the perfect. Note that some of the verbs have irregular past participles.

aller, *to go*	allé
partir, *to leave*	parti
entrer, *to come in, to go in*	entré
retourner, *to return*	retourné
venir, *to come*	venu
descendre, *to come down, to go down*	descendu
mourir, *to die*	mort
naître, *to be born*	né
arriver, *to arrive*	arrivé
sortir, *to come out, to go out*	sorti
monter, *to come up, to go up*	monté
rester, *to stay*	resté
tomber, *to fall*	tombé

To these must be added all the verbs built up from the ones listed, e.g. **repartir**, *to leave again*, **revenir**, *to come back again*, **devenir**, *to become*.

Many of the verbs taking the auxiliary **être** in the past indicate *movement*.

When the past participle is used with **être**, it behaves like an adjective and changes according to the subject of the verb. If the subject is feminine, an **e** is added:

je **suis** allé (m.)	je **suis** allé**e** (f.)
tu **es** allé (m.)	tu **es** allé**e** (f.)
il **est** allé (m.)	elle **est** allé**e** (f.)

If the subject is plural, an **s** is added; or, if all the elements are feminine, **es**:

nous **sommes** allé**s** (m. pl.)	nous **sommes** allé**es** (f. pl.)
vous **êtes** allé**s** (m. pl.)	vous **êtes** allé**es** (f. pl.)
ils **sont** allé**s** (m. pl.)	elles **sont** allé**es** (f. pl.)

Remember that if any males are present, the masculine form is used! For example, a woman could write: **Nous sommes allées à Weymouth pour la journée** if all members of the group were women. If only one of the group was a man she would write: **Nous sommes allés à Weymouth pour la journée.** The same rule applies for **vous.**

Negatives and questions

To form a negative sentence, **ne ... pas** is placed on either side of the auxiliary verb:
j'ai travaillé › je **n**'ai **pas** travaillé

Just as in the present tense, one way of forming questions in the past is to add **Est-ce que** at the beginning of the sentence:
Vous avez travaillé. › **Est-ce que** vous avez travaillé?

Or, you can invert the pronoun and auxiliary:
Avez-vous travaillé?
Êtes-vous resté?

Chez Danone

When used with the name of a company, **chez** means **at.** When used in sentences such as **Nous allons chez Roger**, **Nous restons chez mon père**, it translates as *We are going to Roger's, We are staying at my father's.* Bars, restaurants and cafés in France often have names like **Chez Janine** or **Chez Pierre.**

La semaine dernière

Note the position of the adjective **dernière** after the noun **semaine.** We have already seen **dernier** in front of the noun in phrases like: **le dernier train**, *the last train.*

Compare **la semaine dernière**, *last week* with **la dernière semaine**, ***the** last week*:
Je suis allée chez Sophie la semaine dernière.
C'est la dernière semaine des vacances.

The position of the adjective in French can sometimes be important for the meaning of the sentence.

Retrouver, retourner

The prefix **re-** or **r-** added to a verb generally indicates either that the action is done again:
retrouver, *to find again*
refaire, *to do again*
recommencer, *to begin again*
rappeler, *to call back, to call again*

or movement back towards the starting place:
revenir, *to come back*
retourner, *to return, to go back*
rentrer, *to come back (in), to go back (in)*

EN PRATIQUE

1 Put the following phrases into the perfect tense, using the correct form of the verb in brackets, e.g. je (**finir**) → **j'ai fini**

a) nous (**chercher**)
b) je (**choisir**)
c) tu (**rappeler**)
d) vous (**vendre**)
e) il (**faire**)
f) elles (**organiser**)
g) nous (**entendre**)
h) vous (**remplir**)
i) ils (**commander**)
j) je (**étudier**)

2 Express surprise! Complete the statement, modifying as necessary.
e.g. – J'ai parlé à ta sœur. – Tu as parlé à ma sœur!

a) – Nous avons fait le voyage en une journée. – Vous …
b) – J'ai parlé au directeur. – Tu …
c) – J'ai trouvé les documents dans la voiture. – Vous …
d) – Roger a aimé Lille. – Il …
e) – J'ai choisi la Normandie pour nos vacances. – Tu …
f) – Nous avons passé une semaine à Calais. – Vous …
g) – J'ai vendu ma voiture. – Tu …
h) – Je n'ai pas fini le travail. – Tu …

3 Translate into French:

a) They found a good restaurant.
b) The twinning committee has organised a meal for the French visitors.
c) I have called back.
d) We finished dinner at 9 p.m.
e) Have you had a good journey?
f) They have not sold a lot of tickets.
g) Before leaving, we chose an interesting route.
h) Philippe loved the region.

4 Complete the following sentences, putting the verb into the perfect tense. Some of the verbs take **avoir** and some take **être**, so be careful of agreements:

a) Ma femme et moi (**aller**) au cinéma.
b) Les enfants (**partir**) à deux heures du matin.
c) Elle (**faire**) ses études aux États-Unis.
d) Josette et Hélène, vous (**rentrer**) en France en 2002?
e) Ils (**habiter**) l'Espagne deux ans.
f) Toutes les femmes (**aller**) dans les magasins.
g) Nous ne (**choisir**) pas un bon itinéraire.
h) Elles (**quitter**) la réunion à 10 h.

YOU HAVE COMPLETED UNIT 11. CAN YOU…

1 **Explain what you did last week or during your holidays?** See pages 201–6 and 211–14.
2 **Write your own CV?** See pages 207–10.
3 **Answer a few questions on your education?** See pages 207–8.
4 **Talk about your job and career?** See pages 208–10.

VOCABULAIRE

SOME USEFUL VERBS: PERFECT TENSE

aimer: avoir aimé	*to have loved*
aller: être allé(e)(s)	*to have gone*
améliorer: avoir amélioré	*to have improved*
attendre: avoir attendu	*to have waited*
avoir: avoir eu	*to have had*
créer: avoir créé	*to have created*
devenir: être devenu(e)(s)	*to have become*
dormir: avoir dormi	*to have slept*
écouter: avoir écouté	*to have listened*
être: avoir été	*to have been*
faire: avoir fait	*to have made/done*
finir: avoir fini	*to have finished*
jouer: avoir joué	*to have played*
lire: avoir lu	*to have read*
manger: avoir mangé	*to have eaten*
obtenir: avoir obtenu	*to have obtained*
occuper: avoir occupé	*to have occupied*
organiser: avoir organisé	*to have organised*
parler: avoir parlé	*to have spoken*
partir: être parti(e)(s)	*to have left*
passer: avoir passé	*to have spent* (time)
prendre: avoir pris	*to have taken*
préparer: avoir préparé	*to have prepared*
raconter: avoir raconté	*to have told*
ranger: avoir rangé	*to have tidied up*
rencontrer: avoir rencontré	*to have met*
rentrer: être rentré(e)(s)	*to have come back*
réparer: avoir réparé	*to have repaired*
réserver: avoir réservé	*to have reserved*
rester: être resté(e)(s)	*to have stayed*
retourner: être retourné(e)(s)	*to have returned*
revenir: être revenu(e)(s)	*to have come back*
téléphoner: avoir téléphoné	*to have telephoned*
travailler: avoir travaillé	*to have worked*
trouver: avoir trouvé	*to have found*
vendre: avoir vendu	*to have sold*
venir: être venu(e)(s)	*to have come*
visiter: avoir visité	*to have visited*
voir: avoir vu	*to have seen*

CVs AND INTERVIEWS

l'école (f.)	*school*
le collège	*the secondary school*
le lycée	*the grammar school*
l'université (f.)	*the university*
faire des études	*to study (at school, etc.)*
préparer un examen	*to prepare for an exam*
avant de prendre	*before taking*
obtenir un diplôme	*to obtain a diploma*
parler une langue étrangère	*to speak a foreign language*
en 2003	*in 2003*
l'entretien (m.)	*the interview*
l'emploi (m.)	*employment, the job*
chez Danone	*at Danone*
je suis allé(e)	*I went*
la carrière	*the career*
les techniques (f.) de commercialisation	(here) *sales techniques*
la télévente	*telesales*
les perspectives (f. pl.)	*the prospects*
la licence	*the degree*
Qu'est-ce que vous avez fait?	*What did you do?/What have you done?*
Vous avez occupé …	*You have occupied …*
le poste	*the position, job*
Vous êtes resté(e) …	*You stayed …*

OTHER USEFUL WORDS AND PHRASES

malgré	*in spite of*
content(e)	*happy*
fatigué(e)	*tired*
faire bon voyage	*to have a good journey*
faire des promenades	*go for walks*
faire du sport	*to do sport*
faire du bricolage	*to do DIY*
hier, hier soir	*yesterday, last night*
la semaine dernière	*last week*
l'année dernière (f.)	*last year*
la boutique	*the shop*
la chaleur	*the heat*
la chose	*the thing*
la Corse	*Corsica*
le voisin	*the neighbour*
le bateau	*the boat*
splendide	*wonderful*
torride	*very hot*
un coin sensationnel	(here) *a wonderful place*
la Tour Eiffel	*the Eiffel Tower*
l'équipe (f.)	*the team*
l'informatique (f.)	*computing*
la connaissance	*knowledge*
financer	*to finance*
à temps partiel	*part-time*
les environs (m. pl.)	*the surroundings*
décider de	*to decide to*
avoir lieu	*to take place*
pendant	*during*

- Recounting your life so far
- Understanding historical descriptions

UNITÉ DOUZE
Histoires

A Il est né à Tignes

Activité 1

Lisez cette première partie de l'article, regardez le vocabulaire à la page 221 et choisissez la phrase correcte.

1 Jean-Claude est né à Tignes. ☐
Jean-Claude est né à Val d'Isère. ☐
2 Jean-Claude va avoir cinquante ans. ☐
Jean-Claude a plus de cinquante ans. ☐
3 Il a fait du ski pour la première fois à quatre ans. ☐
Il a commencé à skier à quatorze ans. ☐
4 Jean-Claude a été un très bon élève. ☐
Il n'a pas eu de résultats remarquables à l'école. ☐

SEMAINE DE FRANCE

Entrevue exclusive avec Jean-Claude Rially

Pour les lecteurs de Semaine de France, entrevue exclusive avec Jean-Claude Rially

Brigitte a rencontré l'ex-champion de ski dans son magasin de sports de Val d'Isère.

Il a parlé de sa carrière de sportif et de sa reconversion.

Brigitte Vous allez bientôt avoir cinquante ans, Jean-Claude, c'est l'âge des bilans: lorsque vous regardez votre passé, êtes-vous content de votre vie ou avez-vous une certaine nostalgie des jours de gloire?

Jean-Claude Moi, mais je suis heureux! Plus heureux qu'à vingt ans; j'ai eu une vie passionnante, j'ai beaucoup travaillé, j'ai été champion et ensuite j'ai réussi à retrouver une vie 'normale' intéressante.

Brigitte Retournons en arrière; vous êtes un enfant de la montagne, n'est-ce pas?

Jean-Claude En effet, je suis né à Tignes et j'ai commencé à skier à quatre ans.

Brigitte Est-ce que vos parents vous ont encouragé, est-ce qu'ils ont décidé de faire de vous un champion?

Jean-Claude Non, non! (*rires*) Vous savez, tous les enfants de la montagne font la même chose! J'ai eu une enfance heureuse, je suis allé à l'école primaire puis au collège; je peux même dire que je n'ai pas été un élève brillant!

suite à la page 222>

V

naître • to be born
je suis né(e) • I was born
le lecteur • the reader
le ski • skiing
la carrière • the career
la reconversion • starting a new career
le bilan • (here) taking stock
lorsque • when
la vie • life
la nostalgie • nostalgia
la gloire • glory
passionnant(e) • fascinating
réussir • to succeed
en arrière • backwards
encourager • to encourage
l'enfance (f.) • infancy, childhood
rires (m. pl.) • laughter
la même chose • the same thing
l'école primaire (f.) • primary school
le collège • secondary school
l'élève (m./f.) • the pupil
brillant(e) • brilliant

B Il a quitté la compétition il y a 15 ans

Activité 2

Étudiez le vocabulaire à la page 222, et la note sur **pendant**, **depuis**, **il y a**. Continuez la lecture de l'article et choisissez la phrase correcte.

1 Jean-Claude a retrouvé une autre carrière après dix ans de compétition. ☐
Il a eu des problèmes à retrouver une vie normale. ☐

2 Jean-Claude a gagné le critérium de la première neige en 1970. ☐
Jean-Claude n'est pas arrivé premier en 1970. ☐

3 Il a une certaine nostalgie de sa vie de champion. ☐
Il n'a pas de regrets pour le monde du sport. ☐

4 Jean-Claude a un magasin de sports. ☐
Jean-Claude a plusieurs magasins de sport. ☐

5 Jean-Claude a épousé une amie d'enfance. ☐
Il a épousé une femme avec trois enfants. ☐

6 Jean-Claude a quitté la compétition il y a quinze ans. ☐
Sa carrière de champion a duré quinze ans. ☐

7 Le secteur du sport a toujours passionné Jean-Claude. ☐
Jean-Claude n'aime pas sa nouvelle carrière. ☐

G

pendant, depuis, il y a

These expressions are used to indicate time and duration:

J'ai suivi un entraînement intensif **pendant** deux ans. I underwent (followed) intensive training for two years.

Il est propriétaire d'une chaîne **depuis** cinq ans. He has owned a chain (of stores) for five years.

Depuis les années 90 …
Since the 1990s …

Il a quitté la compétition **il y a** quinze ans. He gave up (left) competition fifteen years **ago**.

see … page 232

Entrevue exclusive avec Jean-Claude Rially (suite)

Brigitte Parlez-moi de votre itinéraire de champion.

Jean-Claude J'ai d'abord fait de la compétition au niveau régional et puis un jour un entraîneur a remarqué mes talents, j'ai alors suivi un entraînement intensif pendant deux ans pour arriver au top-niveau. Et en 1970 je suis venu ici, à Val d'Isère, pour le critérium de la première neige – plus comme spectateur mais comme concurrent.

Brigitte Et vous êtes arrivé premier?

Jean-Claude Non, non! mais cette première compétition a marqué le début de ma carrière.

Brigitte Et de vos succès … vous avez gagné beaucoup de médailles, vous êtes devenu un champion international, et cela a duré environ dix ans.

Jean-Claude Oui, c'est ça … ensuite les jeunes sont arrivés et j'ai décidé de quitter la compétition il y a quinze ans.

Brigitte Est-ce que cela a été difficile?

Jean-Claude Je n'ai pas eu vraiment de regrets, vous savez, le monde du sport est un monde impitoyable et il faut travailler très dur pour survivre.

Brigitte Vous avez ouvert un magasin de sports il y a dix ans et vous êtes propriétaire d'une chaîne depuis cinq ans …

Jean-Claude Oui, je suis devenu homme d'affaires mais dans le secteur qui m'a toujours passionné. Je suis resté à Val d'Isère, j'ai épousé une amie d'enfance, j'ai trois enfants, et je vous répète, je suis un ex-champion heureux! heu–reux!

Jean-Claude Rially

- a commencé à skier à quatre ans
- a eu une carrière de champion pendant dix ans
- a quitté la compétition il y a quinze ans
- possède une chaîne de magasins de sport depuis cinq ans

V

parlez-moi de … • tell me about …
le niveau • the level
l'entraîneur (m.) • the coach
remarquer • to notice
intensif (m.), intensive (f.) • intensive
posséder • to own
le critérium de la première neige • the first ski competition of the season
plus • (here) no longer
marquer • to mark
le début • the beginning
gagner • to win
la médaille • the medal
le regret • regret
le monde • the world
impitoyable • pitiless
dur • hard (adv.)
survivre • to survive
la chaîne • (here) the chain
qui • (here) which
épouser • to marry

G

More irregular past participles

suivre	**to follow**
j'ai suivi	I followed
ouvrir	**to open**
j'ai ouvert	I opened

see … page 232

Activité 3

Écoutez Lucette Chauny et répondez aux questions:

1 Where did Lucette grow up?
2 How many brothers and sisters does she have?
3 What did she start doing at the age of 18?
4 When did she go to Paris?
5 What did she study at the Sorbonne?
6 When did she publish her first novel?
7 When did she start living in a small town?

V

- **un écrivain** • a writer (no feminine form)
- **une nouvelle** • a short story
- **la philosophie** • philosophy
- **étudier la philosophie** • to study philosophy
- **publier** • to publish
- **un roman** • a novel
- **souvent** • often
- **le côté** • the side
- **à part** • apart from
- **semblable à** • similar to
- **ils ont acquis** • they acquired
- **vivre** • to live
- **citer** • to quote, to list
- **parmi** • among
- **le cas** • the case
- **créer** • to create
- **le ministère** • the ministry

info FRANCE

LA FRANCOPHONIE DANS LE MONDE

Dans la presse ou à la radio on parle souvent de **l'Hexagone**. Ce terme indique simplement la France, qui, avec six côtés presque égaux, a la forme d'un hexagone. À part la France métropolitaine (la France seule), il existe aussi la France d'Outre-Mer, composée de départements et de territoires. On a appelé ces parties de la France les DOM-TOM (**Départements d'Outre-Mer, Territoires d'Outre-Mer**). Les Départements d'Outre-Mer, qui ont un statut administratif semblable aux départements de la France métropolitaine, sont les suivants: la Guadeloupe, la Guyane, la Martinique, et la Réunion. Les Territoires d'Outre-Mer créés en 1946 sont des collectivités territoriales de la République française et ont acquis une plus grande autonomie. Ils sont au nombre de quatre: Wallis-et-Futuna, la Polynésie française, la Nouvelle Calédonie, et les Terres australes et antarctiques françaises. Deux autres collectivités territoriales sont Saint-Pierre-et-Miquelon et Mayotte.

Il y a environ deux millions de Français qui vivent dans la France d'Outre-Mer et qui parlent le français. Mais la France a eu un grand empire colonial au XIXe siècle et on estime à 150 millions le nombre de personnes qui utilisent le français comme langue maternelle ou 'familière'. Citons parmi les nombreux pays francophones le Québec, l'Afrique du Nord (Maroc, Tunisie et Algérie), certains pays de l'Afrique Centrale (le Sénégal, le Cameroun ...) et Madagascar. Enfin, on parle français dans certaines parties du monde qui ont eu à un moment de leur histoire des liens avec la France. C'est le cas de Pondichéry et de la Louisiane.

Les Français essayent de résister à l'influence de l'anglais qui est devenu la langue dominante dans le monde. En 1986, la première conférence des chefs d'État des pays qui ont en commun l'usage du français a eu lieu à Versailles. Cette conférence a regroupé 41 participants. La même année, Jacques Chirac a créé un secrétariat d'État à la francophonie, département ministériel rattaché au ministère de la culture. En 2002, le 20 mars est devenu la journée internationale de la Francophonie avec un grand nombre d'événements culturels célébrant la langue et la culture françaises. En 2014, le 15ème sommet a eu lieu à Dakar, capitale du Sénégal.

Activité 4

Vous regardez un album de photos. Étudiez les notes en anglais et commentez les photos avec votre partenaire.

Give a commentary on the photos with your partner.

Alors là c'est David, il …

EXPRESSIONS UTILES
Il a deux ans
Ils ont obtenu …
Ils sont allés
Je crois que …
est né
Ils ont fait
Ils sont restés
Ils sont retournés
ensuite
faire une excursion
le mariage
futur(e)

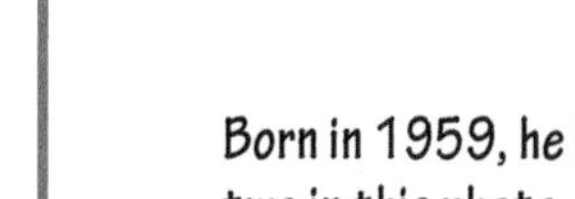

1

Born in 1959, he is two in this photo.

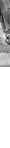

3

David went to Keele University where he studied French and History. Here he is with his friends; they have gone on a trip in the Pennines. I think the student there is Rachel, his future wife.

2

David and his brother went to a grammar school in Brighton, stayed there for five years and got excellent results.

4

David married Rachel in 1984. They lived in Birmingham for two years, then went back to Keele.

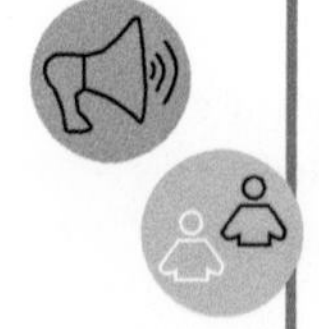

À vous!

Vous avez des vieilles photos de votre famille ou de vos vacances? Montrez et commentez ces photos à un(e) partenaire.

Activité 5

C C'est elle qui a créé le château

Étudiez le vocabulaire et la note de grammaire. Écoutez et lisez le dialogue.

Vous visitez le Château de Chenonceau avec un(e) ami(e) américain(e); il/elle ne parle pas très bien le français. Vous répondez à ses questions:

1 When did François 1er buy the château?
2 Did he actually live there?
3 What happened when Henri II became king?
4 What did Diane de Poitiers create at Chenonceau?
5 What happened in 1559?
6 What did Catherine have built?

V

guidé(e) • guided
le règne • the reign
la chasse • the hunt
le/la rival(e) • the rival
le roi • the king
reprendre • to take back
apporter • to bring
le pont • the bridge
la galerie • the gallery
appartenir • to belong to

G

qui	**who, which**
C'est elle qui ...	It's she who ...
le secteur qui m'a toujours passionné	the field which has always interested me
acquérir	**to acquire**
elle a acquis	she acquired
appartenir	**to belong**
il a appartenu	it has belonged

see ... pages 232, 233

Une visite guidée ...

Guide François Ier a acquis le château de Chenonceau en mille cinq cent trente-cinq.

Touriste Et il a habité ici pendant son règne?

Guide Non, pas vraiment, il a utilisé cette résidence pour ses chasses. Ensuite, en mille cinq cent quarante-sept, Henri II est monté sur le trône et a donné le château à la belle Diane de Poitiers.

Touriste Et c'est elle qui a créé le château comme il est aujourd'hui?

Guide En effet, vous voyez le jardin italien là-bas, à gauche, c'est elle qui a fait les plans, c'est elle aussi qui a été à l'origine du pont sur le Cher. De l'autre côté, à droite vous voyez le jardin de Catherine de Médicis.

Touriste La rivale de Diane de Poitiers?

Guide Oui, la femme d'Henri II. Le roi est mort en mille cinq cent cinquante-neuf et Catherine a repris le château, elle a apporté beaucoup de modifications: une galerie au-dessus du pont, en particulier.

Touriste Et ensuite, il y a eu plusieurs propriétaires?

Guide Oui, le château a appartenu à plusieurs familles mais c'est Diane de Poitiers et Catherine de Médicis qui ont été les grandes figures de l'histoire du château. Chenonceau appartient maintenant à la famille Menier.

Activité 6

2.37

À l'intérieur du château, continuez la visite. Écoutez le guide et répondez aux questions de votre ami(e) américain(e).

1 Which is the most interesting room?
2 What did Jean Goujon design in Diane's room?
3 What was the gallery used for during World War I?
4 Where exactly did the demarcation line go during World War II?
5 Where is the guide taking us next?

Guide Nous sommes ici au rez-de-chaussée, il y a quatre pièces: la plus intéressante est peut-être la chambre de Diane de Poitiers. C'est Jean Goujon qui a créé cette magnifique cheminée au fond de la pièce.
...
Maintenant nous passons dans la galerie. Remarquez le pavé noir et blanc.

Touriste Cette galerie a joué un rôle dans les deux guerres n'est-ce pas?

Guide Oui, les Français ont utilisé cette galerie comme hôpital militaire pendant la première guerre et à la Deuxième Guerre Mondiale, de mille neuf cent quarante à mille neuf cent quarante-deux la ligne de démarcation est passée au milieu de la galerie.
...
Si vous voulez me suivre nous allons passer au premier étage.

V

le pavé • the paving
la guerre • the war
l'hôpital militaire (m.) • the military hospital
la démarcation • the demarcation
au milieu de • in the middle of

info FRANCE

LA LIGNE DE DÉMARCATION

During the first half of World War II, France was divided into two parts. From 1939 to 1942 the northern part was occupied by the Germans and the southern part, called the **zone libre** was under the Vichy Government headed by General Pétain. The demarcation line between the two zones roughly followed the Loire valley.

Activité 7

Quel est l'ordre des événements? Vous écrivez un court article sur le Centre de Conférences du Château de Dombières. Voici vos notes; elles ne sont pas dans l'ordre et tous les verbes sont au présent!

Le Château de Dombières est situé à 22 km à l'ouest de Paris. Avant …

Avant la révolution de 1789: propriétaire le comte de Hautefeuille.

20 chambres tout confort.

En 1792 la famille émigre en Angleterre.

5 salles de séminaires (de 10 à 100 places).

Restaurant gastronomique.

Aujourd'hui le château offre des prestations exceptionnelles.

Maintenant complètement rénové.

En 1812 les Ponsot, riches fabricants de meubles, achètent le château.

Pendant 20 ans, après le départ de la famille de Hautefeuille, reste fermé.

En 1998 un consultant, M. Paget, acquiert la demeure et rénove l'intérieur.

Quelques années après la fin de la Deuxième Guerre mondiale, la famille Ponsot restaure le château.

Passe de père en fils jusqu'à la Deuxième Guerre mondiale.

Les bombes allemandes endommagent le corps principal.

V

l'événement (m.) • the event
court(e) • short
la révolution • the revolution
le comte • Count
émigrer • to emigrate
le fabricant • the maker, manufacturer
les meubles (m. pl.) • the furniture
la bombe • the bomb
endommager • to damage
le consultant • the consultant
la demeure • the residence

D Connaissez-vous Reysac?

Activité 8

Étudiez le vocabulaire. Une amie veut installer une petite entreprise dans le sud-ouest de la France. Elle a écrit à Reysac et a reçu une réponse. Vous aidez votre amie à traduire les passages indiqués.

Reysac, le 4 mars 20—

Madame,

En réponse à votre demande d'information sur Reysac et sa région, veuillez trouver ci-joint notre brochure *Pour construire l'avenir, Reysac votre ville*, ainsi qu'une plaquette présentant les services de la Chambre de Commerce et d'Industrie de la région.

Nous restons à votre disposition et vous prions d'agréer, Madame, l'expression de nos salutations distinguées.

Sophie Pérot

Sophie Pérot
Service Documentation

Pour construire l'avenir
REYSAC, VOTRE VILLE

Reysac, bourg ancien, plein de charme mais également ville dynamique qui entre dans le 21ème siècle avec des atouts dans le domaine culturel, touristique, mais aussi économique et technologique.

Le cœur historique de la ville a gardé un certain nombre de caractéristiques médiévales. Il y a cinq siècles, le petit village de Reysac est devenu un gros bourg très animé avec sa foire annuelle. Cette foire a attiré pendant des siècles tous les marchands et artisans de la région et a contribué à développer la bourgade. Reysac est donc depuis longtemps le centre des activités de la région. Il y a soixante ans, avec la fin de la Deuxième Guerre mondiale, la ville est entrée dans une nouvelle phase de développement. L'industrialisation de l'après-guerre a transformé une partie de la ville, mais Reysac a maintenu un artisanat dynamique qui fait aujourd'hui encore la renommée de la région. Depuis les années 90, une nouvelle révolution marque l'agglomération qui a accueilli plusieurs entreprises de composants électroniques et propose aujourd'hui à des prix très intéressants des sites dans son parc d'affaires créé il y a cinq ans.

N'oublions pas l'agriculture qui a joué à toutes les époques un rôle important dans l'économie régionale. C'est maintenant une agriculture moderne et compétitive qui apporte richesse et emplois à Reysac et ses environs. Il y a aussi le tourisme vert qui depuis quelques années redonne vie aux petits villages autour de Reysac.

Venez à Reysac, et redécouvrez la douceur de vivre de la France rurale!

V

- **la plaquette** • the booklet
- **le bourg** • the town
- **l'atout (m.)** • (here) the advantage, the key quality
- **garder** • to keep
- **le siècle** • the century
- **animé** • lively
- **la foire** • (here) the fair
- **annuel (m.) annuelle (f.)** • annual
- **attirer** • to attract
- **la bourgade** • the market town
- **longtemps** • for a long time
- **maintenir** • to maintain
- **la renommée** • fame, renown
- **l'agglomération (f.)** • urban area
- **depuis les années 90** • since the 90s
- **jouer un rôle** • to play a role
- **autour de** • around

Activité 9

Découvrez votre ville. Choisissez les phrases et expressions appropriées.

… est un(e) { **petit(e)** / **grand(e)** / **gros(se)** } ville / village / bourg

situé(e) à … km de …

C'est un(e) { village / agglomération / ville } **très** / **assez** / **peu** industriel(le) / rural(e) / touristique **plein(e) de charme** / **avec des atouts économiques**

Il y a { cinq / dix / vingt } ans, son développement { **industriel** / **artisanal** / **touristique** } a été { lent / rapide }

{ **et** / **mais** } sa population { reste stable / augmente } depuis vingt ans.

Depuis longtemps c'est { **l'agriculture** / **le tourisme** / **les industries** } qui apporte(nt) richesse et emplois à …

À vous!

Continuez avec votre professeur.

info FRANCE

LE BOURG

France is still a rural country composed of a large number of villages and small towns. There are 36 000 communes, **la commune** being the smallest administrative entity, usually a village or small town. Many of the villages in rural France have only a few hundred inhabitants. When the population reaches about a thousand, the French prefer to use the terms **petite ville**, **bourg**, **bourgade**. **Agglomération** is a term which can be applied to any town and its suburbs in a more technical or economic context.

E Les voitures qui ont marqué l'histoire de Renault

Activité 10

2.38

Étudiez le vocabulaire. Vous devez écrire un article sur les voitures Renault. Vous avez enregistré (*recorded*) une conversation avec un responsable du marketing de la firme automobile française. Votre assistant(e) a transcrit une partie de l'entrevue: écoutez l'enregistrement et retrouvez le reste de la conversation.

1 _______________, la quatre chevaux _______________; elle _______________ le grand succès des _______________ de paix: c'est une petite voiture avec moteur à l'arrière. Elle _______________ les clients des classes moyennes et _______________ à développer le niveau de vie des _______________.

2 La Renault Dauphine _______________. Elle _______________ l'entreprise de sérieuses difficultés financières. C'est une voiture fonctionnelle, pas très sophistiquée.

3 En 1964, Renault _______________ un nouveau modèle. La R16 _______________ de nombreuses _______________. L'usine de Sandouville _______________ cette voiture _______________.

4 _______________ en 1972, c'est la Renault 5 qui _______________. _______________ la firme _______________ plus de _______________ de ce modèle. C'est une voiture moderne, _______________.

V

- **chevaux** • (here) horsepower
- **la paix** • peace
- **le moteur à l'arrière** • rear-engined
- **les classes moyennes (f. pl.)** • the middle classes
- **le niveau de vie** • the standard of living
- **sauver** • to save
- **sérieux (m.) sérieuse (f.)** • serious
- **la difficulté** • the difficulty
- **fonctionnel(le)** • functional
- **sophistiqué(e)** • sophisticated
- **lancer** • to launch
- **fabriquer** • to make, to manufacture

Activité 11

Étudiez le vocabulaire. Lisez le texte et répondez aux questions en français:

1 La production de la Mégane a commencé en quelle année?
2 Pourquoi est-ce que Renault a modernisé ses installations?
3 Quel modèle est-ce que la Mégane remplace?
4 Renault a produit combien de R19?
5 Quels sont les changements apportés à la nouvelle Mégane III?
6 Quel type de conducteur la Mégane va-t-elle attirer?

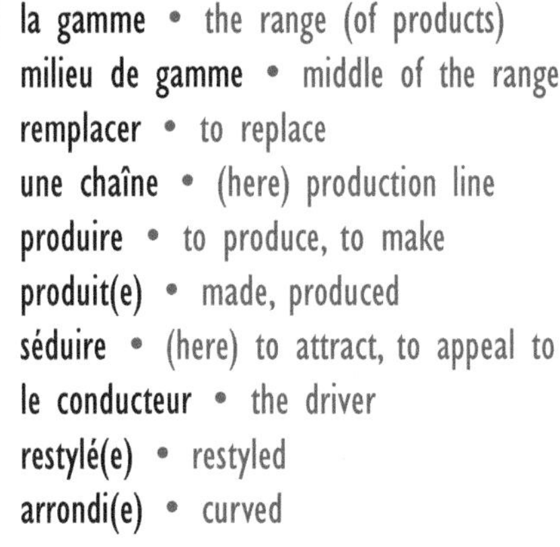

V

la gamme • the range (of products)
milieu de gamme • middle of the range
remplacer • to replace
une chaîne • (here) production line
produire • to produce, to make
produit(e) • made, produced
séduire • (here) to attract, to appeal to
le conducteur • the driver
restylé(e) • restyled
arrondi(e) • curved

“En 1995, la production de la Mégane a commencé: c'est une voiture milieu de gamme, confortable et belle. Renault a modernisé ses installations et ce sont les robots qui fabriquent une grande partie de la voiture.

Elle remplace la R19 qui a eu beaucoup de succès pendant des années avec trois millions de voitures produites. Avec ce modèle nous attirons une clientèle traditionnelle.

Après la Mégane II, apparue en 2002, la nouvelle Mégane III a fait son entrée au Salon de Francfort de 2013. Cette voiture a été très restylée. Avec ses lignes arrondies et un intérieur sophistiqué – en particulier un système média à écran tactile – elle va certainement séduire les conducteurs qui désirent associer modernité et performance.”

Activité 12

À vous!

Décrivez votre première voiture, puis votre voiture actuelle (*your present car*) et ensuite imaginez votre prochaine voiture. Écrivez ou parlez!

D'abord en 19—/20—...
Ensuite, en 19—/20—...
Maintenant ...
Bientôt, en 20— ...
Je vais ...

Activité 13

Avec un(e) partenaire, parlez de votre vie passée et de vos projets. Vous avez fait ... ? Vous allez faire ... ?

EXPRESSIONS UTILES

Je suis né(e)
J'ai fait mes études ...
Je travaille ... depuis ...
J'habite
J'ai travaillé
Je vais préparer
J'ai épousé
pendant ... ans
J'ai passé ...
Je vais acheter
Nous avons habité

EXPRESSIONS UTILES

J'ai acheté/J'ai eu
J'ai vendu
J'ai choisi
le nouveau modèle/la nouvelle voiture
... est sorti(e)
une voiture d'occasion = *a second-hand car*
J'ai / Je possède
Je vais acheter
Je vais choisir

Grammaire

More irregular past participles

This unit has used several more irregular past participles. Here are the ones you have met, together with some others in common use:

suivre, *to follow*	→	**suivi**
ouvrir, *to open*	→	**ouvert**
acquérir, *to acquire*	→	**acquis**
appartenir, *to belong*	→	**appartenu**
reprendre, *to take back*	→	**repris**
recevoir, *to receive*	→	**reçu**
apparaître, *to appear*	→	**apparu**
boire, *to drink*	→	**bu**
devoir, *must, to have to*	→	**dû**
dire, *to say*	→	**dit**
mettre, *to put*	→	**mis**
pouvoir, *can, to be able to*	→	**pu**
savoir, *to know*	→	**su**
connaître, *to know*	→	**connu**
tenir, *to hold*	→	**tenu**
vivre, *to live*	→	**vécu**
vouloir, *to want, to wish*	→	**voulu**

Expressing periods of time: *pendant, depuis, il y a*

The word **pendant**, meaning *during* or *for*, can be used in the past as well as in the present. Here are a few examples:

Elle est allée aux États-Unis pendant la guerre.	*She went to the USA during the war.*
Je suis restée à Paris pendant deux ans.	*I stayed in Paris for two years.*
Nous allons à la montagne pendant les vacances d'été.	*We go to the mountains during the summer holidays.*

Note that, when used with a past tense, **pendant** refers to a situation which is over, finished.

The word **depuis**, meaning *for* or *since*, also refers to a period of time, but if the situation is still going on, the present tense is used in French:

Reysac est depuis longtemps le centre.	*Reysac has been the centre for a long time.*
Il possède un magasin depuis cinq ans.	*He has owned a shop for five years.*
Depuis les années 90 une nouvelle révolution marque …	*Since the '90s a new revolution has left its mark on …*
J'habite ici depuis 1999.	*I have lived here since 1999.*
J'étudie le français depuis 2003.	*I have been studying French since 2003.*

Compare:

J'ai étudié le français pendant deux ans.	*I studied French for two years.*
J'étudie le français depuis deux ans.	*I have been studying French for two years.*

We have already seen **il y a** with the meaning of *there is, there are*: **Il y a deux hôtels.**

The phrase **il y a** can also mean *ago*:

il y a deux jours	*two days ago*
il y a une dizaine d'années	*about ten years ago*
il y a peu de temps	*a short while ago*
il y a (très) longtemps	*a (very) long time ago*
il y a des années	*years ago*

Note that **il y a** goes at the beginning of the time phrase. The verb is in a past tense:

Le village de Reysac est devenu un gros bourg il y a cinq siècles.
The village of Reysac became a big market town five centuries ago.

Qui: who, which

In English you can stress a word within a sentence using the tone of voice: ***She*** *created the gallery*. It is not possible to do this in French and the structure **c'est … qui** is used: **C'est elle qui a créé la galerie.** Here are some examples of this emphatic form:

C'est moi qui ai envoyé la lettre.	***I*** *sent the letter.*
C'est toi qui as payé.	***You*** *paid.*
C'est elle qui a reçu le client.	***She*** *saw the client.*

Note that the verb (**ai envoyé**, **as payé**) agrees with the real subject (**moi**, **toi**) and not with **qui**.

Appartenir

This irregular verb, meaning *to belong*, has the same conjugation as the verb **tenir**, *to hold*, and **maintenir**, *to maintain*. Here are its forms in the present tense:

appartenir *to belong*			
Singular		**Plural**	
j'appar**tiens**	*I belong*	nous appar**tenons**	*we belong*
tu appar**tiens**	*you belong (familiar)*	vous appar**tenez**	*you belong (plural or polite singular)*
il / elle / on appar**tient**	*he, it / she, it / one belongs*	ils / elles appar**tiennent**	*they belong*

EN PRATIQUE

1 Put the elements together to make French sentences in the perfect tense.
e.g. Nous (**aller**) en France / *two months ago* → **Nous sommes allés en France il y a deux mois.**

a) La famille Ponsot (**habiter**) le château / *50 years ago.*
b) Josiane (**aller**) aux États-Unis / *eight years ago.*
c) *About ten years ago* / la ville (**accueillir**) les premières entreprises d'électronique.

d) *A long time ago* / le village (**devenir**) un bourg animé.

e) *A few months ago* / nous (**passer**) une dizaine de jours dans les Alpes.

f) Mes amis (**venir**) passer le week-end / *a short while ago*.

g) Je (**parler**) au directeur / *a few minutes ago*.

2 Use the pattern below to link the elements, inserting **depuis** and using the correct form of the verb.
e.g. Ils / passer/leurs vacances en France / les années 80 → **Ils passent leurs vacances en France depuis les années 80.**
a) Il / skier / l'âge de quatre ans
b) J' / habiter / cette maison / longtemps
c) Martine / travailler / au département des ventes / 2003
d) Nous / attendre / Luc / une heure
e) Mes parents / être / ici / deux semaines
f) Je / chercher / l'hôtel / une demi-heure
g) Nous / louer / ce chalet / plusieurs années

3 Conjugate the verbs in brackets in the required tense (present, perfect, or immediate future) according to context. Some of the verbs are irregular.

Naf-Naf

Deux frères et leur sœur (**créer**) ______________ un atelier de confection il y a plus de vingt ans dans le quartier du Sentier à Paris. L'entreprise (**naître**) ______________ dans une pièce de 18 m2 et (**développer**) ______________ ses activités pendant les premières années. Les créateurs (**vouloir**) ______________ d'abord attirer les adolescents, puis ils (**décider**) ______________ de diversifier leur production et de nouveaux vêtements (**apparaître**) ______________ dans les boutiques. Maintenant, la femme de trente ans (**acheter**) ______________ encore ses vêtements chez Naf-Naf parce qu'elle (**aimer**) ______________ leur style.

L'avenir? Naf-Naf (**pénétrer**) ______________ sur le marché masculin et les responsables du marketing (**modifier**) ______________ l'image – négative dans certains pays – du petit cochon.

un atelier	*a workshop*	la confection	*the clothing industry*
un vêtement	*a garment*		

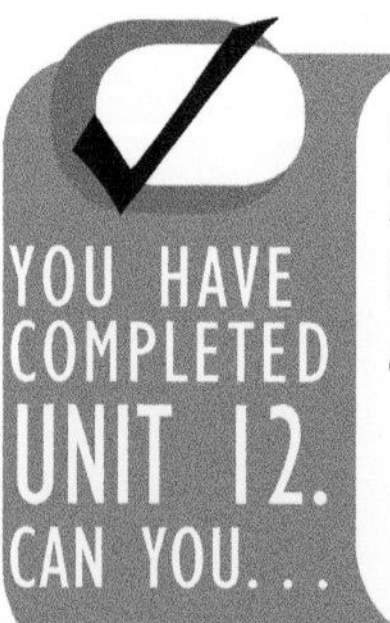

YOU HAVE COMPLETED UNIT 12. CAN YOU...

1 Talk about the main events of your past? See pages 220–31.
2 Explain what other people did in the past? See pages 220–24.
3 Understand the description of historical events? See pages 225–31.
4 Say briefly what you have done, what you are doing now and what you are going to do next (at work, at home)? See pages 220–31.

VOCABULAIRE

LIFE'S PROGRESS

naître *to be born*
le début *the beginning*
l'enfance (f.) *infancy, childhood*
l'élève (m./f.) *the pupil*
l'école primaire (f.) *the primary school*
le collège *the secondary school*
la carrière *the career*
l'événement (m.) *the event*
la reconversion *starting a new career*
le bilan (here) *taking stock*
la difficulté *difficulty*
la nostalgie *nostalgia*
la vie *the life*
le niveau *the level*
le niveau de vie *the standard of living*
le regret *regret*
le(s) succès *the success(es)*
le talent *the talent*
encourager *to encourage*
épouser *to marry*
étudier le français *to study French*
réussir *to succeed*
suivre *to follow*
survivre *to survive*
vivre *to live*

COMMUNITIES AND INDUSTRY

l'agglomération (f.) *urban area*
l'agriculture (f.) *agriculture*
l'artisan (m.) *the craftsman*
l'artisanat (m.) *craftsmanship*
l'atelier (m.) *the workshop*
le bourg *the town*
la bourgade *the market town*
la chaîne *the chain (of shops); the production line*
les classes moyennes (f. pl) *the middle classes*
la commune *smallest administrative entity*
la confection *the clothing industry*
le fabricant *the maker, manufacturer*
la foire (here) *the fair*
la gamme *the range*
l'hôpital militaire (m.) *the military hospital*
(le) moteur à l'arrière *rear-engined*
le pont *the bridge*
le robot *the robot*
milieu de gamme *middle of the range*
fabriquer *to manufacture*
lancer *to launch*
produire *to produce*

OTHER USEFUL WORDS AND PHRASES

l'atout (m.) *the advantage, the key quality*
la bombe *the bomb*
le cas *the case*
la chasse *the hunt*
le comte *the Count*
le côté *the side*
la demeure *the residence*
l'écrivain (m.) *the writer*
la gloire *the glory*
la guerre *the war*
la lecture *reading*
le lecteur *the reader*
le lien *the link*
la médaille *the medal*
les meubles (m. pl.) *the furniture*
le ministère *the ministry*
le monde *the world*
la nouvelle *the short story*
la paix *the peace*
la plaquette *the booklet*
la renommée *the renown, reputation*
la révolution *the revolution*
le/la rival(e) *the rival*
le règne *the reign*
le roi *the king*
le roman *the novel*
le rôle *the role*
le siècle *the century*
le ski *skiing*
à part *apart from*
au milieu de *in the middle of*
autour de *around*
longtemps *(for) a long time*
depuis *for, since*
pendant *during, for*
il y a *ago*
lorsque *when*
même *same*
d'occasion *second-hand*
outre *beyond*
outre-mer *overseas*
parmi *among*
qui (here) *who, which*
semblable à *similar to*
souvent *often*
court(e) *short*
brillant(e) *brilliant*
dur(e) *hard*

FAISONS LE POINT!

Où en sommes-nous? *Let's see where we've got to.*

Check that you can do the following in French. We have seen all the vocabulary and grammar in the preceding three units.

1 How would you:

a. Say that the manager's office is next to the secretary's office.

b. Indicate that the room is opposite the lift.

c. Explain that your house is behind the station.

d. Say that your office is at the bottom of the corridor on the left.

2 Now can you:

a. Ask if the station is far from where you are.

b. Give directions to go to the station from where you are now.

c. Explain where your house is in relation to the town centre.

d. Describe the layout of the rooms in your house.

e. Explain how to book something on line.

f. Explain to the chemist that you have toothache.

3 Match the following French words to their English translation:

a. derrière	1 behind
b. au-dessous de	2 between
c. à droite de	3 in front of
d. vers	4 below
e. devant	5 at the end of
f. au fond de	6 to the right of
g. entre	7 towards

4 Put these verbs into the correct form of the past tense:

a. Il … (**naître**) en 1980.
b. Nous … (**attendre**) mes parents pendant une heure.
c. Nos amis … (**ne … pas**) (**partir**) en vacances cette année.
d. Elles … (**retourner**) en Espagne cet été.
e. Il … (**finir**) son travail il y a une heure.

5 How would you say that:

a. You have had a good journey.
b. You spent two weeks in the Alps.
c. You did not work yesterday.
d. You went to the States in 2003.

6 Talking about yourself, can you:

a. State where you were born.
b. Say which school/university you went to and what you studied there.
c. Give a brief description of your town.
d. Talk about the different cars you have had.
e. Describe your present car.

7 Translate these sentences into English:

a. J'étudie le français depuis le mois de septembre.
b. Il y a beaucoup d'entreprises dans l'agglomération.
c. Son père a passé deux ans aux États-Unis pendant la guerre.
d. Nous sommes allées en Corse il y a deux ans.
e. Est-ce que vous habitez ici depuis longtemps?

Student B

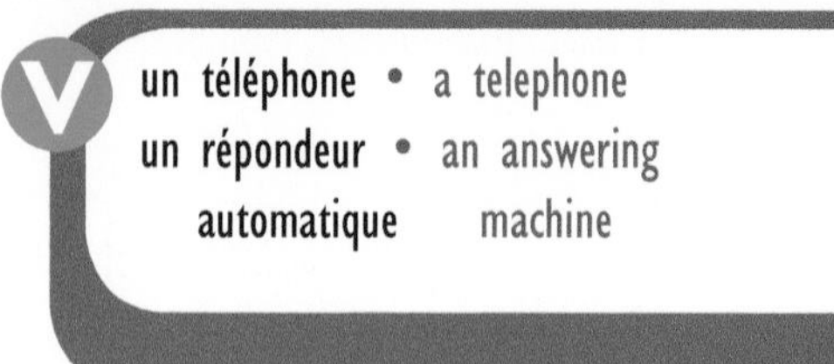
un téléphone • a telephone
un répondeur automatique • an answering machine

Activité

Unité 2

Like Partner A, you are considering a house swap for your next holiday. Will your house suit your partner and will your partner's house suit you?

Partenaire B, voici votre salon. Étudiez le vocabulaire et relisez la note sur avoir à la page 29.

Répondez aux questions de votre partenaire, et posez des questions sur le salon de votre partenaire.

***Partner B**, here is your living room. Study the vocabulary and re-read the note on* avoir *on page 29. Answer your partner's questions and ask questions about your partner's living room.*

EXEMPLE:

B Vous avez un téléviseur?
A Oui, j'ai un téléviseur et un magnétoscope.
B Vous avez un chat?
A Non, je n'ai pas de chat.

Activité 5

Unité 3

Partenaire B

Lisez votre publicité sur Rochechouart. Cochez ou rayez les attractions sur votre liste.

Read your advertisement on Rochechouart. Tick or cross the entertainments on your list.

Posez des questions sur les attractions à Peyrat-le-Château.

Ask questions about the attractions at Peyrat-le-Château.

EXEMPLE:

- **À Peyrat-le-Château, il y a des tennis?**
- Non, il n'y a pas de tennis. ☒, ou
- Oui, il y a des tennis. ☑

Peyrat		Rochechouart
☐		☐
☐		☐
☐		☐
☐		☐
☐		☐
☐		☐
☐		☐

Activité 12

Partenaire B

Regardez votre carte de l'Europe (à la page 240). Posez des questions à votre partenaire pour compléter le tableau et répondez aux questions de votre partenaire.

Look at your map of Europe. Ask your partner questions to fill the gaps in the table and reply to your partner's questions.

EXEMPLE:

- Quel temps fait-il à Rome en été?
- Quelle est la température à Bonn en hiver?

	hiver	°C (moyenne)	été	°C (moyenne)
Rome				30
Londres		6		
Paris				
Barcelone		9		31
Bonn				

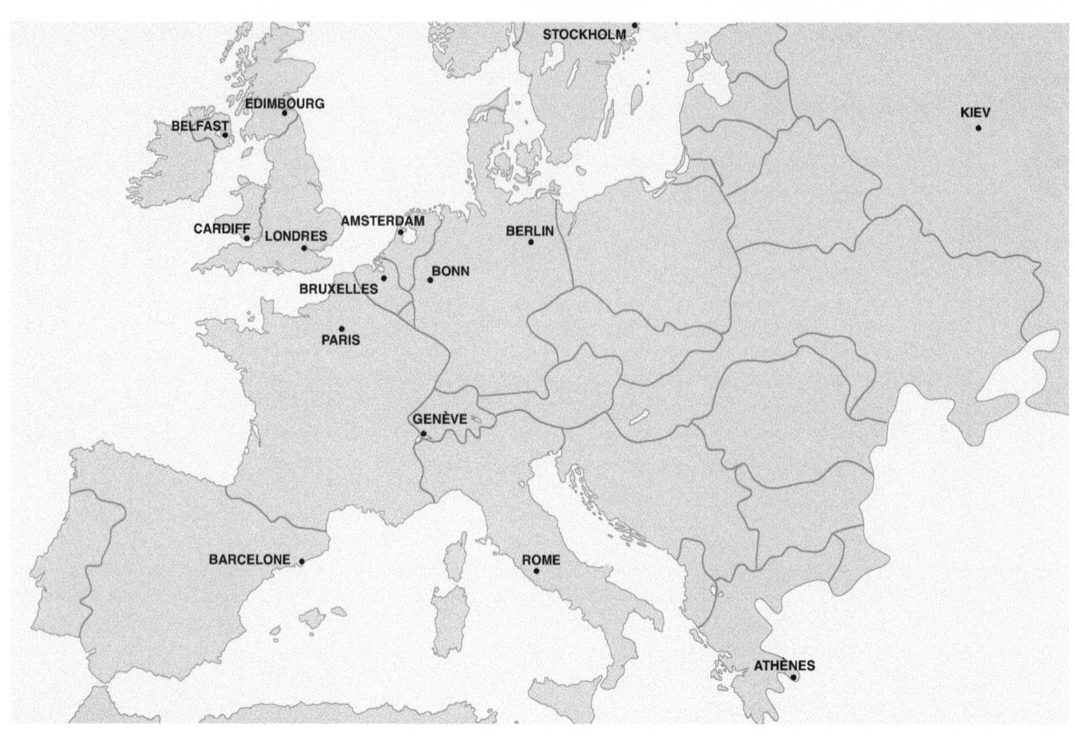

Activité 8

Unité 4

Partenaire B

Vous êtes le/la client(e). Préparez une liste et posez des questions à votre partenaire, le vendeur/la vendeuse.

You are the customer. Prepare a list and ask questions of your partner, the seller.

EXPRESSIONS UTILES
Vous avez …
Je voudrais …
C'est combien?

EXEMPLE:

B Vous avez des tomates?
A Oui, monsieur/madame.
B Je voudrais un kilo de tomates, s'il vous plaît. C'est combien?
A Ça fait deux euros dix.

Now you are the seller and here is your stall. Answer your partner's questions.

EXPRESSIONS UTILES
Avec ceci?
C'est tout?
Ça fait … en tout
Voilà
… euros le kilo

Activité 17

Unité 7

Partenaire B

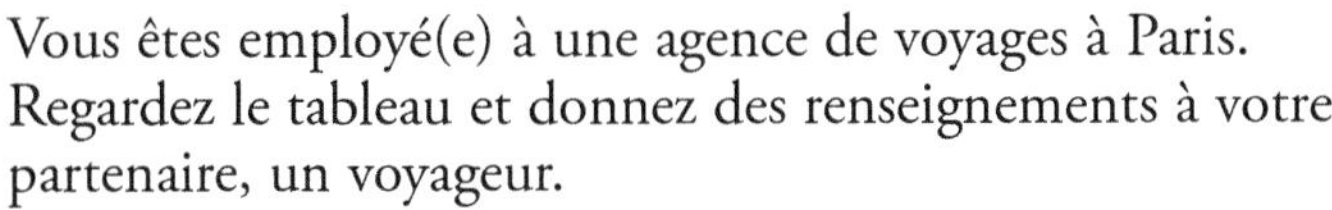

Vous êtes employé(e) à une agence de voyages à Paris. Regardez le tableau et donnez des renseignements à votre partenaire, un voyageur.

EXPRESSIONS UTILES
Le vol dure …
Il part de …
Combien de temps dure le vol?
Ça fait … €
Combien fait le billet?
Quel aéroport?

Départ	Destination	Durée de voyage	tarif
Paris – Orly	Toulouse	?	160 €
Paris – Orly	Marseille	1h 05	?
Paris – ?	Bordeaux	1h	?
Paris – Charles de Gaulle	New York	?	450 €
Paris – Charles de Gaulle	Londres	45min	198 €
Paris – ?	Edimbourg	?	?

Maintenant, demandez des renseignements à votre partenaire, pour compléter votre tableau.

EXPRESSIONS UTILES
Vous êtes combien?
Pour combien de nuits?
Nous avons …
Le prix est de …
C'est la chambre numéro …
Désolé(e)

Activité 2

Unité 8

Partenaire B

1 Vous êtes réceptionniste à l'hôtel. Regardez la fiche et répondez à votre partenaire.

Chambres simples avec douche	Chambres familiales avec bains	Chambres doubles (lits jumeaux) avec bains	Chambres doubles (grand lit) avec bains
Chambres libres: n° 100, 113, 200	Chambres libres: n° 157, 210, 250	Chambres toutes réservées	Chambres libres: n° 134, 230
75 €	120 €	90 €	85 €
petit déjeuner compris	*petit déjeuner compris*	*petit déjeuner compris*	*petit déjeuner compris*

2 Maintenant, vous faites des réservations. Vous êtes:
a) un couple de retraités
b) un couple avec quatre enfants.

EXPRESSIONS UTILES
Je voudrais …
Elle fait combien?
Elles font combien?
Nous voulons …/ On veut …
D'accord
On prend …

Activité 5

Partenaire B

Vous êtes Michèle à l'Office de Tourisme. Regardez les détails des hôtels dans la ville. Répondez aux questions de votre partenaire, Gérard.

OFFICE DE TOURISME									
HÔTELS ★	**A**	**B**	**C**	**D**	**E**	**F**	**G**	**H**	**I**
LA CLEF DES CHAMPS		✗	✗		✗	✗		(1)	
LE MONT JOLI	✗	✗	✗		✗	✗		✗	
LA GELINOTTE	✗		✗	✗	✗			✗	✗

EXPRESSIONS UTILES

Alors, vous avez …
Le prix est de … à …
Il y a …
demi-pension
pension complète
fermé du … au …
salle de jeu = *games room*
restaurant passage = *for non-residents*

(1) Fermé 26 juillet–18 août
A Restaurant passage
B Téléphone direct
C Parking privé
D Salle de séminaire
E Chiens admis dans chambre
F Carte de crédit acceptée
G Salle de jeu
H Ouvert toute l'année
I Garage privé

Activité 7

Partenaire B

Vous êtes des clients français. Vous voulez faire une réservation à l'Hôtel Leclerc.

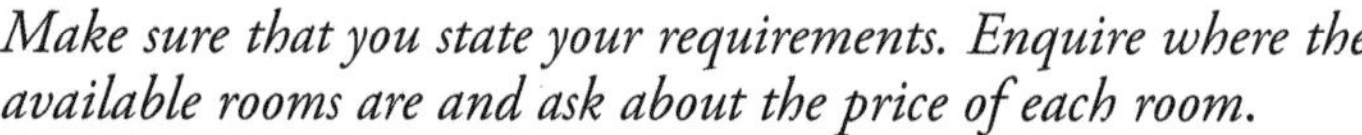

Make sure that you state your requirements. Enquire where the available rooms are and ask about the price of each room.

EXPRESSIONS UTILES

si possible
Je voudrais …
C'est pour une / deux nuits
Nous voulons … / Je veux …
Nous ne voulons pas …
Je ne veux pas
tôt = *early*

HOTELS DE TOURISME

Clients	Number of nights	Type of room	Evening meals	Breakfast
Couple	2	1 double room with large bed and bath	Yes	Yes
Sales representative	1	1 single room with bath	Yes	Yes: early if possible – 6.30 a.m.?
Family (6 people)	1	1 double room with large bed and bath. 2 double rooms with twin beds and shower.	No	Yes: 8.30 a.m. possible?

Activité 13

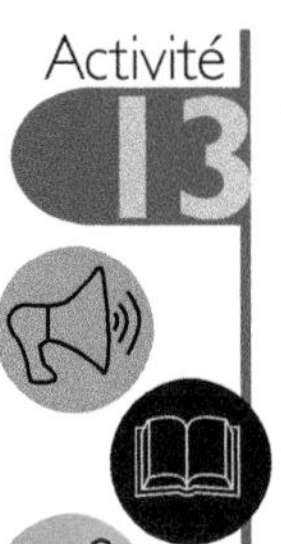

Partenaire B

Vous voulez des renseignements sur:

1 une banque (pour changer de l'argent)
2 un bar (cocktail pour 20 personnes)
3 une bonne boulangerie-pâtisserie (une tarte pour dimanche)
4 un garage (problème avec voiture)
5 un magasin de sports (des baskets)
6 une blanchisserie/laverie

Demandez à votre partenaire les numéros de téléphone, et écrivez.

EXEMPLE:
Je voudrais acheter un jouet. Vous avez le numéro d'un magasin de jouets?

EXPRESSIONS UTILES
le numéro de téléphone
Je voudrais
Est-ce que je peux avoir ... ?
Est-ce qu'il y a ... ?
acheter
organiser
trouver

Activité 15

Partenaire B

Vous êtes réceptionniste chez Nodel S.A.
Voici vos notes. Répondez à chaque correspondant(e).

Caller wants to speak to:	Availability:	Further action:
Mme Briant	Is not in her office. Is away on business.	Say Mme Briant can call back tomorrow. Ask for the caller's telephone number.
The person in charge of twinning	One moment, please. You are putting them through.	Ask who is calling.
The bank manager	Line engaged.	Ask if you can help. Arrange a new appointment. Ask the caller to leave a telephone number.

EXPRESSIONS UTILES
Je suis désolé(e)
C'est de la part de qui?
La ligne est occupée
Je vous passe ...
... est en déplacement
(= *on business*)

Activité 21

Étudiez vos agendas et parlez avec votre partenaire. Trouvez un moment libre pour aller déjeuner au restaurant.

EXEMPLE:
- Vendredi, c'est bon pour moi.
- Non, c'est impossible, je dois assister à une conférence.

Partenaire B

EXPRESSIONS UTILES
Je dois ...
Je vais ...
J'espère ...
C'est possible?
Pour moi c'est bon
Je vais voir
Pourquoi pas ...
C'est compliqué!
Je ne suis pas de retour avant ...

7 août **dimanche**
19h Dîner chez Jean et Delphine.

8 août **lundi**
10h – 14h Orléans, voir nouveaux ordinateurs.

9 août **mardi**
Visiter le nouveau laboratoire.
19h Cinéma avec Josette.

10 août **mercredi**
Bureau.
17h Réunion avec Monsieur le Maire.

11 août **jeudi**
19h Conduire Sophie chez son amie.

12 août **vendredi**
9h – 16h Conférence sur les écosystèmes, Amiens.

13 août **samedi**
? week-end à la mer ?

Activité 15

Unité 9

Partenaire B

Vous êtes un garagiste. Posez des questions à votre partenaire et cochez dans votre liste.

	marche	ne marche pas
le moteur	☐	☐
les freins	☐	☐
le radiateur	☐	☐
la bougie	☐	☐
le carburateur	☐	☐
la batterie	☐	☐
la roue	☐	☐
de l'essence	☐	☐
les essuie-glace	☐	☐
les phares	☐	☐

EXPRESSIONS UTILES
en panne
marcher
démarrer
mécanicien
regarder
dépanneuse

Activité 16

Unité 10

Partenaire B

Vous cherchez dans un supermarché. Voici votre liste d'achats. Votre partenaire travaille à l'accueil. Posez des questions à votre partenaire et complétez le plan.

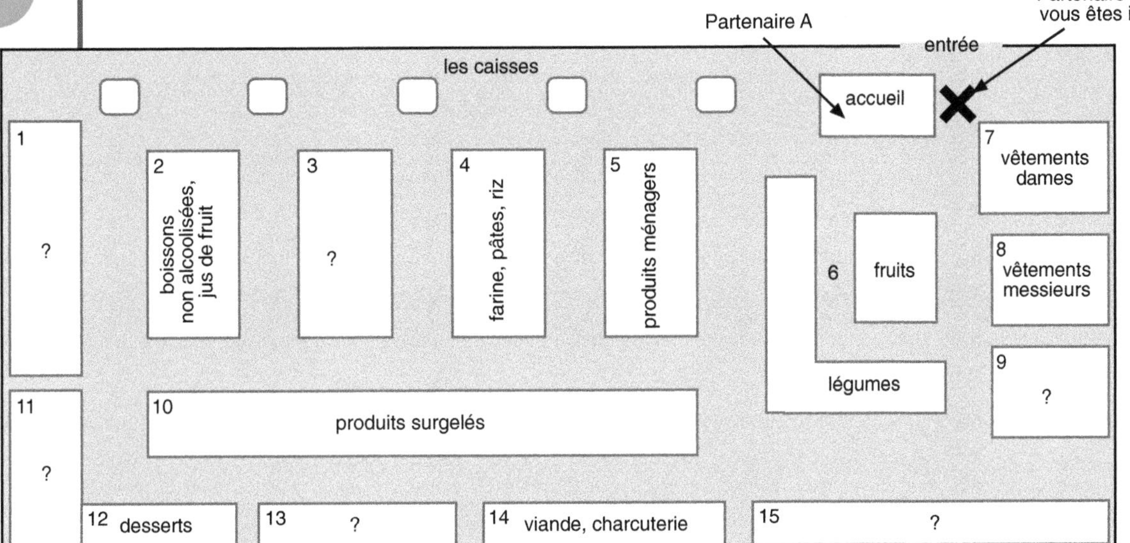

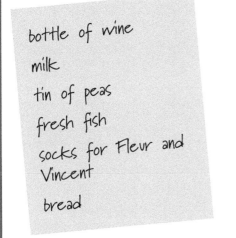

bottle of wine
milk
tin of peas
fresh fish
socks for Fleur and Vincent
bread

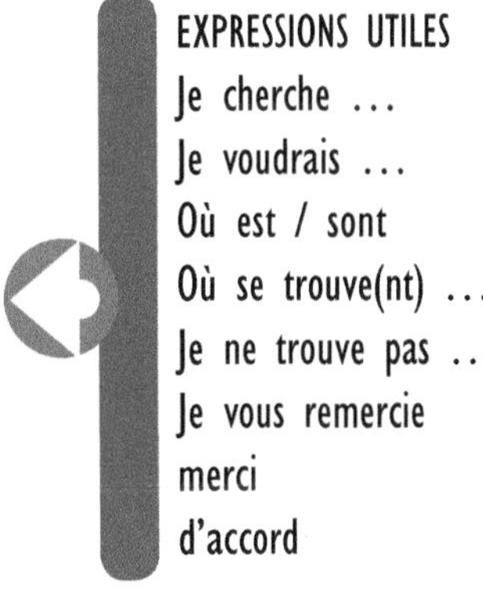

EXPRESSIONS UTILES

Je cherche …
Je voudrais …
Où est / sont
Où se trouve(nt) …
Je ne trouve pas …
Je vous remercie
merci
d'accord

GLOSSARY

French–English

abbreviations used:
m., masculine
f., feminine
pl., plural

Note: the meanings given in English relate to the way the French word or phrase has been used in the book.

à *at, to*
à bientôt! *hope to see you soon*
c'est à 2 mn d'ici *it's 2 mins from here*
à droite *on the right*
à la campagne *in the country*
à partir de (date) *from (+ date)*
à pied *on foot*
4 timbres à 1€ *4 stamps at 1€*
à Redport *at Redport*
à son bureau *in his/her office, at his/her desk*
à vendre *for sale*
à vous! *over to you, your turn*
a, il a *he has*, see **avoir**
abordable *affordable*
absent(e) *absent*
accepter *to accept*
l'accessoire (m.) *the accessory*
l'accompagnateur (m.) *the person accompanying a group*
l'accord (m.) *the agreement*
d'accord *agreed*
accordé(e) *allowed, granted*
l'accueil (m.) *the reception*
l'achat (m.) *the purchase*
acheter *to buy*
acquérir *to acquire*
adapté *adapted*
l'addition (f.) *the bill*
adjoint(e) *assistant, deputy*
admirer *to admire*
adorer *to adore, to like a lot*
l'adresse (f.) *the address*
l'aérodrome (m.) *the airfield*
l'aérogare (f.) *the air terminal*
l'aéroport (m.) *the airport*
l'affaire (f.) *the business (e.g. a company)*
les affaires (f. pl.) *business*
affectueux(se) *affectionate*
afficher *to put up, stick up*
s'afficher *to display*
l'agenda (m.) *the diary, the programme*
l'agglomération (f.) *the agglomeration*
l'agneau (m.) *the lamb*
agréable *pleasant*
l'agriculture (f.) *agriculture*
l'agroalimentaire (m.) *the food industry*
ai, j'ai *I have*, see **avoir**
aigu(ë) *sharp, high pitched*
l'aire (f.) *area, space*
aimer *to love, to like*
l'air conditionné (m.) *air conditioning*
ajouter *to add*
aller *to go, an irregular verb*
aller à … *to go to …*
aller à pied *to go on foot*
l'aller-retour (m.) *the return journey*
un aller-retour *a return ticket*
un aller simple *a single*
allumer *to switch on*
alors *so that's …, then*
l'amande (f.) *the almond*
l'ambiance (f.) *the atmosphere*
l'amélioration (f.) *the improvement*
améliorer *to improve*
l'ami (m.) *the friend (male)*
l'amie (f.) *the friend (female)*
l'amiral (m.) *the admiral*
s'amuser *to enjoy oneself*
l'an (m.) *the year*
un an *one year*
il a six ans *he is 6 years old*
analyser *to analyse*
ancien, ancienne *former*
anglais(e) *English*
en anglais *in English*
l'année (f.) *the year*
l'annonce (f.) *the advertisement (a small ad)*
l'annuaire (m.) *the directory*
annuel, annuelle *annual*
anonyme *anonymous*
août *August*
l'appareil (m.) *the machine,*
Marc à l'appareil *Marc speaking*
l'appartement (m.) *the apartment, the flat*
appartenir *to belong to*
apparu(e) *appeared*
appeler *to call*
je m'appelle … *my name is …*
applaudir *to congratulate*
apporter *to bring*
apprécier *to appreciate*
l'apprenti (m.) *the apprentice*
appuyer *to press (on)*
après *after*
arboré(e) *tree lined, full of trees*
arranger *to suit, to arrange*
l'arrière-cuisine (f.) *the utility room*
l'arrivée (f.) *the arrival*
arriver *to arrive*
l'artisan (m.) *the craftsman*
l'artisanat (m.) *the craftsmanship*
as, tu as *you have*, see **avoir**
l'ascenseur (m.) *the lift*
asseyez-vous *sit down*
assez *quite, enough*
l'assiette (f.) *the plate*
l'assistant(e) (m./f.) *the assistant*
assister à … *to take part in, to attend … (an event)*
l'assurance (f.) *the insurance*
assuré(e) *guaranteed*
l'atout (m.) *the advantage, the key quality*
attendre *to wait for*
attirer *to attract*
les attractions (f. pl.) *entertainments*
au + numéro de téléphone *on … (phone number)*
au-dessus de *above*
au deuxième étage *on the second floor*

au jambon *with ham*
aucun problème *no problem*
aujourd'hui *today*
Auriez-vous l'obligeance de nous envoyer … *Please send … , a standard way of making a polite request in a formal letter*
aussi … que *as … as …*
aussi as *well, too*
aussitôt que possible *as soon as possible*
l'automobiliste (m./f.) *the motorist*
l'autoroute (f.) *the motorway*
autour *around*
autour d'un verre de rouge! *over a glass of red wine!*
autre *the other*
autre chose *something else*
autres *other*
aux raisins *with raisins*
avant *before*
avant de *before*
avant de prendre *before taking*
avec *with*
avec ceci *with that*
l'avenir (m.) *the future*
l'avenue (f.) *the avenue*
avez, vous avez *you have*, see **avoir**
l'avion (m.) *the aeroplane*
avoir *to have*
avoir l'intention de *to intend to, to have the intention of*
pour avoir *to obtain*
avons, nous avons *we have*, see **avoir**

la bagagerie *the luggage store*
la baignade *the bathing (lake, river or sea)*
la baignoire *the bathtub*
le bain de soleil *the sun bathing*
la salle de bains *the bathroom*
le balcon *the balcony*
le bar *the bar*
bas(se) *low*
en bas *downstairs*
basé(e) *based*
les baskets (m. pl.) *the trainers*
le bateau *the boat*
les bateaux *the boats*
le bâtiment *the building*
la batterie *the battery*
beau, belle *beautiful*
beaucoup *a lot*
beaucoup de *a lot of*
la beauté *the beauty*
un bermuda *a pair of bermuda shorts*
le beurre *the butter*
la bibliothèque *the library*
bien *good, well*
eh bien *well*
Bien à vous *Best wishes*
bien sûr *of course*
bientôt *soon*
bienvenue à … *welcome to …*
la bière pression *the draught beer*
le bilan *taking stock*
bilingue *speaks two languages*
le billet *the ticket, the (bank) note*
la billetterie *the cash dispenser (notes), the ticket dispenser*
le biscuit *the biscuit*
bizarre *strange*
boire *to drink*
la boisson *the drink*
la boîte *the tin, the box*
la bombe *the bomb*
bon *good*
bon marché *cheap*
bon voyage! *have a good trip!*
le bonbon *the sweet*
bonjour *hello (informal)*
bonjour, monsieur; bonjour, madame; bonjour, mademoiselle *good morning, good afternoon (a formal greeting)*
bonsoir *good evening (informal)*
bonsoir, monsieur/madame *good evening* (formal)
bordé par *bordered by*
la boucherie *the butcher's*
bouger *to move*
la bougie *the spark plug*
la boulangerie *the baker's*
le boulodrome *the area for playing boules*
le bourg *the market town*
la bourgade *the market town*
la bouteille *the bottle*
une demi-bouteille *a half bottle*
la boutique *the shop*
BP, la Boîte Postale *the post box*
le branchement électrique *mains power connection*
le bras *the arm*
la Bretagne *Brittany*
le bricolage *DIY*
faire du bricolage *do some DIY*
brillant(e) *brilliant*
la brochette *the kebab*
une brochette d'agneau *a lamb kebab*
BTS, Brevet de Technicien Supérieur *a type of higher level qualification*
le buffet *the buffet*
le bureau *the office, the desk*

c'est *it is*
c'est? *is it?*
c'est bon *it's OK*
c'est ça *that's right*
c'est combien? *how much is it?*
c'est de la part de qui? *who's calling?*
c'est là *it's there (a place)*
c'est pour 2 nuits? *is it for 2 nights?*
c'est tout? *is that all?*
c'est un … ? *is it a … ?*
c'est vrai *that's true*
ça *that*
ça va! *OK, fine (informal)*
ça va? *how are you? (informal)*
ça ne va pas *I am not all right*
la cabine *the sleeping compartment, cabin, changing room in a shop*
le cadeau *the present*
en cadeau *as a gift*
le café *the café, the cup of coffee*
la caisse *the cash desk, the checkout*
calme *calm*
la campagne *the country*
le camping the *camping site*
le canard *the duck*
la cantine *the canteen*
le canoë–kayac *the canoeing*
le carburateur *the carburettor*
le cardigan *the cardigan*
le carrefour *the crossroads*
la carrière *the career*
la carte *the card, postcard, map*
la carte des vins *the wine list*
le cassis *the blackcurrant*
la catégorie, Cat. *the category (of hotel)*
le catalogue *the catalogue*
la caution *the security deposit*
la cave *the cellar*
la cave salon *the basement room (converted cellar)*
ce soir *this evening*
Ce que j'aime … *What I like …*
célibataire *single*
celui-ci, celle-là *this one, that one*
la centrale de réservations *the reservations centre*
le centre *the centre*
cependant *however*
certains jours *certain days*
la chambre, ch. *the (bed)room*
chacun *everybody*
chacun, chacune *each (one)*
la chaîne *the chain, the channel (TV)*
la chaise *the chair*
le chalet *the chalet*
la chaleur *the heat*
chaleureux, chaleureuse *warm (friendly)*
la chambre *the bedroom*
la chambre d'hôte *bed and breakfast*
le champion, la championne *the champion*

la chance *the luck*
le change *the exchange rate*
changer *to change*
chaque *each*
la chasse *the hunt*
le chat *the cat*
chaud(e) *hot*
les chaussettes (f. pl.) *the socks*
les chaussures (f. pl.) *the shoes*
le chef *the boss*
le chef d'œuvre *the masterpiece*
le chemin *the way*
la chemise *the shirt*
le chemisier *the blouse*
le chèque *the cheque*
cher, chère *dear*
chercher *to look for*
chevaux *horsepower*
chez Danone *at Danone*
chez eux *at their house*
le chien *the dog*
le chocolat *the chocolate*
choisir *to choose*
le choix *the choice*
chômage, au chômage *unemployed*
le chômeur, la chômeuse *the unemployed person*
la chose *the thing*
le chou *the cabbage*
ci-joint *enclosed (correspondence)*
la circulation *the traffic*
circuler *to run, to circulate*
le citron *the lemon*
clair(e) *bright*
les classes (f. pl.) moyennes *the middle classes*
le clavier *the keyboard*
la clé *the key*
le client *the customer*
le climat *the climate*
cocher *to tick*
le cochon *the pig*
le code d'accès *the access code*
le coin *the corner, the place*
le collège *the secondary school*
le (la) collègue *the colleague*
combien de … ? *how many?*
commander *to order*
commencer *to begin*
comment allez-vous? *how are you?*
comment est … ? *what is … like?*
la commission *the commission*
les commodités (f. pl.) *the facilities*
compact(e) *compact*
comparé(e) à *compared to*
comparer *to compare*
compétitif, compétitive *competitive*
complet *full, fully booked*
complètement *completely*
compléter *to complete*
compliqué(e) *complicated*
composé de *made up of*
composer *to dial*
comprenant *including*, see **comprendre**
comprendre *to understand*
le comprimé *the tablet*
compris(e) *included*
le comptable *the accountant*
le comte *the Count*
le comté *the county*
le concours *the competition*
le concurrent *the competitor*
conduire *to drive*
confortable *comfortable*
connaître *to know (a person or place)*
conseiller *to advise*
la consommation *the consumption*
constitué de … *made up of …*
construit(e) *constructed, built*
le consultant *the consultant*
consulter *to look (up), to check*
content(e) *happy*
continuer *to continue*
contourner to *go round, to bypass*
le contrat *the contract*
contribuer à *to contribute to*
convenu *agreed*
  comme convenu *as agreed*
convivial(e) *friendly*
les coordonnées (f. pl.) *personal details (name and address)*
copieux, copieuse *copious*
le corps *the body, large part of a building*
correcte *correct*
  la phrase correcte *the correct sentence*
correspondant(e) *the caller*
la Corse *Corsica*
le côte *the coast*
la côté *the side*
  à côté de *next to*
  juste à côté de *just next to*
le cou *the neck*
le couloir *the corridor*
couper *to cut*
la coupole *the dome*
la cour *the yard*
la courgette *the courgette*
le courrier *the post*
le couteau *the knife*
couvert(e) *covered*
couvrir *to cover*
créer *to create*
un crème *a white coffee*
le critérium de la première neige *the first ski competition of the season*
croire *to think, to believe (making suggestions)*
je crois *I think so, I believe*, see **croire**
le croissant *the croissant*
le croque-monsieur *fried ham and cheese sandwich*
la cuillère *the spoon*
la cuisine *the cooking, kitchen*
le cultivateur *the farmer*
la culture *the culture*

d'abord *at first, first of all*
d'accord *OK*
  c'est d'accord *agreed, it's OK*
d'occasion *second hand*
la dame *the lady*
dans *in*
  dans cinq minutes *in five minutes*
la date *the date*
  dates d'ouverture *dates open*
de *from, of*
  de … à … *from … to …*
le début *the beginning*
le décor *the decor*
découvrir *to discover*
décrire *to describe*
dehors *outside*
déjà *already*
le déjeuner *the lunch*
  le petit-déjeuner *the breakfast*
demain *tomorrow*
la demande *the request*
demander *to ask*
la démarcation *the demarcation*
démarrer *to start up*
la demeure *the dwelling*
demi-pension *half-board*
la demie *the half*
le dentiste *the dentist*
les dents (f. pl.) *the teeth*
la dépanneuse *the breakdown truck*
le départ *the departure*
la dépendance *the outbuilding*
en déplacement *away on business*
le dépliant *the leaflet*
depuis *since*
  depuis combien de temps? *how long?*
dernier, dernière *last, the last*
derrière *behind*
des *some, any*, (*plural of* un/une)
désirer *to desire, to wish (to do something)*
désolé(e) *sorry*
le dessert *the dessert*
le destinataire *the addressee*
le détail *the detail*
la détente *the relaxation*
détester *to detest*
deux *two*

le (la) deuxième *the second*
devenir *to become*
deviner *to guess*
devoir *to have to, must*
la diarrhée *the diarrhoea*
la difficulté *the difficulty*
dimanche *Sunday*
dîner *to dine*
direct(e) *direct*
le (train) direct *the through train*
le directeur the *manager, the director*
la discothèque *the disco*
discuter *to discuss*
disparaître *to disappear*
disparu *disappeared*, see **disparaître**
disponible *available*
la disposition *the arrangement*
à votre disposition *at your disposal*
le distributeur automatique *the cash till*
le distributeur de boissons *the vending machine (drinks)*
divorcé(e) *divorced*
le domaine *the area*
donc *therefore*
les données (f. pl) *the data, information*
donner *to give*
donner sur *to overlook, to open onto*
dont *of which*
dormir *to sleep*
la douche *the shower*
douillet, douillette *cosy*
le droit *the right, law*
tout droit *straight on*
dur *hard*
durer *to last*
le DUT, Diplôme universitaire de technologie *University degree of technology*

l'eau (f.) *the water*
échanger *to exchange*
l'échec (m.) *the failure*
en cas d'échec *in the case of failure*
l'école (f.) *the school*
écouter *to listen*
écouter de la musique *to listen to music*
écrasé(e) *(literally) crushed*
prix écrasés *prices slashed*
écrire *to write*
édifié(e) *built*
l'effet (m.) *the effect*
en effet *so I see*
également *equally, as well*
élevé(e) *high*
l'emballage (m.) *the packing*
l'embouteillage (m.) *the traffic jam*
émigrer *to emigrate*
l'emplacement (m.) *the space*
un emplacement parking *a parking space*
l'emploi (m.) *the employment*
l'employé(e) de bureau (m./f.) *the office worker*
emporter *to take away*
en *in*
en-dessous de *below*
en 2004 *in 2004*
en toute sécurité *quite safely*
en voiture *in a car, by car*
il y en a deux *there are two of them*
enchanté(e) *pleased to meet you*
encombré(e) *very busy*
encourager *to encourage*
endommager *to damage*
l'enfance (f.) *the infancy, childhood*
l'enfant (m./f.) *the child*
enfin *finally, at last*
ensuite *after that*
entendre *to hear*
entendu *understood, agreed*
entourer *to surround*
l'entraîneur (m.) *the trainer, the coach*
entre *between*
l'entrée (f.) *the entrance, the entrée (food)*
l'entreprise (f.) *the company*
l'entretien (m.) *the interview*
l'entrevue (f.) *the interview*
les environs (m. pl.) *the surroundings*
envoyer *to send*
épeler *to spell*
l'épicerie (f.) *the grocer's*
l'époque (f.) *the period*
épouser *to marry*
équipé(e) *equipped*
l'équipement (m.) *the equipment*
l'équitation (f.) *the horseriding*
l'erreur (f.) *the mistake, error*
es, tu es *you are*, see **être**
l'escalier (m.) *the staircase*
espérer *to hope*
essayer *to try*
l'essence (f.) *the petrol*
est *is*, see **être**
et *and*
établir *to make out (e.g. a bill, a document)*
l'étage (m.) *the floor, storey*
l'état (m.) *the State*
été *been*, see **être**
l'été (m.) *the summer*
êtes, vous êtes … ? *you are … ?*, see **être**
l'étiquette (f.) *the label*
l'étoile (f.) *the star*
étonnant *astonishing*
à l'étranger *abroad*
l'étranger (ère) (m./f.) *foreigner*
les études (f. pl.) *the studies*
l'étudiant(e) (m./f.) *the student*
étudier *to study*
évaluer *to evaluate*
exact(e) *exact*
exactement *exactly*
excellent(e) *excellent*
exclusif, exclusive *exclusive*
les excuses (f.) *the apologies*
excusez-moi *I am sorry*
l'exemple (m.) *the example*
par exemple *for example*
l'exigence (f.) *the requirement*
l'expérience (f.) *the experience*
expliquer *to explain*
l'exposition (f.) *the exhibition*
l'exportation (f.) *the export*
exporter *to export*
exposer *to expose*
extra-fin *extra fine, top quality*

le fabricant *the maker, manufacturer*
fabriqué(e) *made*, see **fabriquer**
fabriquer *to make*
la face *side, face*
en face *opposite, facing*
la facture *the invoice*
faim *hunger*
j'ai faim *I'm hungry*
faire *to make, to do*
je fais du 44 *I'm size 44, I take size 44*
faites l'appoint *'tender exact money', change not given*
fameux, fameuse *famous*
la famille *the family*
fatigant(e) *tiring*
fatigué(e) *tired*
il faut *it is necessary*
faux, fausse *false*
le fax *the fax message, the fax machine*
la femme *the woman, the wife*
la fenêtre *the window*
fermé(e) *closed*
la fermette *the smallholding*
les fêtes (f. pl.) *public holidays*
le feu *the traffic light*
la fille *daughter*
le fils *the son*
la fin *end*
à la fin *at the end*
fin(e) *fine*
finir *to finish*
la firme *the firm, the company*
la foire *the fair*
fonctionnel, fonctionnelle *functional*
fonctionner *to function, to work*

le fond *the bottom*
au fond du *at the bottom of, at the end of*
la fontaine *the fountain*
la forêt *the forest*
le forfait *the all-in price, package*
la formation *the growth*
le formulaire *the form*
la formule *the package*
fouler *to crush with the feet, to trample*
le four à micro-ondes *the microwave oven*
la fourchette *the fork*
le foyer *the home*
les frais (m. pl.) *the expenses*
les frais d'émission *the cost of transmission*
la fraise *the strawberry*
français(e) *French*
le frère *the brother*
le frigo *the fridge*
les frites (f. pl.) *the chips*
froid(e) *cold*
le fromage *the cheese*
le plateau-fromages *the cheeseboard*
la frontière *the frontier*
les fruits (m. pl.) de mer *seafood*
futur(e) *future*

gagner *to win*
la gamme *the range (of products)*
le garage *the garage*
garder *to keep*
la gare *the station*
garer *to park (a car)*
le gasoil *diesel*
gastronomique *gastronomic*
la gauche *the left*
à votre gauche *on your left*
gênant(e) *creates an obstruction*
les gens (m. pl.) *the people*
gentil, gentille *nice*
gérer *to manage*
le gibier *the game*
la glacière *the cool box*
la gloire *the glory*
le golf *the golf course*
grâce à *thanks to*
grand(e) *big*
la grand-mère *the grandmother*
le grand-père *the grandfather*
gras, grasse *greasy, thick*
en gras *in bold type*
gratuit(e) *free*
grave, ce n'est pas grave *that's all right*
gros, grosse *large*
le groupe *the group*
la guerre *the war*
guidé(e) *guided*
habiter *to live (in)*

la halte-garderie (f.) *crêche*
le haricot (m.) vert *the green bean*
haut(e) *high*
en haut de *at the top of*
haut de gamme *top of the range*
hebdomadaire *weekly*
l'hébergement (m.) *the accommodation*
l'heure (f.) *the hour*
quelle heure est-il? *what time is it?*
heureux, heureuse *happy*
la hi fi (f.) *the hi fi*
hier soir *last night*
l'histoire (f.) *history*
l'hiver (m.) *the winter*
en hiver *in winter*
le homard *the lobster*
l'homme (m.) d'affaires *the businessman*
l'hôpital (m.) militaire *military hospital*
l'horaire (m.) *the timetable*
l'hôte (m.) *the host*
l'hôtel (m.) *the hotel*
l'hôtesse (f.) *the hostess*
l'hypermarché (m.) *the hypermarket*

idéal(e) *ideal*
l'idée (f.) *the idea*
il y a *there is, there are*
il y a 2 jours *2 days ago*
il n'y a pas de … *there is/are no …*
il n'y a pas de restaurant *there is no restaurant*
l'image (f.) *the image, film, picture*
imbattable *unbeatable*
impitoyable *pitiless*
l'implantation (f.) *the setting up*
impressionnant(e) *impressive*
impressionné(e) *impressed*
inclus(e) *included*
indiquer *to indicate*
l'industrialisation (f.) *industrialisation*
l'infirmière (f.) *the nurse*
l'information (f.) *the information*
l'informatique (f.) *the computing*
informer *to inform*
l'ingénieur (m.) *the engineer*
insonorisé(e) *soundproofed*
un instant *a moment*
nous arrivons à l'instant *we've just arrived*
l'invité (m.), l'invitée (f.) *the guest*
intensif(ive) *intensive*
inviter *to invite*
italien, italienne *Italian*
l'IUT (m.), Institut universitaire de technologie *technological college (equivalent to University)*

jamais *never*
la jambe *the leg*
le jambon *the ham*
le jardin *the garden*
jaune *yellow*
le jeu *the game*
jeune *young*
un jeune *a youngster*
jouer *to play*
le journal *the newspaper*
le (la) journaliste *the journalist*
la journée *the day*
juillet *July*
juin *June*
la jupe *the skirt*
le jus *the juice*
jusqu'à/au *up to, until, as far as*

là *there*
là-bas *over there*
le lac *the lake*
le lait *the milk*
lancer *to launch, throw*
la langue *the language*
le lapin *the rabbit*
le lavabo *the washbasin*
le lave-linge *the washing machine*
laver *to wash*
le lecteur *the reader*
le lecteur de DVD *DVD player*
la lecture *the reading*
léger, légère *light*
leur *their*
lever *to lift*
libre *free, available*
la ligne *the line*
le linge *the linen*
lire *to read*
la liste *the list*
la livraison *delivery, unloading*
un livre *a book*
une livre *a pound*
la location *the hire, the rent*
loin *far*
les loisirs (m. pl.) *hobbies, leisure time activities*
long, longue *long*
longtemps *for a long time*
lorsque *when, after*
la lotte *monkfish*
louer *to rent*
lundi *Monday*
les lunettes (f. pl.) de soleil *the sun glasses*
le luxe *the luxury*
luxueux *luxurious*
le lycée *the grammar school*

le magasin *the shop*
les magasins (m. pl.) libre-service *self-service shops*

la main *the hand*
maintenant *now*
maintenir *to maintain*
le maire *the mayor*
la Mairie *the Town Hall*
mais *but*
la maison *the house*
maman *mummy*
manger *to eat*
le manteau *the overcoat*
les marais (m. pl.) *the marshes*
le marcassin *the young wild boar*
le marchand *the merchant*
marcher *to walk/to work, go*
le mari *the husband*
le mariage *the wedding*
marié(e) *married*
marquer *to mark*
le match de foot *the football match*
le matin *the morning*
mauvais(e) *bad*
le mécanicien *the mechanic*
la médaille *the medal*
le médecin *the doctor*
le médicament *the medicine*
médiéval(e) *medieval*
le melon *the melon*
même *even*
le/la même *the same*
le ménage *the cleaning*
la menthe *the mint*
le menu *the menu*
la mer *the sea*
merci *thank you*
mercredi *Wednesday*
la mère *the mother*
mesdames *ladies (plural of* madame*)*
la messagerie *message service*
messieurs *gentlemen (plural of* monsieur*)*
messieurs-dames *ladies and gentlemen, everyone*
le métier *the profession, the trade*
les meubles (m. pl.) *the furniture*
le milieu *the middle*
au milieu de *in the middle of*
militaire *military*
moi *me, I*
  pour moi *for me*
moins *less*
  neuf heures moins cinq *five to nine*
  l'hôtel le moins cher *the least expensive hotel*
  moins de *less than*
  moins fatigant que *less tiring than*
mondial(e) *world*
le moment *the moment*
mon ..., ma ..., mes ... *my ...*

la monnaie *the change*
monter *to go up*
montrer *to show*
le mot *the word*
le moteur *the motor*
le mouchoir en papier *the paper handkerchief*
moyen, moyenne *medium, average*
la moyenne *the average*
  en moyenne *on average*
mûr(e) *ripe*
  bien mûr(e) *good and ripe*
le musée *the museum*

la nationalité *the nationality*
la nature *the nature*
  nature *nothing added*
  omelette nature *plain omelette*
ne ... jamais *never*
né(e) *born*, see **naître**
négocier *to negotiate*
la neige *the snow*
il neige *it snows, it is snowing*
le nez *the nose*
le niveau de vie *the standard of living, the level*
noir(e) *black*
le nom *the name*
le nom de famille *the surname*
nombreux, nombreuses *numerous*
non *no*
  service non compris *service not included*
la nostalgie *nostalgia*
les notions (f. pl.) *the knowledge*
  j'ai des notions d'italien *I have some knowledge of Italian*
notre *our*
nourrir *to feed*
nous deux! *both of us, us two!*
nouveau, nouvelle *new*
la nouveauté *the novelty, the new item*
la nuit *the night*
le numéro *the number*
  le numéro de téléphone *the telephone number*
  le numéro vert *an 0800 number, freephone*

l'objectif (m.) *the lens*
obtenir un diplôme *obtain a diploma*
occupé(e) *busy*
  vous avez occupé *you have occupied*
l'œil (m.) *the eye*
l'œuf (m.) *the egg*
l'offre (f.) *the offer*
offrir *to offer*
l'oie (f.) *the goose*

on *one, you (polite form)*
  on peut *one can, you can*
  on veut *one wants (to)*
  si on veut *if one wants, if you want*
onctueux, onctueuse *smooth*
ont, ils ont *they have*, see **avoir**
opter pour *to opt for*
l'orange (f.) *the orange*
ordinaire *ordinary*
  le croissant ordinaire *a croissant made without butter*
l'ordinateur (m.) *the computer*
l'oreille (f.) *the ear*
l'organisation (f.) *the organizing, organization*
organiser *to organize*
l'origine (f.) *the origin*
ou *or*
où *where*
  où se trouve ... ? *where is ... ?*
oublier *to forget*
oui *yes*
outre *beyond*
outre-mer *across the seas*
ouvert *open*

le pain *the bread*
  le pain grillé *the toast*
la paix *the peace*
la panne *the breakdown*
être en panne to *break down*
le panneau *the sign*
le pantalon *the trousers*
le paquet de *the packet of*
  le paquet-cadeau *the gift wrapped present*
par *by*
  par jour *per day*
  par personne *per person*
  par train *by train*
  par un de nos spécialistes *by one of our specialists*
le parc *the park*
parce que *because*
le parcotrain *the parkway, parking next to station*
pardon *excuse me, sorry*
le pare-brise *the windscreen*
les parents (m. pl.) *the parents*
parfait(e) *perfect*
le parfum *the flavour*
le parking *the car park*
parler *to speak*
partir *to leave, an irregular verb*
partout *everywhere*
pas ici *not here*
pas mal *not bad*
pas trop mal *not too bad*
le passeport *the passport*

passer *to spend (time), to pass*
je vous passe … *I'll hand you over to …, I'll put you through to …*
passer par … *to go via …*
passionnant(e) *fascinating*
payer *to pay*
le paysage *the landscape*
la pêche *the fishing, the peach*
aller à la pêche *to go fishing*
la pellicule *the film*
pendant *during, for*
la pension complète *the full board*
perdu(e) *lost*
le père *the father*
la période *the period*
la périphérie *round the edges, the periphery*
le périphérique *the ring road*
permettre *to allow, to make possible*
personnalisé(e) *personalised*
les perspectives (f. pl.) *the prospects*
petit(e) *small*
peu *little*
peut-être *perhaps*
la phase *the phase*
la photo *the photo*
photographier *to photograph*
la photocopieuse *the photocopier*
la phrase *the sentence*
la pièce *the room*
une pièce d'identité *proof of identity*
une pièce de 2€ *a 2€ coin*
le pied *the foot*
à pied *on foot*
le piéton *the pedestrian*
la rue piétonne *the pedestrian street*
le pique-nique *the picnic*
la piscine *the swimming pool*
la pistache *the pistachio*
pittoresque *picturesque*
la place *the seat, the place*
la place *the square*
sur place *where purchased*
placer *to place*
la plage *the beach*
le plan *the plan*
le plan de ville *the town map*
la plante *plant*
les plantes vertes (f. pl.) *the houseplants*
à plat *flat (for a battery)*
le plat *the course, the dish*
le plat du jour *the day's special*
plein de *full of*
plein(e) *full*
pleut, il pleut *it is raining*
le plomb *the lead*
sans plomb *unleaded*

plus *more*
l'hôtel le plus cher *the most expensive hotel*
plus cher que *more expensive than*
un peu plus … que *a little more … than*
plusieurs *several*
le pneu *the tyre*
le point de départ *the departure point*
le point rencontre *the meeting point*
la poire *the pear*
le poireau *the leek*
le poisson *the fish*
le poivron *the green pepper*
la pomme *the apple*
la pomme de terre *the potato*
les pommes-vapeur (f. pl.) *boiled potatoes*
le pompiste *the petrol pump attendant*
le pont *the bridge*
le port *carriage (of goods)*
posséder *to possess*
la poste *the post office*
le poste *post, position, job*
le pot-au-feu *the stew*
la poularde *(big) chicken*
pour *for*
pourquoi *why*
pratiquement *pratically*
préchauffer *to preheat*
à prédominance *predominantly*
la préférence *the preference*
de préférence *preferably*
préférer *to prefer*
premier, première *the first*
prendre *to take*
prendre le petit déjeuner *to have breakfast*
prendre votre temps *to take your time*
le prénom *the Christian name*
préparer *to prepare*
près de *near to*
présenter *to introduce*
préserver *to preserve*
pressé(e) *in a hurry*
la pression *the pressure*
prière de ne pas … *please don't …*
je vous en prie *don't mention it, that's all right*
je vous prie de agréer … *a standard polite ending for a letter in French*
principal(e) *main, principal*
privé(e) *private*
privilégié(e) *privileged*
le prix *the price*
prochain(e) *next*
proche *near*
le produit *the product*

le professeur *the teacher, lecturer*
professeur d'anglais *English teacher/lecturer*
la profession *the profession*
le projet *the project*
la promenade *the walk*
faire des promenades *to go for walks*
le promontoire *the promontory*
proposer *to propose*
propre *clean*
le propriétaire *the owner*
la propriété *the property*
le prospectus *the prospectus, the brochure*
proximité … *near to …*
la prune *the plum*
la publicité *advertising*
puis *then*
puissant(e) *powerful*
le pull *the pullover*

qu'est-ce que … ? *what is … ?*
Qu'est-ce que c'est? *What is it?*
Qu'est-ce que tu veux? *What would you like?*
Qu'est-ce que vous avez fait? *What did you do/What have you done?*
quand est-ce que …? *when …?*
le quai *the platform*
le quart *the quarter*
quel, quelle, quels, quelles *which*
quelque chose *something*
quelquefois *sometimes*
le questionnaire *the questionnaire*
qui *who, which*
qui font cent *which makes 100 (colloquial)*
quitter *to leave (a place)*

le raisin *grapes*
les raisins (m. pl.) *the raisins*
ralentir *to slow down*
ranger *to tidy up*
rapide *rapid*
rappeler *to call back*
le rapport *connection, relationship*
en rapport avec *related to*
la ratatouille niçoise *vegetable dish*
le rayon *the shelf*
rapporteur *the reporter, the group secretary*
recevoir *to receive*
recevoir les clients *to meet (receive) customers*
recommander *to recommend*
la reconversion *starting a new career*
redonner *to give (again)*
le réfrigérateur *the refrigerator*
le réformateur *the reformer*
régalez-vous *treat yourself*

regarder *to look*
la région *the region*
la région parisienne *the Paris region*
régional(e) *regional*
régler *to pay, to settle a bill*
le règne *the reign*
le regret *the regret*
regrouper *to bring together*
régulièrement *regularly*
rejoindre *to join*
les relations (f. pl.) *the relations, contacts*
le relief *(here) three-dimensional (at the cinema)*
remarquable *remarkable*
remarquer *to notice*
remercier *to thank*
je vous remercie *thank you*
remplacer *to replace*
remplir *to fill in*
rencontrer *to meet*
le rendez-vous *the appointment*
la renommée *the renown, reputation*
rénové(e) *renovated*
les renseignements (m. pl.) *the information*
renseigner *to give information*
rentrer *to come back* vous êtes rentrées *you (f. pl.) came back*
réparer *to repair*
le repas *the meal*
répéter *to repeat*
le répondeur automatique/enregistreur *the answer phone*
la réponse *the reply*
reprendre *take up*
le représentant *the representative, sales representative*
le réseau *the network*
réserver *to reserve, to book*
réservé *reserved*
responsable de *in charge of, responsible for*
le restaurant *the restaurant*
le restaurant de passage *restaurant for non-residents*
la restauration *the meals*
rester *to stay*
les restes (m. pl.) *the leftovers, the remains*
le résultat *the result*
le retard *the delay*
être en retard *to be late*
retirer *to withdraw*
le retour *the return*
être de retour *to be back*
retourner *to go back, to return*
la retraite *the retirement*
parti à la retraite *retired*
retraité(e) *retired*
le rétroprojecteur *overhead projector*
la réunion *the meeting*
revenir chez moi *to come back home*
revenir *to come back*
rêver *to dream*
revoir *to see again*
au revoir *goodbye*
la révolution *the revolution*
le rez-de-chaussée *the ground floor*
riche *rich*
la richesse *the riches*
rien *nothing*
rien de grave *nothing serious*
le rival, la rivale *the rival*
la rive *the bank (of a river)*
la rivière *the river*
la robe *the dress*
le robot *the robot*
la voie de rocade *the by-pass*
le roi *the king*
le rôle *the role*
roman(e) *Roman*
le rond-point *the roundabout*
rose *pink*
rouge *red*
la rue commerçante *shopping street*
rustique *rustic, rural*

la SA, la société anonyme *(roughly) the Plc*
le sable *the sand*
sacré(e) *sacred*
sais, je sais *I know*, see **savoir**
je ne sais pas *I don't know*, see **savoir**
la saison *the season*
sale *dirty*
la salle *the room*
la salle de bains *the bathroom*
la salle de jeu *the games room*
la salle à manger *the dining room*
la salle de séjour *the living room*
Salut! *Hi!*
le sanitaire *the washing and toilet facilities*
sans *without*
la s.a.r.l., la société à responsabilité limitée *the private limited company*
la sauce *the sauce*
sauf *except for*
sauvé(e) *saved*
sauver *to save*
savoir *to know (a fact)*
le séchoir *the tumble drier*
secondaire *second, secondary*
le (la) secrétaire *the secretary*
le (la) secrétaire de direction *the director's secretary, the PA*
la sécurité *the safety*
le sel *the salt*
les selfs (m. pl.) *the self-service restaurants*
selon *in accordance with*
la semaine *the week*
sembler *to seem*
le sens unique *the one-way street*
septembre *September*
la série *the series*
sérieux, sérieuse *serious*
le service *the service, the department*
le service des ventes *the sales department*
servir *to serve*
seul(e) *on your own, alone*
seulement *only*
le short *a pair of shorts*
si *if*
le siècle *the century*
signer *to sign*
simple *simple, single*
sinon *otherwise*
le sirop *the syrup/mixture*
situé(e) *situated*
bien situé(e) *well situated*
le ski *the skiing*
la société *the company*
la sœur *the sister*
soif *the thirst*
j'ai soif *I'm thirsty*
les soins (m. pl.) *care*
aux petits soins *waiting on your every need*
le soir *the evening*
le soleil *the sun*
le sommaire *the summary*
sommes, nous sommes *we are*, see **être**
nous sommes sept *there are seven of us*
le son *the sound*
le sondage *the survey*
sophistiqué(e) *sophisticated*
le sorbet maison *chef's own make of sorbet*
sors, je sors *I go out*, see **sortir**
la sortie *the exit*
sortir *to go out*
le nouveau modèle est sorti *the new model has come out*
le souvenir *the souvenir*
spacieux, spacieuse *spacious*
spécialisé(e) *specialised, specialising*
spécial(e) *special*
splendide *wonderful*
le sport *the sport*
le sport nautique *the water sport*
sportif, sportive *sporty*
la station *the (tourist) resort*

la station de montagne *the mountain resort*
la station-service *the petrol station*
le style *the style*
le succès *the success*
le sucre *the sugar*
suffit
il suffit de ... *all you have to do is ...*
suis, je suis *I am*, see **être**
la suite *the continuation*
suivant(e) *following*
suivre *to follow*
si vous voulez bien me suivre *if you would please follow me*
le sujet *the subject*
au sujet de *on the subject of, about*
la supérette *a small self-service store*
le supplément *the extra charge*
sur *on*
la surface *the surface (area)*
surmonté(e) *surmounted, topped*
surtout *above all*
surveillé(e) *supervised*
survivre *to survive*
le syndicat d'initiative *the tourist information office*

la table *the table*
le tableau des départs *the departure board, display*
la taille *the size*
le talent *the talent*
taper *to type, to key in*
la tapisserie *the tapestry*
tard *late*
le tarif *the rate, the price, the list of rates*
le tarif forfaitaire *an all-in price, all-in rate*
le taux de change *the exchange rate*
la technique *the technique*
la télé, la télévision *the television*
la télécarte *the phonecard*
la télécopie *the fax*
le télécopieur *the fax machine*
le téléphone direct *the direct line telephone*
la télévente *the telesales*
témoigne de *marking, showing*
la température *the temperature*
la température est de 25° *it's 25°*
le temps *the weather*
quel temps fait-il? *what is the weather like?*
tendre *tender*
tenez! *there you are (handing something over)*
le tennis *the tennis court*
terminé(e) *finished*
terminer *to finish*
tester *to test*
la tête *head*
le thé *tea*
tiède *warm*
Tiens! *Well! Fancy that!*
le timbre, le timbre poste *the stamp*
TLJ, tous les jours *every day*
toi *you*
et toi? *and you?*
le toit *the roof*
la tomate *the tomato*
la tonalité *the tone*
torride *very hot*
le total *the total*
la touche *the key*
toujours *still, always*
la Tour Eiffel *the Eiffel Tower*
le tourisme *the tourism*
le tourisme vert *holidays in the country*
la tournée *the round (of drinks)*
tous les jours *every day*
tout *any, all*
tout à fait *absolutely*
toute l'année *all the year*
tout confort *every comfort*
tout le monde *everybody*
toutes les nuits *every night*
pas du tout *not at all*
en tout *in all*
traduire *translate*
le train *the train*
le service traiteur *the catering service*
le transfert *the transfer*
le travail *the work*
travailler *to work*
traverser *to cross*
très *very*
trop *too*
trouver *to find*
se trouver *to be found*
truffé(e) *with truffles*
la truite *trout*
TTC, Toutes taxes comprises *VAT inclusive*
tu *you (informal)*
la tuile *the tile, the rooftile*

un *one, a (with a masculine noun)*
une *a (with a feminine noun)*
l'université (f.) *the university*
l'usine (f.) *the factory*
utilisé(e) *used*

les vacances (f. pl.)
en vacances *on holiday*
la vague *the wave*
valable *valid*
la vanille *the vanilla*
le vélo *the bike*
venir *to come*
Je viens de *I come from*
le vendeur, la vendeuse *the salesman, the saleswoman*
vous vendez ...? *do you sell ...?*, see **vendre**
vendre *to sell, a regular -re verb*
vendre par correspondance *sell by mail order*
le vent *the wind*
la vente ambulante *the trolley (drinks etc.)*
la vente par catalogue *mail order sales*
le ventre *the tummy*
vérifier *to check*
le verre *the glass*
vers *towards, in the direction of*
verser *to pour*
vert(e) *green*
la veste *the jacket*
veuillez *please (correspondence)*
la viande *the meat*
la vie *the life*
vieux, vieille *old*
le village *the village*
la ville *the town*
le vin *the wine*
le virus *the virus*
visiter *to visit*
vite *quick*
la vitesse *the speed*
vivifiant(e) *invigorating*
voici *here is*
la voie *the way, the thoroughfare*
voilà *there you are, there, there is*
la voile *sailing*
vois, tu vois *you see!* see **voir**
le voisin, la voisine *the neighbour*
la voiture *the carriage, the car*
la voiture-lits *the sleeping car*
la voix *the voice*
le vol *the flight*
la volaille *the poultry*
le volleyball *the volleyball*
volontiers *with pleasure, thank you*
vont de ... à ... *range from ... to ...*
vos *your (plural)*
votre *your (sing.)*
je voudrais *I would like*
vous *you (polite and plural)*
le voyage *the journey*
voyager *to travel*
vrai(e) *true*
vraiment *truly, really*
la vue *the view*
les WC (m. pl.) *the toilets*
les yeux (m. pl.) *the eyes*
la zone d'activités *the industrial estate (small)*